閒坐小窗讀周易

劉軼 著

書名：閒坐小窗讀周易
系列：心一堂當代術數文庫・占筮類・理數類
作者：劉軼
封面設計：陳劍聰

出版：心一堂有限公司
通訊地址：香港九龍旺角彌敦道六一〇號荷李活商業中心十八樓〇五-〇六室
深港讀者服務中心：中國深圳市羅湖區立新路六號羅湖商業大廈負一層008室
電話號碼：(852) 90277110
網址：publish.sunyata.cc
電郵：sunyatabook@gmail.com
網店：http://book.sunyata.cc
淘宝店地址：https://sunyata.taobao.com
微店地址：https://weidian.com/s/1212826297
臉書：https://www.facebook.com/sunyatabook
讀者論壇：http://bbs.sunyata.cc

版次：二零二三年一月初版

平裝

定價：港幣　一百四十八元正
　　　新台幣　五百九十八元正

國際書號　978-988-8582-67-9

香港發行：聯合新零售(香港)有限公司
香港新界荃灣德士古道220～248號荃灣工業中心16樓
電話號碼：(852)2150-2100
電郵：info@suplogistics.com.hk

台灣發行：秀威資訊科技股份有限公司
地址：台灣台北市內湖區瑞光路七十六巷六十五號一樓
電話號碼：+886-2-2796-3638 傳真號碼：+886-2-2796-1377
網絡書店：www.bodbooks.com.tw
台灣國家書店讀者服務中心：
地址：台灣台北市中山區二〇九號1樓
電話號碼：+886-2-2518-0207
傳真號碼：+886-2-2518-0778
網址：www.govbooks.com.tw

心一堂微店二維碼

心一堂淘寶店二維碼

目錄

《易》在靈鐘銅山間

魏晉之時，名士風流正盛，清談之風彌漫，大家對形而上的問題很有興趣。有一次，東晉大臣殷仲堪問名僧慧遠：「《易》以何為體？」慧遠回答：「《易》以感為體。」殷仲堪反問：「銅山西崩，靈鐘東應，便是《易》耶？」意思是：西邊的銅山崩塌，東面的靈鐘就有感應，這就是你說的《易》嗎？大有質疑的意味。慧遠則笑而不答。

慧遠大師是有名的高僧，淨土宗的祖師，他學識淵博、智慧超凡，這樣笑而不答，應該有他的具體意味。慧遠大師不俗，他的談話對手也不弱。殷仲堪擔任過荊州刺史的要職，才氣也很高，孝武帝曾將自己寫的詩拿給殷仲堪看，並特意囑咐說：「你不要因為你的高才而譏笑我這樣的水準。」殷仲堪在這裡反問慧遠的「銅山靈鐘」，引用的是西漢之時未央宮前殿銅鐘無故自鳴的典故，意指氣類相感。後世有人認為慧遠法師說的「感應」有多種含義，又認為他以易理通佛理，對殷仲堪「笑而不答」，即是期望殷仲堪能自悟，又恐怕「不答」不能起到啟示的效果，因此「笑而不答」，給殷仲堪留下接引上升的一個機緣。但這些都是後人的體悟，未必全然是慧遠的「深意」，也未必就是當時兩人的真實狀態。況且殷仲堪「少奉天師道，又精心事神」，是五斗米教的信徒，後人的這種推測，未免暗中有高揚佛法、貶低他教的意味。

此處我關注的重點倒不是兩位智者到底表達了什麼深刻的思想，而是想說：從殷仲堪與慧遠和尚的這一段對話裡，可以看出人們對究竟如何看待《易》有著各自的觀點，而且大多數時候誰也說服不了誰。所以我們今天要尋找一個什麼是《易》的標準答案，恐怕也超越不了慧遠法師當時回答的水準。而《易》在其本身的發展過程中，又呈現出多姿多彩的變化，《四庫全書總目提要》說《易》分兩派六宗，又講《易》道廣大、無所不包，「旁及天文、地理、樂律、兵法、韻學、算術以逮方外之爐火，皆可援《易》以為說，而好異者又援以入《易》，故《易》說愈繁。」當代學者則說，近三千年來為闡述易理而留下的易學著作不下三千種，歷代學者對《周易》一書都有種種解釋，這些千差萬別的解釋，形成了一套同中有異、異中有同的理論體系。這說明古往今來，讀《易》的人不知有多少，寫《易》的人也不知道有多少。如果一定要用一個權威的、單調的方式來要求人們讀《易》，就像某些領域的某些公式一樣，一定要有一個完全相同的答案，這不但無法做到，更重要的是這樣來讀《易》、解《易》，極無趣、極呆板，估計會遭到不少愛《易》者的反對。

近代以來，從歷史的角度來讀《易》的、從文學的角度來讀《易》的、從哲學的角度來讀《易》的、從科技的角度來讀《易》的、從方術的角度來讀《易》的，各種領域、各種方式、各種流派、各種滋味，不一而足。應當承認，每一種讀法都有它的長處，都有它的必要性，不過就我自己而言，我想以情感的角度來讀《易》。

有人或許會說：難道上述那些歷史的、哲學的角度就沒有情感嗎？是的，這些角度當然會有研究者情感的帶入，但這些情感或多或少都會被壓制在某一個學術範疇之中，不能完全發揮出來；而且這些情感並不是目的，至少不是主要的目的，它們是目的之後——比如學術思想的建構——的產品。

我這裡的情感角度，主要是指個體在讀《易》的過程中，注重個體感受的、非系統的、散發式的閱讀方式；這種以情感為主的閱讀方式不是要從中挖掘什麼學術研究價值、形成什麼學術思想，而是在閱讀的片言隻語中激發自己內心情感與這個世界、與自己生活的呼應，努力在這個充滿偶然性的世界中認識到人生的價值、意義和歸宿所在，建立起自己獨特的生命體驗。借用李澤厚先生的話，就是「使自己在這個偶然存在、生存的人生道路和生活境遇中，去實現自己的超感性的實存」。

當一個讀者在「情感閱讀」之時，必然能夠激發出自己內心沒有雜質的熱切情感，能直接達到個體體悟的最深處。例如，錢穆先生曾經在《人生十論自序》講過一件往事：同事與他談及《論語》「子之所慎，齋、戰、疾」之時，他「眼前一亮，才覺得《論語》那一條下字之精，教人之切……臨有用時不會用，好不愧殺人」。我想這就是「情感閱讀」最典範的例子。

回到讀《易》的話題，從某種意義上來講，讀《易》就像讀莎士比亞的劇本，一百個人有一百個哈姆雷特，公說公有理、婆說婆有理，誰都有長處、但誰也不能說自己就是絕對的正確。因此，如果我們在讀《易》的時候能夠獲得一些感受和啟發，就已經足夠了。正所謂「弱水三千，只取一瓢飲」，在這小小的一瓢水中，我們就能看到日月更替、消息往來，看到「雲在青山水在瓶」，能夠體會到許多永恆的美好——這個時候，你會刻意去在意究竟銅山指的是什麼、靈鐘指的是什麼以及法師的笑而不答又指的是什麼嗎？

宋代陳宓有一首詩《題妙寂寺》，寫道：

寺古靜還僻，小窗幽更深。
觀時知句眼，讀易見天心。

一個人，在寂靜偏僻的古寺廟，從它的小窗看出去，世界更是顯得那麼的幽遠。在這裡觀察著時光的流逝，體悟著經典的意義，或許在一剎那，天地忽然停頓下來，虛空粉碎、山嶽不顯，你頓時明白了天地之間的大道，看到了平素自己未曾留心、未曾凝望過的一切。你和原來的你似乎沒有什麼變化，但心境從此不同；你自信而愉悅，知道了自己會如何面對那些已知的過往和未知的將來。或許，這就是讀《易》最好的狀態和最大的功效吧。

學《易》不是為了當妖精

人們一說到《易》，往往覺得很神秘。比如，民間傳說《易》有辟邪的功能，因此在很多地方人們會在家裡放一本《易經》，寄喻它能夠鎮宅、趨吉避凶。類似的說法還有是家裡放一本《金剛經》，能夠給家人帶來福德智慧。這都是民間流傳的習俗，和《易》《金剛經》本身可能關係不大。但這些傳說往往寄託了老百姓的某些美好願望。美好的願望總是讓人更加期待明天的到來，給人以精進的希望，這是值得讚賞的。

京戲裡，諸葛亮總是身穿八卦袍，衣上繪有太極，象徵著智慧、神機妙算。這裡可以看出人們一般對《易》的觀感：神秘莫測、無所不知、無所不能。魯迅先生評價傳統小說中描寫諸葛亮是「狀諸葛多智而近妖」，就是講把諸葛亮寫得太神奇了，多智多謀到近乎妖異了。有趣的是，人們常常把諸葛亮這種多智多謀與《易》的典型象徵符號聯繫起來，可見《易》在許多人眼中也近乎妖異了。不過，老話說「反常即為妖」，一個人如果樣樣都算得準、事事都聰明絕頂，在充滿偶然性的世界中要把控所有的一切、滿足自己所有的欲望，這種情況就是有些不正常了。在我們的社會上和生活中常常會遇到不少人，他們樣樣都喜歡算計，而且似乎也算計得準，一步一步達到自己目的地，從外在的成就來看，他們就是人們口中常說的「人生大贏家」。不過，如果僅僅是為了自己一己私利，不惜傷害到別人的、團體的權益，這種「人生大贏家」也沒有什麼值得羨慕的。熟悉娛樂圈的朋友就曾經講，某些藝人為了上劇不停地與各種老闆、製片人交際，和每一個能讓她上劇的人「談戀愛」，努力了好幾年，終於也算有點知名度了。這些藝人這種做人做事的方式似乎也說不上有什麼大惡，但總不值得推薦學習。當代有學者把這種人稱之為「精緻的利己主義者」。照我看來，這種做人做事的方式即是「多智而近妖」——雖然算計精明、事事討巧，但在真正通透的人眼中，不過就是一個「精明的妖精」而已。當個「妖精」當然不是好事情，它們越修煉到後面越有點麻煩，比如在神話傳說中它們還要遇到天雷大劫，或被消滅，或才得解脫。

《易》絕對不是教人作「妖精」，不是要人去學狡詐，是要教人體悟天地人生的道理。抱著精心算計、一眼看破天機的想法來讀《易》，其實已經走偏了；如果不但是為了看破天機，也為了在看破天機之後謀私利，那更是入魔障了。當然了，古人記載有人讀了《易》之後似乎確能「開天眼」，對事物未來的趨勢能精準把握，似乎也有些神通能耐。比如，《三國志》記載了易學大家虞翻算卦的故事：

> 關羽既敗，權使翻筮之，得《兌》下《坎》上，《節》，五爻變之《臨》。翻曰：「不出二日，必當斷頭。」果如翻言。權曰：「卿不及伏羲，可與東方朔為比矣。」

關羽戰敗之後，孫權讓虞翻算一下關羽的結局會如何。虞翻算了一卦，得到《節》卦變為《臨》卦。他告訴孫權，不出二日關羽必當斷頭。後來情況果然像他算的一樣準確。所以孫權嘆服得不得了，表揚虞翻雖然不如伏羲，但簡直可以與東方朔相比了。不過我們要知道，這就像學習知識的根本目的是為了知識本身，雖然知識也會帶來很多利益，但那是附加值，不等同於知識本身；如果最終的目的是為了這些附加值而不是知識本身，最後有可能是忘記了知識而只追求附加值，到最後什麼都沒有得到。就如同現在很多所謂的科技企業，借著科技的口號去圈錢，徒留下一個科技的空殼。虞翻的《虞氏易》巧妙深邃、流傳至今，可不僅僅因為它算卦算得準。看過歷史書的人都知道，虞翻不但是易學名家，還是孫策的重要謀臣。他武藝精湛，善使一柄長矛，能步行日行三百里。《三國志》裡面講，有一次孫策討伐山越之人，斬了他們的首領後，命令部下去追趕逃兵，獨自一人騎馬行走山中。虞翻遇到了他，一聽這情況，就覺得這事挺懸啊：山中林茂草盛，冷不防竄出一群賊人，或者遇到什麼緊急情況，你孫大人豈不危險？於是趕緊叫孫策下馬，虞翻自己拿著長矛在前面開路，孫策牽著馬步行跟在後面。來到平坦的地方後，虞翻才又叫孫策上馬先走，自己在後面掩護。此事足見虞翻的心計和膽魄。不過，因為虞翻性格不大好，常常直言上諫，又不分場合，因此得罪了孫權，被貶官涇縣。當時有人評價他說：「虞仲翔前頗為論者所侵，美寶為質，雕摩益光，不足以損。」讚揚他如同一塊美玉，雖然被人誹謗，但越雕磨越有光芒。所以即便虞翻有點小神通，但這並不是他讀《易》的目的，也不是他的人生追求。

古人講「讀易見天心」，本義是講讀了《易》之後，人便可以明瞭世間真正的道理，而不是追求一些小聰明和小神通。不過到了明清之後，有一些搞術數的人把這個「天心」給神秘化了，變成了別的意思。比如「玄空風水學」裡面有一個化煞的方法，叫作「改天換心」。就是講房屋有三元九運共一百八十年的變化，每二十年為一運，當每一個二十年變化之後，如果房主要繼續追求旺運，就必須改造房屋。最簡單的改造就是把房屋正頂上的瓦片和天井中間的磚塊換掉，這就叫改「天心」。這就是一味追求小神通和小聰明瞭。這種「天心」和古人說的「天心」相去甚遠，境界高下一目了然。

宋人葉采有一首關於《易》的詩：

雙雙瓦雀行書案，點點楊花入硯池。
閒坐小窗讀周易，不知春去幾多時。

其中這個「閒」字很關鍵：一個人沉浸在《易》中，以閒適的心情和方式來讀《易》，沒有功利心、也不急躁，對時光的流逝毫不知覺。這個時候他的身心徹底放鬆，平靜而無欲求，如同釋家常說的「空」的狀態，這個時候也是他對宇宙人生最敏銳的時候。以這個狀態來學習

《易》，大概最能激發出閱讀者內心最深切的情感。

近代高僧虛雲老和尚經常提到一個詞「說食數寶」，意思就是講某些人沒有真正的美食、財寶，就嘴巴裡說說，其實是得不到實際利益的。例如有些談經濟的人，理論功夫很好，但要他去管理一二十個人的小公司，也不一定管得好。天天講自己如何懂得《易》，但沒有自己的切身感悟、也用不到自己的生活之中，其實毫無用處。朱熹曾感歎：

立卦生爻事有因，兩儀四象已前陳。

須知三絕韋編者，不是尋行數墨人。

真正會讀《易》的人，不是那種書呆子，也不是精明而自私之人；他有毅力，又能持之以恆；他有自己的原則，又善巧方便、包容他人；他能激發出自己與他人內心中最為深切的感情，並用之於生活、推廣於社會。這才是真正值得佩服的讀《易》之人。

大家一起來「八卦」

按照朱熹老夫子的觀點：「易本為卜筮而作」，就是說《易》最初的目的是為了占卜。直到現在，還有很多人認為《易》就是講算卦的書。我們走在小馬路上，偶爾會看到有的小店鋪掛著一面廣告，上面印著一個太極圖和八卦，旁邊寫著大大的「周易算卦」幾個字，這就是把《易》的主要用途看作是卜筮。但我們要知道，即便《易》最初的用途是為了卜筮，經過後人一代代的不斷注釋和闡發，《易》逐步成為一種哲學體系，成為了中國人文化思想的重要來源，早已超越了卜筮的用途。因為孔夫子推崇《易》，後人又慢慢把《易》作為群經之首，《易》在後世的地位就越來越顯赫了。

古人的占卜和今天的不大一樣，古人說的占卜，其實包括了今天完全不同的兩種術數方法：第一種是龜卜和筮占，類似於今天的算卦、占卜。龜卜的工具是烏龜殼，筮占的工具是筮草。第二種是日者，就是選擇日期，類似於今天從老黃曆上尋找黃道吉日。《漢書·藝文志》把數術分為六類：天文、曆譜、五行、形法、蓍龜、雜占。其中，蓍龜就是講筮占、龜卜；雜占講其餘的占卜和厭勝術，有點像現在電視裡演的一些古裝戲，這個妃子和那個妃子之間有矛盾，她們就會找一個巫婆紮個紙人，上面寫對方的生辰八字，在紙人上紮個針詛咒對方，這就屬於雜占裡面的。動畫片《喜洋洋與灰太狼》裡面，那個胖乎乎的瀟灑哥生氣時候常說「畫個圈圈詛咒你」，它這一招大概也算是「雜占」。古人一般用蓍草進行「筮」，有時候也用折竹。《龜策列傳》把蓍草神秘化，說它下面有茯苓、上面有兔絲，或者上面有搗蓍、下面有神龜，遠遠看去周邊青氣繚繞，一看就是非同尋常的神物。當然了，你也可以說是因為當時的自然環境很好、非常環保，負氧離子很高、很養生，所以才會有青氣繚繞而不是烏濛濛的霧氣籠罩，也才會產生這種神奇的蓍草。但如果我們今天按照這種標準去找，估計一根也找不到。

關於《周易》的起源，古人說是伏羲畫八卦，周文王作重卦和卦爻辭，孔子作十翼；也有說是伏羲畫八卦和重卦，周文王作卦辭，周公旦作爻辭，孔子作十翼。漢代人說「文王拘而演《周易》」，認為周文王被商紂王關在羑里，周文王在監獄裡憂心如焚，就發明瞭《周易》，算出自己要革商朝的命——所謂「革命」，就是從「革卦」裡面來的。一個「革」卦，一個「鼎」卦，就成為「鼎革巨變」，就是改朝換代的大變化。這些傳說讓《易》的起源看上去很古老、很有傳奇色彩，但近代以來學者的研究給這種傳奇潑了一盆冷水：雖然《易》的起源很古老，不過今日所見的《周易》古經未必是一兩個人所作，也不一定是一個時期所作，大概成於西周初期，很有可能是周王室的太卜或筮人做的；而「十翼」，就是人們稱之為「易傳」的文字，也不是孔子所作，也非一人所作，大概在戰國中期之後匯輯而成。

孔老夫子曾經感慨道：「加我數年，五十以學《易》，可以無大過矣。」意思是說，假如老天多給我幾年的時間，我從五十歲開始學《易經》，以後就可以保證自己不會犯大的錯誤了。孔夫子這句話還有其他斷句方式和不同的理解，我在這裡選擇這一種解釋。孔子這樣厲害的人物，到了這個年齡還認為要通過學習《易經》才能保證自己以後不會犯太大的過失，這裡面大有深意。類似的情況還有衛國大夫蘧伯玉，他是世人都讚歎的賢人，但仍然常常反思自己所犯的過失，力求不斷完善自我。孔夫子讚歎蘧伯玉為人寬容、對自己嚴格，說他「年五十而知四十九年非」，可見對自我要求之高。今天的情況則反過來了，很多有權勢有錢財的人從來不會覺得自己有問題，如果有問題那基本都是別人的錯，自己永遠正確；甚至就算明擺著自己錯了，還要推卸到別人身上。就像有個笑話說的：「老闆永遠不會錯。如果老闆錯了，請參考前面的原則。」他們哪裡來的這種自信？是因為他們通透了世間的真理，所以才如此自信？恐怕未必。俗話說「錢壯慫人的膽，權撐孬種的腰」，很多人一旦失去了錢財和地位，只怕立即就現出了不自信的原形。

關於《易》卦的構成，大致來說每一卦最先是由陰陽兩種圖像組成，一橫就是陽爻，兩個短橫就是陰爻。不過這種一橫、兩短橫的符號，據說最初並沒有陰陽的概念在裡面。有學者認為，這是古人在龜占之時對龜殼上那些燒出來的紋路用相應的符號長短橫線記錄下來，到了後來才演變為把陰陽相對的概念結合到這些符號之中，使其具有了陰陽的意義。這些陰陽爻從下往上排列起來，就成為一個完整的卦象。按照由下往上的順序，稱之為初、二、三、四、五、上；陽爻以「九」稱之，陰爻以「六」稱之。比如最下面面的一爻，陽爻為「初九」，陰爻為「初六」；下數第二爻，陽爻為「九二」，陰爻為「六二」，其餘類此。為什麼爻位要從下往上排，而不是從上往下排呢？這是因為《易》認為，萬事萬物都是從小到大、從下往上，一點點的積累起來、發展起來的。《周易乾鑿度》裡面講「易氣從下生」，就是說易之氣是從下面開始生長的。鄭玄將此情況解釋為：「易本無形，自微及著，故氣從下生，以下爻為始也。」

《易》裡面的很多思想都是從生活中觀察總結而來。比如爻由下往上排列，就像我們的人生和世界都是由微小而壯大、由低矮而高大。我們的傳統觀點中強調人不能忘本，這個由下而上的排序，也隱含了尊重根本、尊重低微之始的意思。當然，這種尊重事物由小而大、由微而盛的觀念，後來在中國的世俗生活中慢慢包含了按資排輩、講資歷不講才幹等等弊端，則走向了它自身的反面。

卦的另外一個主要的構成就是卦爻辭。所謂卦爻辭，是係於每一卦符號下面的文字，是對每一個卦最為基本的說明。卦辭是總體說明這個卦的寓意，爻辭則說明每一爻的寓意。舉一個不算很恰當的例子：對一個人進行總體的描述，講這個人長得高大勇猛或者纖細文弱，這就類似於卦辭，對一個人進行局部的描述，這個人的胳膊很粗壯，這個人的眼睛很大，這個人的頭髮烏黑油亮，這就類似於爻辭。

卦爻辭還有一個作用，就是占筮的功能，根據卦爻辭來判斷「吉」「凶」「无咎」「悔」「吝」等情況。比如占筮到《乾》卦的卦辭「元亨利貞」，就表示大亨通、利於占卜。卦爻辭的出現，使得《易》的卦形符號與文字結合在一起，能夠將文字表述與卦形符號的隱喻進行關聯，使我們能夠從更加廣闊、深厚的角度來理解每一卦和每一爻。

「十翼」，亦即《易傳》，包括了《彖》（上下）、《象》（上下）、《繫辭》（上下）、《文言》、《說卦》、《序卦》、《雜卦》等文字。《彖》主要是用簡潔明瞭的語言來論述一卦的卦名、卦辭和主旨，即是「斷定一卦之義」的意思。比如說評價一個人，說這個人心胸寬闊、行事有度等等，這就類似於《彖》辭。《象》則是解釋各卦的卦象和各爻的爻象，有「大象」和「小象」之分。「大象」是從每一卦的卦象中推演出人事的意義，「小象」是從每一爻中分析背後的斷爻原因。它們都有「象徵」「形象」之意。《繫辭》上下兩篇的篇幅都較長，講的是六十四卦經文的基本義理，可以理解為是早期的《周易》通論。《文言》是在乾坤二卦的彖、象的基礎上，對其作進一步的解說。所謂「文言」者，「文飾乾坤兩卦之言」也。《說卦》是解釋八卦取象的專論，論述了蓍草演卦的歷史、八卦取象的特點、引證諸種象例，對探討易象有著重要的價值。《序卦》說明了六十四卦的編排順序，對這種排序的內在意義做了解釋。本書在後面會對《序卦》做一個較詳細的解讀。《雜卦》則與《序卦》不同，它打亂了六十四卦的順序，按照另一種思路，如以「錯綜」的關係來理解六十四卦的關係，正所謂「雜糅眾卦，錯綜其義」。所以看待一個卦，不但有卦形、卦爻辭，還有十翼的各種解讀方式。這一方面使得對一個卦的理解極為豐富多元，另一方面各種解讀之間又可能出現不一致、甚至相反的情況。

在《周易》裡面有基本的八個卦，我們叫「八經卦」，由它們而構成了八八六十四卦。它們分別是：乾、坤、震、艮、坎、離、兌、巽。為了方便地記住這八個卦的形狀，有一個口訣，朱熹《周易本義》裡面稱之為「八卦取象卦歌」：

乾三連、坤六斷、震仰盂、艮覆碗、坎中滿、離中虛、兌上缺、巽下斷。

《乾》卦就是三條連著的橫線，所以叫「乾三連」；《坤》卦就是六條短短的橫線，中間是斷開的，所以是「坤六斷」；《震》卦好像一個盂缽朝上仰著，地下的實線代表底部，上面的虛線代表開口，所以叫「震仰盂」。其他的卦象以此類推。

平常我們講「某某事很八卦」、「某某人很八卦」，意思可能是說這件事情或者這個人很值得去琢磨，或者這裡面有很多意思的值得回味。因為一個卦可以出現很多種可能性，每一個卦的每一個爻也都有不同的情況，然後八個卦翻來覆去就成了六十四卦，這裡面值得回味的內容太多了，所以需要「八卦八卦」。

我們平常講「錯綜複雜」，其實卦也有「錯綜複雜」，就是有不同組合方式。比如「錯」，就是指「錯卦」，把原來這一卦的陰陽進行互變，如陰爻變成陽爻、陽爻變成陰爻，這就形成了「錯卦」。我想其言外之意就是提醒我們，要看到事物隱藏的另一個相反的可能。「綜」，就是指「綜卦」，就是把原來的卦顛倒變成另一卦。它的言外之意大概就是提醒人們換另一個視點來看問題。我們看到有些男女戀人吵架，常常和對方說：你能不能考慮到我的感受？再比如行軍打仗，古人講知己知彼，把自己設想為敵人，也就是轉換角度，從敵人的角度來分析戰況。這些都有「錯綜卦」的意味。

說到「錯綜複雜」，我想到清初才子納蘭性德寫過一首詞，其中有幾句是：

人生若只如初見，何事秋風悲畫扇。

等閒變卻故人心，卻道故人心易變。

「何事秋風悲畫扇」一句用班婕妤被棄的典故。班婕妤是有名的才女，又以賢淑著稱，她本來是漢成帝喜歡的妃子，但自從趙飛燕姐妹受寵後，班婕妤便被漢成帝冷落。因為許皇后用厭勝術咒禍趙飛燕姐妹，被漢成帝廢黜。趙氏姐妹又借此誣陷班婕妤參與「巫蠱」，但沒有成功。據說在審訊班婕妤之時，班婕妤回答：「妾聞死生有命，富貴在天，修正尚未蒙福，為邪欲以何望？使鬼神有知，不受不臣之訴；如其無知，訴之何益，故不為也。」就是講人的壽命長短乃是命中註定，人的貧富貴賤也是上天註定，一個人坦坦蕩蕩、正直行事尚且不能得福，那麼做壞事還能希望得到什麼福分呢？若是鬼神有靈，豈肯聽信不正當的祈禱？如果鬼神無用，詛咒又有什麼好處呢？我不屑做這樣的事。漢成帝覺得她說的有理，便赦免了她。班婕妤後來隱居深宮，寫了《怨歌行》：

新裂齊紈素，皎潔如霜雪。
裁為合歡扇，團團似明月。
出入君懷袖，動搖微風發。
常恐秋節至，涼飆奪炎熱。
棄捐篋笥中，恩情中道絕。

傷感自己如同夏天的團扇，到了秋涼之後，便被遺棄不用。後世便以「秋涼團扇」作為女子失寵的典故，又稱「班女扇」。

從上面這幾首詩能夠看出，如果從感情的角度來講，這講的就是男女雙方熱戀的時候，只覺得對方的好，但時間一長，就有可能出現矛盾。這個時候就像看「錯卦」和「綜卦」：人心哪有固定不變的？人心本來就容易變化的，變和不變都在一顯一隱之間。好的時候，要記得不好的悲傷；不好的時候，要記得美好的溫暖。只有這樣，才能不至於陷入迷狂的情緒而不自知。

當然，更要看到「錯綜」之卦也象徵著我們這個世界：人與人之間看似毫不相干，事實上都有著千絲萬縷的關係。不但人與人之間，人與自然之間、人和自己的內心之間，亦無不是「錯綜複雜」的關係。我們在這個世界，何嘗能夠做到徹底的「個體」和「獨立」？不過正因為我們必須在種種「錯綜複雜」的關係中生活，也才在種種關係中凸顯了我們的「個體性」和「獨特性」，也才由此而建立起不同於他人的獨特的生命意義。

做事做人要「中正」

各行各業現在都大力提倡「匠人精神」，似乎說明我們在這方面大有問題。其實中國人歷來不乏「匠人」和「精神」。問題的關鍵是：有沒有一個合適的環境讓「匠人」展露才華？有沒有提倡這種「精神」的良好氛圍？

比如在四百年前，有一位很厲害的匠人出生了。他從小就展露出非凡的木工天賦，不但技藝高超，還頗有創新精神。他將自己一生最主要的精力都放在了木工製作上。他曾以乾清宮為原型，製作出過一座三四尺高的木制縮小版模型；他發現當時的床架為求穩固而異常沉重，便潛心琢磨，終於設計出一套可以活動、折疊的床板和床架，使原本沉重的床便於運輸和移動；他隨手做的小件木器如匣子、凳椅等，都飾以精美的鳥獸紋、裝嵌名貴的寶石，實用而美觀。另外，他對生漆的研究和使用在那個時代都處於領先地位。清代人對他的「匠人才華」和「匠人精神」評價很高，說他「天性極巧，癖愛木工，手操斧斫，營建棟宇，即大匠不能及；又好髹漆器皿，朝夕修制，不憚煩勞；學造作得意時，解衣盤礡，非素寵倖，不得窺視」。就是講他不但天賦高，而且又勤奮、專注，投入工作時候，沒有得到他同意，旁邊的人不得打擾他。

但就是這樣一位有「精神」的「匠人」，在歷史上不但沒有被人讚賞，反而罵名流傳至今——因為，這個「匠人」就是大名鼎鼎的昏君明熹宗朱由校。與他的名字緊密相伴的，就是一個在影視劇中不斷出現的IP題材、重要的反派角色，赫赫有名的大太監魏忠賢。明熹宗的昏庸不堪，在魏忠賢的專權下襯托得更加明顯。

我們可以認為，朱由校肯定是位好木匠、肯定具有「匠人精神」，但他肯定不是一個好皇帝、肯定不是一個好政治家。相比於關心百姓的生活和帝國的發展，他更關心手中的木料。我們不能不感慨：朱由校木匠皇帝的歷史故事說明，一個人沒有在合適自己的位置上發揮才幹，反而在一個不合適自己的位置上胡來，是多麼令人痛心和痛恨的事情。

《周易》裡面有個概念，叫「當位」或「不當位」，講的就是這個道理。《周易》有六爻，其中初、三、五這三爻的位置屬於陽，凡是陽爻在這三個位置上，就叫「當位」（亦叫「得位」或「得正」），反之就是「不當位」（或稱「失位」、「失正」）；二、四、上這三爻的位置屬於陰，凡是陰爻在這三個位置上，就叫「當位」，反之就是「不當位」。在《周易》看來，當位象徵著人事的現狀、發展符合它內在性質和規律，能夠發揮出它的最好效用；不當位象徵著人事的現狀、發展不符合它的內在性質和規律，不但不能夠發揮出它的效用，反而有可能阻礙它的發展和進步，得到相反的效果。比如《豐》卦九四爻「豐其沛」，《象》辭說「位不當也」，就是指九四為陰爻，但居於陽爻的位置上，所以「不當位」。再如《旅》卦九四爻「旅于處」，《象》辭說「旅于處，未得位也」，亦是指陰爻居於陽位，所以「未得位」。

「當位」「不當位」說起來簡單，我們在現實生活中對此未必搞得清楚，不但一般人未必搞得清楚，就是歷史上赫赫有名的大人物也未必搞得清楚。前面的木匠皇帝就不說了，再比如大名鼎鼎的詩仙李白，其實也一直搞不清楚自己最適合什麼樣的位置。現在我們都知道，他最合適的身份就是做一個浪漫派詩人和品酒師，可李白自己並不這樣認為，他總覺得自己有匡扶亂世、周濟天下的雄才大略，不當個宰相實在屈才了。可惜他浪漫的性格和胡說八道的風格註定他不是當官的料。再說他的政治眼光也大有問題。當永王準備和他哥哥肅宗爭奪皇位的時候，為了籠絡人心，向李白伸出了橄欖枝，聲稱要重用他。李白覺得自己輝煌的政治抱負就要實現了，激動地寫了不少詩，其中有兩句：「但用東山謝安石，為君談笑靜胡沙。」告訴永王：只要你用了我這個能與謝安媲美的不世奇才，我會很快幫你搞定一切。可惜，沒等他像謝安一樣展現軍事才能，永王就被肅宗幹掉了，他也被當做叛軍的一份子被抓了起來。李白不好好做浪漫派詩人，而想做謝安一樣的軍事家，這就是「不當位」。

當然，放在那個時代背景下看這個問題，我們也可以理解李白的選擇：當一個社會、一個時代，只有「貨與帝王家」才是人生價值的最佳體現時，那麼凡是有理想抱負的人都一定會去追求這一價值體現。只有當一個社會和時代有著多元的價值評價，每一個人都可以按照自己的興趣、優勢來實現自己的價值，那麼「不當位」的人才會越來越少。

若分析得細一點，「不當位」則有兩種不同的情況：一種情況就像木匠皇帝朱由校，本來自己在某一方面有天賦、有才能，但由於各種原因不能在這一方面發揮自己的優勢，偏偏在另一個不適合自己的位置上。這種情況可以稱之為「客觀導致的不當位」。比如我們現在的很多學生，本來在藝術領域很有天賦，或者在歷史、哲學領域很有才華，但社會沒有這麼多的崗位給他們，只好改學別的專業，以便能找到工作養家糊口。但對這種工作，他們並沒有興趣，也很可能做不好。這就是「客觀導致的不當位」。另外一種不當位元的情況就是像大詩人李白，自認為是某一領域的專家，其實根本不是那麼回事。真把他放到這個位置上，就會發現理想很豐滿，現實很骨感。這種就是「主觀導致的不當位」。

另外《易》裡面還有一個概念就是「中」：每一卦的第二爻處於下卦的中間，第五爻處於上卦的中間，所以第二爻和第五爻在易例裡面稱之為「中」。這個「中」因為是上下卦的中位，往往象徵著事物的中道而行、不偏不廢。

「中」和「正」加起來，就是「中正」。具體是：如果第二爻是陰爻，屬於陰爻居陰位，又在下卦中位，這就是「中正」。同理，如果第五爻是陽爻，屬於陽爻居陽位，又在上卦中位，同樣也是「中正」。「中正」象徵著為人和做事的公允、平衡，不走極端、不偏頗。《中庸》講「執其兩端，用其中於民」，就是這個意思。

在《易》中，「中正」之爻往往有吉祥美好的含義。李光地《周易折中》說：「唯中與正，則無有不善者。然正尤不如中之善。故程子曰：正未必中，中則無不正也。六爻當位者未必皆吉，而二五之中，則吉者獨多，以此故爾。」

《易》中有很多爻例涉及「中正」。如《觀》卦，九五居上卦之中，六二居下卦之中，象徵君臣各居其位，恪守中正之道，所以《觀》卦《彖》辭說：「中正以觀天下。」再如《同人》卦，六二爻居下卦之中，為「柔中」，象徵臣子得正中之道，所以《同人》卦《彖》辭說：「柔得位得中。」

宋度宗曾經寫過一首詩《離卦贊》：

日月麗天，德備中正。
明以繼明，聖而益聖。

這個詩講《離》卦內外皆「離」，卦象是太陽明照於天，又有附著於天之意。第二爻為陰爻居於陰位，所以是「中正」；因為《離》卦上下兩個卦都是「離」，表示太陽、光明，所以是「明以繼明」，表示光明無限，象徵著君王的「聖而益聖」。這首詩的文學性不強，也沒什麼特色。作者宋度宗自己也是個昏君，即位後不但孱弱無能，又耽於享樂。他寫這個《離卦贊》宣揚「德備中正」，吹噓自己「聖而益聖」，私下裡卻「說一套做一套」，和當下的很多腐敗分子一模一樣，兩面人而已，不值得後人學習。

中國傳統文化中，與「中正」這一概念相關聯的觀念有很多。如《中庸》：「喜怒哀樂之未發謂之中，發而皆中節謂之和。中也者，天下之大本也，和也者，天下之達道也。」認為無欲之時是最佳的境界，如果有所欲求、有各種情緒，也能將這種欲求和情緒較好地控制在合理範圍，這就是「中和」。

再如孔子曾經帶著學生去參訪魯廟，看到一個攲器。這種攲器比較有意思：它空無一物時，只能斜著，無法端正；注入數量不多不少的水，就能夠端端正正、不偏不倚；但如果注水太滿，它就會向另一側翻倒，把水都傾倒出來。這就是「虛則攲，中則正，滿則覆」。於是孔子喟然感歎：「吁！惡有滿而不覆者哉。」提醒身邊的同學們要注意中正之道，不可自滿而導致覆亡。

有意思的是，中醫裡面關於健康、治病的很多觀點與「中正」這一思想也有著密切的關係。如古代醫家認為，人為什麼能夠健康？是因為「平人者不病也」。這個「平人」，當然不是現在俗話說的「躺平的人」。唐代醫學家王冰解釋這個「平人」是：「應天常度，脈氣無不及、太過，氣象平調，故曰平人也。」就是說這種人身心都很平和，不會沒有不及也不會太過。這就與「中正」的觀念非常類似了。後來醫家把這種「平和」、「中正」與個人道德結合起來，認為「道德不全，縱服玉液金丹，不能長壽。道德日全，不祈壽而壽延，不求福而福至，此養生之大經也。尊道崇德，積善積德，方可身心健康，福壽雙至」。這是直接把人的宗教性私德與身體健康進行了聯繫，認為人的宗教性私德決定著身體的健康，頗具神秘主義色彩。可能這也算是中醫的一大特點吧。

人生有緣成師徒

中國古人講「天地君親師」，五位之中，師者占其一位，可見把老師的地位看的很重。又有「一日為師終身為父」的說法，可見把師徒間的感情也看得很重。「古之學者必有師」，且不說孔子和他的弟子們，古代無論學什麼，比如剃頭、唱戲、武功、繪畫、廚師等等，都要拜師學藝，跟著師父經過長時間的學習；不但跟師父學手藝，也跟著師父學做人。這是中國人的學習「道統」。它不但傳承著今日所謂的「知識系統」，更延續了一代代人的精神氣質，意味著上一代人和下一代人生命、智慧和風骨的承續。對老師來說，如果自己的學生有出息，自己也會發自內心的高興，因為他的「道統」在學生這裡得到了延續，意味著他一生的生命意義和精神氣質都將在他離開這一個世界後繼續延續和成長。對學生來講，承續師門道統，不但意味著他要學習一代代人積累下來的知識，更要學習一代代人積累下來的氣度、榮耀，並有著將其發揚光大的責任。

古人講名師難遇、愛徒難得，若能各得其所，對兩人來講都是人生可貴的機緣。老師要選一個滿意的學生不容易，學生要找到一個好老師也不容易。金庸筆下的很多武林高手，為了自己的門派能後繼有人，都動足了腦筋尋找愛徒。比如逍遙派掌門為了找一個符合條件的接班人，不惜擺下珍瓏棋局遍邀天下武林才俊。還有南海鱷神，一見段譽，摸了一下段譽的後腦勺，便欣喜若狂，大呼：「你太像我了！」鐵了心要收他為徒，不惜為此大改平素的行事風格。至於禪宗裡面的傳衣鉢，則更為嚴格、也更講機緣，比如六祖慧能法師得五祖衣鉢的故事，早已是廣為人知。

古代學術傳承，大抵都有著這種清晰的「道統」，也有許多類似唐僧和孫悟空這樣令人感動的師徒關係。如明末清初的雲間派詞人蔣平階，他是著名的抗清將領、易學家和堪輿家。順治年間，他因為抗擊清兵被通緝追殺，只得四處躲避，長年漂泊江湖。在如此危險艱難的境遇中，他的兩個學生沈億年、周積賢不捨不棄，與他共赴艱險。他與兩位弟子在師徒關係之外，更蘊含著在亂世中共赴艱難、相依為命，如同家人般的深厚情感。在《支機集》序中，他滿含深情地寫道：「何事牛車之旁，尚餘兒女；所幸籃輿之下，猶有門生。」至今讀起來依然讓人感歎萬千。當老師的一生中若能有一兩個這樣的學生，大概也不會有什麼遺憾了。

就《易》的道統而言，《儒林列傳》說商瞿跟隨孔子學習《易》，孔子去世後，商瞿開始傳授《易》學。經過六世，傳到了田何這裡。田何傳授給王子仲，王子仲又傳給楊何。這是一條比較清晰的路線。依黃壽祺先生的觀點，到了西漢之後，主要有四個不同流派按照不同的路線在傳承，當然它們互相之間也有交叉和融合：第一個是「訓故舉大誼」，以周王孫、丁寬、楊何等為代表，襲先秦之易學，釋六十四卦之大義。第二個是「陰陽候災變」，以孟喜、京房、五鹿充宗、段嘉等為代表，把《周易》的原理運用到自然災異和人事變動方面，用以解釋當時看來比較神秘的自然現象以及政治社會較大的變化。第三個是「十翼解經意」，費直、高相等人為代表，主要是用《易傳》來解說六十四卦，這是當時民間私學，亦稱為古文易學。第四個是「章句守師說」，施讎、孟喜、梁丘賀、京房等為代表，他們遵循當時朝廷官學經師傳授的《易》學方法，亦稱為「今文易學」。漢武帝設五經博士，博士以家法教授弟子於太學，且師徒相授之時，必須要遵循一定的師生關係，不可混亂。五經博士的設置，是漢朝廷掌握經學的重要標誌。所謂「師法」，指一家之學創始人的說經。所謂「家法」，是指一家之學繼承人的說經。例如漢武帝時立楊何為博士，他的說經即是師法，再傳下去，他的學生為章句，再衍生出小的派別，即是「家法」。這個規矩是不可以亂的。在當時如果不守師法、家法，非但不能為博士，即使已任為博士，也要被趕出太學。比如孟喜，他本是和施讎、梁丘賀等人一起向田王孫學習《易》，後來他得到了易家陰陽候災變的書籍，自己頗有心得。但他喜歡自我吹噓，又謊稱這是自己的心得是老師田王孫獨自傳給他的，眾人不知實情，都紛紛向他慶賀。梁丘賀知道後，揭發這並非實情。孟喜因此不再被別人信任，頗為落寞。

到了後世，傳《易》的人越來越多，它的流派也越來越多，如東漢的馬融、鄭玄、荀爽、虞翻、魏伯陽，三國的王弼，唐代的李鼎祚、孔穎達，宋代的陳摶、邵雍、周敦頤、胡瑗、程頤、朱熹、楊萬里，明代的來知德、蕅益法師等等，都是較有代表性的人物。

在傳《易》的過程中，有的師徒故事也頗有看頭。比如，漢朝有兩個學生學《易》，就讓老師讚賞不已，都發出了「我的道統將開花結果了」的欣慰。一個就是前面提到的丁寬，他曾在梁孝王手下當過將領，人稱丁將軍。他跟隨項生向田何學習《易》，其人才思敏捷、研究精密，深得田何器重。當他學業完成之後，向田何告辭東歸，田何忍不住對學生們感歎：「《易》以東矣！」意思是隨著丁寬的東去，他的《易》學也將在各地傳播開來，被世人所知。後來丁寬撰寫《易說》，傳授給田王孫，田王孫再傳授給施讎、孟喜、梁丘賀。因為施、孟、梁這些學生都有著極大成就，果然將田何之學發揚光大。

另外一個就是赫赫有名的鄭玄。他曾經拜入馬融門下學《易》，不過馬融學生很多，鄭玄拜入門下之後很長時間沒有見到過馬融，皆由同門高徒代師傳授學問。後來，馬融有一次召集弟子們討論學問，鄭玄在問答間暢演學說，其義精湛高妙，讓眾人嘆服。鄭玄告辭老師馬融後返回山東。馬融感慨萬分，對其他學生說：「鄭生今去，吾道東矣。」就是說：如今鄭玄同學離開這裡回山東了，我的道統也將隨著他到東方而生生不息。後來鄭玄聲名大振，跟隨他學習的人有上千人。馬氏這一脈的道統赫然昌盛。

還有的人，雖然才智過人，但品性不佳，所以老師也不願意收他們做徒弟。據宋人陳長方的《步裡客談》記載，邵康節曾說：「天下聰明過人唯程伯淳、正叔，其次則章惇、邢恕，可傳此學。」認為自己的學問高深，只有像二程那樣聰明過人的才子能夠傳授，其次如章惇、邢恕那樣的也可以學。章惇、邢恕聽說後趕忙過來拜見邵康節，但邵康節一見之後便拒絕了兩人。他後來說：「章子厚、邢和叔心術不正，挾此將何所不為？」意思是這兩人心術不端，不可以把自己的學問傳授給他們，以免他們挾此學問為非作歹。

當然了，現在講師承、講衣缽傳授早已經過時了，遊走於各種時髦圈的萬能學者、高端青年，都看不上這種「封建遺風」。加之現在進入了付費知識經濟時代，一切都成為交易，付了錢就可以取貨走人，至於師徒感情，那是奢侈和夢話。不過仔細想想，這種情況未必當代才有，韓愈就曾感歎過：「嗟乎，師道之不傳也久矣！欲人之無惑也難矣！」可見古人也遇到過類似的情況。所以我們也不必過於哀歎，這個世界或許本就是這樣：一些東西消失了，一些東西又生長出來了，對於那些消失的美好事物，我們報以懷念、寄以讚美。這種懷念和讚美，大概本身就包含了不會消失的價值吧。

通順和吉祥的前提

《周易》第一卦為《乾》卦。這一卦有很多我們經常聽到的名言和成語，比如「天行健，君子自強不息」「雲行雨施，品物流形」「與時偕行」「朝乾夕惕」等。金庸先生武俠小說《射雕英雄傳》中，丐幫幫主洪七公傳授給郭靖的「降龍十八掌」，如「飛龍在天」、「亢龍有悔」等名目，也都是從這裡面來的。

《乾》卦的卦象全部都是陽爻組成，所以朱熹認為它是「陽之純而健之至也」，就像武俠小說裡面的「九陽真經」，純陽到了極致，剛健到了極致，也就厲害到了極致。它象徵著天運行周轉不息，在這周轉中充盈了萬物賴以生長發展的陽氣，有著創造宇宙萬物的初始力量和陽剛因素。乾卦代表著陽、剛、健，幾乎所有與陽剛和健行有關的事物，它基本都代表了。另外，它還代表了頭部、年紀大的男性、首領等等。現在有人在算卦的時候，看到《乾》卦這個卦象，一般都會解釋說有領袖氣質、頭腦敏捷、行動力強等等，其道理就源於此。不過從八經卦來講，代表龍的是《震》卦，不是《乾》卦，只不過因為《乾》卦爻辭有著很多「龍」，所以一般會認為它象徵的事物中也包括了龍。

《乾》卦的卦辭說：「元，亨，利，貞。」這個四個字有很多種解釋。我們選一個較為常見的解釋，就是：「大通順，占問吉利。」元，大；亨，亨通；利，有利；貞，占卜。在後來儒家學者的解讀中，對「元亨利貞」的解釋略有不同。如《文言》說：「元者，善之長也；亨者，嘉之會也；利者，義之和也；貞者，事之幹也。君子體仁足以長人，嘉會足以合禮，利物足以合義，貞固足以幹事，君子行此四德者，故曰《乾》：元，亨，利，貞。」意思是：元是善之首，亨是美之彙聚，利是義的回應，貞是事業的主幹。這種解釋的發揮就遠遠超出了卦辭本來的意思。

「君子體仁足以長人」，講的是君子以仁義為本，施行仁政，所以能夠統帥別人。中國人歷來講究以德服人，以仁義統治國家。春秋時候，葉公向孔夫子請教怎樣治理一個地方。孔子回答「近者悅，遠者來」，讓身邊的人感到溫暖、快樂，遠處的人慕名而來，就像現在的人看到哪裡好，就想移民到那裡，實質一樣的。這就隱含了「君子體仁足以長人」的意思。從個人的層面來講，有的人具有「仁心」，對人友善、非常有親和力，別人都願意和他親近。唐玄宗時候宋璟與姚崇並稱賢相，號「姚、宋」，朝野讚譽宋璟為「有腳陽春」，意思是說宋璟不為自己爭名謀利，嚴以律己、寬以待人，如一縷春風，走到哪裡，那裡就似春風煦物，倍感溫暖。這種人大家都願意接近。

不過，中國傳統雖然總是提倡仁義來統治天下，但畢竟有些不靠譜，尤其是只許州官放火不許百姓點燈這種現象一多，大家對官方所提倡的仁義之治，就越發不相信了。從這個意義上來講，仁義之治只能作為一種美好嚮往，在現實層面的管理上，還得依靠完善的法律、輿論的監督等方法，並不可能讓個人的道德自律或品德感召力來完成全社會的有效治理。

另外一句「利物足以合義」，它的第一層意思是君子做事有利於萬物，足以使之和諧相宜。還有一層意思是君子做事情對別人有利，同時也和所謂的義完全吻合，完全沒有衝突。這個說法很有意思。我們常講「君子捨生取義」，或者說「見利忘義」，就是講我們個人在這個世界上，面臨著利益和道德倫理等準則之間發生了矛盾，不得不選取其中一個，要麼不要利而選擇義，要麼選擇實際利益而顧不得義，總之需要在兩難境地中選擇一個方向，而這種選擇的過程特別讓人糾結。倉央嘉措寫過一首詩：

曾慮多情損梵行，入山又恐別傾城。

世間安得兩全法，不負如來不負卿。

又想多情又想修道，又想江山又想美人，好難啊。面對這種選擇怎麼辦？《周易》這裡講的好：要「利物合一」，做到了就瀟灑自如，做不到只能繼續糾結。但具體怎麼合一？這裡沒有標準答案，要個人自己去參悟。

君子有了「體仁足以長人，嘉會足以合禮，利物足以合義，貞固足以幹事」這四種品德，就可以稱之為「元亨利貞」了。

有些算卦的，給人算出來「元亨利貞」，就恭喜人家說：「太好了，這個卦大吉大利，你明天就升官發財、萬事無憂。」哪有這麼容易的！就算得到了元亨利貞，還要問問自己：我有這四種品德嗎？不但沒有，反而是相反的品性，那根本得不到元亨利貞。為什麼？因為《周易》早說明白了：「易為君子謀，不為小人謀。」那麼，什麼是君子？什麼是小人？借用錢穆先生在《中國歷史上的傳統教育》一文中的話來講，「中國人的人品觀中，主要有『君子』與『小人』之別。君者，群也。人須在大群中做人，不專顧一己之私，並兼顧大群之功，此等人乃曰『君子』。若其人，心胸小，眼光狹，專為小己個人之私圖謀，不計及大群公眾利益，此等人則曰『小人』。」簡而言之，為大眾、利大眾的無私之人可謂君子，利一己、害大眾之人就是小人。

《左傳》裡面記載了「穆姜筮往東宮」的故事，講的就是這個道理。穆姜是齊國公主，魯宣公夫人，魯宣公當政時為了緩和齊魯兩國之間的關係，娶了當時的齊國公主穆姜。穆姜出嫁前賢慧淑良，在家族中口碑良好，她對《易》經還很有研究。剛嫁給魯宣公的時候，也有顯得很賢慧。穆姜和宣公一共生有一兒一女，兒子就是後來的魯成公。宣公去世後，成公繼位。當時在魯國有孟孫、叔孫、季孫三大勢力，其中以叔孫氏最弱。叔孫僑如和穆姜關係密切，常常出入後宮跟穆姜私通。按照叔孫僑如的計畫，他準備利用穆姜除掉季文子和孟獻子，從而提高叔孫氏在魯國的地位和權勢。穆姜聽從了他的話，要求魯成公把季文子、孟獻子除掉，如果不從，她就要廢了成公的君位。但魯成公拒絕了母親的請求。季氏和孟氏知道這個情況後，決定反擊。他們以魯成公的名義軟禁了穆姜，叔孫僑如則逃亡到了齊國，後來又逃到了衛國，老死他鄉。穆姜一直被軟禁十年，直到去世也沒能走出後宮。因為穆姜懂《易》嘛，所以她剛剛被囚禁東宮的時候，為自己算了一卦，得到的卦辭就是「元亨利貞」。旁邊的史官說，這個好，是吉利之象，一定會很快就離開囚禁的地方。穆姜自己卻說：不是的，元亨利貞很不錯，但不可歪曲地理解它。我一個婦人參與變亂，在下位而不仁，不能說元；不忠於國家，不能說亨；自己作天作地，害了自己，不可以說有利；做出不符合自己身份的事情，不可以說貞。我沒有這四德，所以不能无咎，一定完蛋了。後來的事情果然如她所說。穆姜雖然做事不當，但她對《周易》元亨利貞這幾個字的理解完全正確。

進而言之，傳統儒家認為天道與人道相通，或天道與人道實質就是一個「道」，故而天道並非獨立於人之外的先驗的本質，而是呈現在人的行為活動中，這種行為活動以「德行」為根本，是「天行健」的具體體現。所以，大通順、大吉利需要有一個前提條件，這個前提條件就是建立在傳統儒家的「天道」與「人道」是同一個「道」的原則上；而「天道」和「人道」之所以能夠同一體，是因為「天道」和「人道」都有同樣的一個「大德」，這個「大德」於天道體現為「四時行焉，百物生焉」和「生生不息」，於人道則體現為「善」和「廓然大公」。古人常常將人的德行的有無看作能否得到天佑的決定性因素，沒有「德行」這個前提條件，「人道」即與「天道」相背，大通順和大吉利就沒法出現。

剛健而自省的人生

讀《乾》卦，每一個爻都充滿深意，值得細細品味。比如，初九爻講「潛龍勿用」，按照一般的解釋就是像龍一樣潛伏著，不可輕舉妄動。為什麼要潛伏不動？因為時機沒有到。搞經濟的人都喜歡說，利好的風吹來的時候，豬都能夠上天。這就是講時機的重要性。而潛伏不動的狀況又分兩種：第一種是主動的，自己選擇低調處事，不張揚；第二種是被動的，客觀條件限制，沒有辦法，只好隱藏起來等待。

乾卦《文言》解釋初九爻：「龍，德而隱者也。不易乎世，不成乎名，遯世无悶，不見是而无悶。樂則行之，憂則違之，確乎其不可拔，潛龍也。」就是以龍來代表君子，講一個真正的君子，不被周邊的環境輕易改變，也不被名利所束縛；在隱居避世的時候，他不會覺得苦悶，內心充實坦蕩，就像孔子的弟子顏回居陋巷而不改其樂；人家對他有誤解的時候，也不會感到苦悶煩惱。

我們大部分的人很難做到這樣，常常「易乎世」，容易受情況變化的影響。單位裡面換了一個新領導，心裡忍不住的就會想：完了，這個領導以前和我關係不好，以後我要被穿小鞋了。換了一個新部門，心裡又會忍不住想：完了，這個部門的同事看上去都很凶，不好相處。

大部分人除了「易乎世」，還有就是「成乎名」，各種圈子，各種爭名奪利，一片喧囂不寧：商場爭名而求財，官場爭名而求位，學界爭名而求虛榮。大家跳來跳去，都跳不出名利二字。孫悟空算是厲害的，跳出「酒色財」的圈子，但跳不出「氣」這個圈子。「德而隱者」不追求這些。我們普通人做不到這點，但稍微能看淡一點的，就很不錯了。

「遯世无悶」，隱居避世沒有絲毫的苦悶，不憋屈、很坦然。這可能和人的先天性格有點關係，天性淡泊的人做到這點還是有可能的。但「不見是而无悶」就比較難了。人家背後說我的壞話，我知道了會氣得臉色發青，就算不表現出來，心裡也會有一股怒氣。有的人發過脾氣，發過了就過了，這算好的；就怕記在心裡，什麼時候覺得不爽快了，要報復別人一下。所以人要做到「不見是而无悶」，非得有大修養、大氣度不可。古修道人曾說過一句話：「自古神仙無別法，只生歡喜不生愁」，遇到別人不理解、不親近、不尊重，我不怨不恨，自在自然，只有一股歡喜之心蕩漾著。能做到這一點，那就算得上神仙的境界了。

接下來說「樂則行之，憂則違之」，對高興的事情就去做，對憂慮的事情就堅決避開。這個話容易被誤解：既然這樣，好啊，工作上的事情，我高興就去做，不高興我就不幹。這就成為推脫和偷懶的理由了。其實不是這樣，它是指人在面對選擇的時候，如果覺得某件事違背了自己的原則，寧可放棄所謂的機遇和利益，也要堅持這一個原則。所以後面一句緊接著說「確乎其不可拔，潛龍也」，能夠堅定不移的維護自己的原則，這就是潛龍啊。

從這裡可以看出，一個人有德而隱，他的大氣度、大修養能夠讓他跳出世俗名利，不糾葛於世間利益，因此被人忽視也好、被人歧視也好，也不會起怨恨心、苦惱心；他過著歡歡喜喜的大自在日子，他願意做有益有趣的事情，而對違背自己原則的事情絕對不會去做。這種「隱居著的君子」，就像是「潛伏著的龍」。

再比如九二爻「見龍在田，利見大人」，龍從深深的淵底出來，來到了大地上；這個時候不但能夠見到貴人，而且見到貴人是有利的。這一爻也常常用來形容君子之德澤被天下。比如張良刺殺秦始皇失敗後，躲避江湖之中。傳說有一天他遇到了黃石公，黃石公在橋上故意伸出一隻腳攔住張良的去路，不但如此，他還故意把鞋踢到橋下，對張良說：小子，把我的鞋撿回來。等張良把他的鞋撿回來，他又踢到了橋下。一而再，再而三，連續三次這樣。照現在來看，這就是一個典型的壞老頭。但張良都毫無怨言地按他的要求做了。黃石公用這種特殊的考察方式面試了張良，見孺子可教，便傳授了張良太公兵法。張良日夜研習兵書，終成一代名將大臣。按照一般的理解，張良見黃石公，這便是「見龍在田，利見大人」。

不過，在這裡我們應該仔細想想：什麼是大人（或者貴人）？為什麼見大人（或者貴人）是有利的？在現實生活中，我們一般認為對自己的人生有幫助的就叫貴人。但我們需要繼續思索：什麼才是對人生的真正幫助？從世俗生活來說，你遇到一個領導，提拔你做一個處長、廳長，或者遇到一個大款，給你投資幾千萬、幾個億，這些從世俗生活來講當然是好事。所以一般來說，我們會認為這個領導、這個大款就是我們的貴人。但讀了《周易》就知道，凡事都會有變化，這個時候的好事未必後面就是好事，對你現在世俗生活有幫助的貴人，未必是你後面世俗生活的貴人。比如當初提拔你的領導因為腐敗出了問題，這個時候估計你大概率會想方設法和他撇清關係，當年的「貴人」此時變成了「拖累人」。大款投資給你幾千萬、幾個億，對你當然有要求，這個要求做得到做不到，做到了利益分配出現問題怎麼說，等等。你要是達不到要求，人家很有可能會翻臉。生意場上，為了利益問題反目成仇的太多，此時的「貴人」很可能會變成「仇人」。從歷史上來看，比如幫助劉邦的那些文臣武將，在劉邦登基以後不知被殺了多少。張良算是聰明人，功成身退，專修黃老得以全終。所以真正的貴人，未必就是提拔你、給你一些利益的人，也未必只是對你世俗生活有幫助的那種人。能夠幫助你的安身立命、身心安泰的人，幫助你得知識、開智慧的人，可能才是真正的貴人。如禪宗二祖慧可法師見達摩祖師之後，得「直指人心，見性成佛，不立文字，教外別傳」的法門，或者如孔子門下七十二弟子，身通六藝列入賢人。所以，達摩是慧可真正的大貴人，孔子是七十二賢人真正的大貴人。

《文言》解釋九二爻「閑邪存誠，善世不伐，德博而化」，就是說，要把不好的想法放到一邊，保留誠心誠意；雖然有功德於世，但一點都不驕傲自得，能夠德行廣大感化別人。真正的君子「其德雖博，亦不存德博之想，以成我慢也」，君子的功德很大，但從來不覺得自己有什麼功德。因為一旦有了功德這一個概念，就變成了貢高我慢，覺得自己了不起，別人都要尊重自己，這就完了。這個有點類似佛經裡面的一句話：「雖行於空，而植眾德本，是菩薩行。」雖然菩薩在空的境界中，但他還全力幫助每個眾生種植福德、智慧的根本，這才是菩薩行。這就是真正的「善世不伐」，幫助了你，卻什麼回報都不要，這就是「善世不伐，德博而化」的大境界。

九三爻「君子終日乾乾，夕惕若，厲，无咎」。現在我們常用的一個成語叫作「朝乾夕惕」，就是從這一爻來的。意思大致是說君子終日勤勉不息，到了晚上休息時還警惕自省；能夠做到這樣，即便艱難困頓，也不會有什麼大的害處。「无咎」還有個意思，就是指善補過，善於糾正自己的錯誤，所以這裡也可以解釋為即便情況不利，但因為善於改過補救，也不會有什麼危害。

說到「朝乾夕惕」的例子，在宋真宗的時候，有個大臣叫晏殊，他也是有名的詞人，比如大家熟知的詞作《浣溪沙》：「無可奈何花落去，似曾相識燕歸來。小園香徑獨徘徊。」但晏殊厲害的不僅僅是他的詞作。他是個神童，聰明絕頂，十四歲時候直接被保送參加進士考試。入仕之後才華出眾，表現優異。有一次宋真宗要為太子選老師，欽點了晏殊。大臣們都不同意，覺得晏殊雖然才華橫溢，但畢竟嫩了點，讓他做太子老師有些不妥當。但宋真宗說了他的理由，大家都沒話說了。宋真宗說：朝中大員，雖也有才幹，但下了班不是縱酒高歌，就是流連花叢，怎麼教育得好太子？只有晏殊，下班了還在安安靜靜地讀書學習，閒置時間也不去串門聊天，只有這樣一個朝乾夕惕的醇厚人，才能教得好太子。後來晏殊知道此事，對宋真宗說：我是因為家裡窮沒有錢和同事一起去聚會歡樂，如果有錢，恐怕也會去的。這個回答很妙。說到底，皇帝是相信他的勤奮的，聽到這種回答只會加分，認為他不但勤奮，而且老實，有一說一。因此晏殊的朝乾夕惕，為他帶來了好機遇。

我們現在白天都很忙，儘管不知道忙些什麼，這勉強也叫「終日乾乾」；晚上回到家累的半死，刷刷手機、看看電視，沒空「夕惕若」了。就算「夕惕若」，也警惕的是領導會不會給我穿小鞋，同事會不會背後搞我。大部分人的大部分時間就這樣「終日乾乾，夕刷手機」過去了。

《文言》九三爻講「君子進德修業」，一個重點就是善於自省、糾正錯誤，要抓緊時間提升自我，以忠信來提升品德、以誠待人，才能處理好事業。「居上位而不驕，在下位而不憂」，講的則是君子居於上位的時候，沒有任何的驕橫自得；在卑微之地，也不會有任何的憂愁和埋怨。這是非常難得的胸懷，如果要擁有這種胸懷，就需要看淡身外的富貴榮華。一個人當領導的時候，在戲臺上是主角，人人都在仰望他，一句話吩咐下去，下面的人搶著幫他做好，甚至他還沒有想到的，下面的人都幫他想到做好了。下面的人這樣奉承他，是因為他在這個位子上，別人奉承的不是他而是這個位子。難怪大部分人下了台，都會有落寞之感，因為落差太大了。李白曾在《古風》中寫道：

青門種瓜人，舊日東陵侯。
富貴故如此，營營何所求。

你不要小看那個在門口種瓜的老頭子，人家當初是秦國的東陵侯。可惜的是秦亡後淪為平民，家貧無以自給，靠種瓜謀生。自古富貴如此，所以要看透這一點，不要在乎臺上臺下，惟其如此，才做得到「上不驕下不憂」。

九四爻「或躍在淵，无咎」。龍在深深的水底潛伏了很久，然後出現在大地上，有利於各種行動。到了這個境界，龍再回到深深的水底，亦沒有任何害處。從卦象來講，以龍喻君子，指明了君子勤勉做事、自我反省，不斷堅固自己的德行，到了這個境界，不管進退都不會有太大的問題。孔子解釋這一爻的意思是：「上下無常，非為邪也，進退無恒，非離群也。」像龍一樣可以隨意上下飛升，沒有固定的路徑，非妖非邪，進退沒有固定的模式，但沒有離開群體，依然在這一世界中與眾同憂樂。這是講君子無論處於什麼樣的狀態，都會與民眾在一起。在現實生活中，有的人可能確實有點本事，但處處要顯得與眾不同，要突出自己、放大自己，把自己放到一個很高的位置供人敬仰。其實君子不會有意把搞得自己很高深、很厲害，不會顯得和人格格不入。君子是「和光同塵」，就在我們身邊，和我們一樣普普通通，不會特地在自己頭上搞個光環，讓大家來膜拜。孔夫子講：「吾有知乎哉？無知也。」就隱含了這一個意思：我有什麼智慧、知識嗎？沒有；我有什麼與眾不同嗎？沒有；我不過盡自己所能實現自我而已。

九五爻「飛龍在天，利見大人」。龍飛翔在天上，有利於拜會貴人。此處是《乾》卦裡面第二次有「利見大人」這一詞。為什麼二、五都說「利見大人」？首先從爻位來講，《周易》裡面每一卦的六爻都隱含著天、地、人三個位置，其中第一爻、第四屬於地，第二爻、第五爻屬於人位，第三爻、第六爻屬於天位。第二爻、第五爻又為中正之爻，正所謂「正人君子」，所以叫「大人」。尤其第五爻又是「九五之尊」，在人位之中極為尊貴，屬於地位極高的人之爻，因此更加值得推崇。《乾》卦這一爻象辭說：「飛龍在天，大人造也。」就是比喻一個人處於高位而將有所作為。這一爻因為象徵著帝王之尊位，強調的是天子之德應當大治於天下，所以才有《文言》說的「位乎天德」。

但是我們不要輕易把這一句讀過去了。這裡的「大人」，或者帝王之尊的人，是從哪裡來的，莫名其妙出現的嗎？按照《周易》的本意當然不是。這個時候的「飛龍」，應該就是當初伏在深淵的「潛龍」；這個時候的「大人」，就是當初尚未得志的「君子」。換而言之，今日的你就是當初的你，不過你的境遇變化了、你的格局更大了。你的勇猛精進，造就了今日成就斐然的自己，你所見的「大人」其實就是你自己。因為現在的你已經是「大人」，所以眼中見到的都是優秀傑出的人士。正如當初王陽明的學生王汝止回來，王陽明問他：「游何見？」學生說：「見滿街都是聖人。」王陽明說：「你看滿街人是聖人，滿街人到看你是聖人。」說的就是這個道理。平常我們都想見到對自己有幫助的貴人，其實只要我們心念一變，滿大街都是貴人，不但別人是你的貴人，你是也別人的貴人同時也更是自己的貴人。所以蕅益法師解釋這一句時，認為它講的就是：「我為大人，則所見無非大人矣。」套用佛家常說的一句話：「何期自性，本自清靜。」你自己本來就自性圓滿，真正能幫助你的就是自己，還到外面妄求什麼呢？這個話，換作《乾》卦的「文言」來講就是：「夫大人者，與天地合其德，與日月合其明，與四時合其序，與鬼神合其吉凶。先天下而天弗違，後天而奉天時。天且弗違，而況於人乎？況於鬼神乎？」——如果自己能夠做到這一點，不是比依靠別的什麼貴人更加可靠嗎？就算有一個什麼外在的貴人，也是跟隨你自己來的，不是特地求來的。你就是自己最大的貴人，還到處去求什麼別的「貴人」呢？

這一爻還有一句話大家比較熟悉：「雲從龍，風從虎。」就是說雲跟隨著龍而來，風跟隨著虎出現。中國古典小說裡面寫到龍的時候，總要說雲霧翻滾；寫到猛虎出現的時候，就要寫一陣狂風大作。《水滸傳》裡面寫景陽岡武松打虎，武松躺在青石板上休息，忽然一陣腥風撲鼻而來，然後跳出一隻吊睛白額猛虎。這就是「風從虎」。

上九爻「亢龍有悔」。常見的解釋是：處於最高處的龍有困厄。在《周易》卦爻辭中常見「吉、凶、悔、吝、咎」等字，按照高亨先生的意見，它們的意思基本可以這樣來解釋：「吉」就是福祥的意思，表示很吉祥、有福氣；「凶」就是不吉、禍害的意思；「悔」就是困厄、不順利的意思；「吝」就是艱難的意思；「咎」就是災患的意思。

那麼，為什麼到了最高處的龍反而會有「困厄」？上九爻的主要含義，就是提醒人們要注意凡事皆不可太過。《周易》後面還有兩卦與此相關，就是「滿招損，謙受益」的《損》卦和「謙謙君子，利涉大川」的《謙》卦。太自滿、過分了，就招來損減；謙虛謹慎，就得到補益。一個人、一件事，到了不留餘地的時候，就得當心了，所謂「窮極必反」，到了極端就一定會有翻轉過來的可能。《文言》解釋這一爻說：「亢之為言也，知進而不知退，知存而不知亡，知得而不知喪，其唯聖人乎？（此處「聖人」，依高亨先生《周易大傳今注》：「《釋文》云：『王肅本作愚人。』案，王肅本是也。愚人、聖人相對為文。愚人承亢者而言，聖人承不亢者而言。今依王肅本釋之。」）知進退存亡，而不失其正者，其唯聖人乎？」為什麼亢龍有悔？因為只知道進而不知道退，只知道積累而不知道適當的削減，只知道獲取而不知道放棄，這大概就是愚蠢的人吧；知道進退存亡而且不失去正確的道路，這大概就是聖人吧。

最後，用九爻說：「見群龍无首，吉。」用九爻主要是在卜筮的時候，《乾》卦的陽爻全部變為陰爻，《乾》卦變成了《坤》卦，這個時候就要看這一爻了。這一爻辭很有意思：平常我們評價一個機構、一個單位或者一個地方亂糟糟的，大家都各行其是，沒有一個能全盤管理的人，所以稱之為「群龍無首」，表示不好的意思。但在《周易》這裡「群龍無首」反而是吉利的，為什麼？這是因為「天德不可為首」。天德是自然均衡的，每個人、每一事物都自性俱足，不需要有個什麼首領來指揮、統帥。一旦需要一個東西來統管、指揮，那說明天德已經有問題了。這有點像老子《道德經》說的：「大道廢，有仁義；慧智出，有大偽；六親不和，有孝慈；國家昏亂，有忠臣。」因為真正的東西沒有了，才有那些替代的東西出來。就類似現在有的理論講的，當一個社會大力提倡和宣揚什麼的時候，正是它缺乏的時候。所以《周易》認為「群龍無首」才是真正的吉利。

做人慈悲，處事厚道

《坤》卦全部為陰爻，稱之為全陰之卦。它揭示了陰柔元素的發展變化情況，認為陰柔元素是創造宇宙萬物的第二種力量。現代天文學發現，我們宇宙間有著大量的、還未能完全知曉的「暗物質」和「暗能量」，從某種意義來講，或許它們對應的就是《坤卦》。

《周易》第一卦為《乾》卦，講天道、大人之道、君子之道；《坤》卦為第二卦，講的是地道，講的依然是大人之道、君子之道。宇宙萬物因為這兩卦而產生，兩者融為一體，缺一不可。《乾》、《坤》二卦，一剛一柔，一往一來，陰陽相濟，大道行焉。它們都有著君子之德、養育萬物之功。我們有時候會誤解，以為《乾》卦代表著君子與光明，《坤》卦代表著小人與陰暗，其實不是這樣的。《坤》卦依然講的是君子與大人。我們常常稱讚的大地母親的品性，如兼收並蓄、包容寬厚、養育萬物等等，在這一卦中有深刻體現。打個比喻，這就好像是一個家庭，父母都在盡心盡力地養育子女，一個為嚴父、一個為慈母，在家庭中的功用不同，但功德相同。

因為《坤》卦象徵著大地，在人事中象徵著老婦、母親，在後天方位中是西南方，所以有些算卦的或者看風水的，往往會根據西南方位來判定一個家庭的主母情況，其原理就是從這裡來的。《坤》卦在軀體中又代表著腹部、脾胃，所以有的人會根據這一卦象來判斷身體的脾胃功能好不好。

《坤》卦辭：「元亨，利牝馬之貞。君子有攸往，先迷後得主。利。西南得朋，東北喪朋。安貞吉。」此處依周振甫先生《周易譯注》的解釋，大致意思就是：大亨通，女性占問有利；君子要去某個地方，先迷失了方向，後得到主人的招待；往西南方有利，往東北方不利；占問有利於安居樂業。不過，這裡需要注意的是，它不像《乾》卦直接說「元亨利貞」，而是講「元亨，利牝馬之貞」，只利於女性、陰性。在這裡要看到古人的智慧，它首先承認了陰陽之別，但在這一區別的基礎上又承認陰陽各有自己的功用；在特定的時空中，有時是利於陽剛的一面，有時是利於陰柔的一面，這個不是以人的主觀為轉移的。《坤》卦這裡強調的就是有利於陰柔、女性。

「西南得朋，東北喪朋」這一句有多種不同的解釋，最常見的解釋是：在西南方會得到朋友，在東北方會失去朋友。另一種常見的解釋是：古人的「朋」為貝，十貝為「朋」，此處的意思是往西南方能夠賺錢，往東北方要虧本。不過還有一種解釋，就是周朝的時候西南諸方是盟友，東北鬼方之國是敵人，因此「西南得朋，東北喪朋」。再有一種解釋是以「朋」為「明」，認為月亮在西南方位時最亮，在東北方位時最暗，因此「西南得明，東北喪明」。另外還有從象數來看，認為《坤》卦、《巽》卦、《離》卦、《兌》卦為陰，以西南為核心；

《乾》卦、《坎》卦、《艮》卦、《震》卦為陽，以東北為核心，故對《坤》卦而言是「西南為朋，東北喪朋」。

此卦《彖辭》中，「坤厚載物，德合无疆，含弘光大，品物咸亨」這幾句尤為重要。它講的就是《坤》卦的偉大德性，指明了《坤》滋養萬物、包容萬物，讓萬物順暢發展而不背離本性，養育萬物而不居功自傲。《坤》卦這些品性也同樣體現在母親的身上。我們講母性是偉大的，就是這個原因。《詩經》裡面寫道：

凱風自南，吹彼棘心。
棘心夭夭，母氏劬勞。

這個就是典型的《坤》卦的卦象：厚德載物、慈心養育、任勞任怨。所以《坤》卦《象》辭說：「地勢坤，君子以厚德載物。」大地順暢而行，包容萬物，因此君子效法大地，以厚德包容民眾。這個「厚德載物」做到了，儒家講就仁者無敵了。我們腳下的大地，它默默地養育著包括人類在內的所有生物，只有無私的付出，不求絲毫的回報。在佛家那裡，這個意思有點類似於寺廟門口寫的對聯：「願得佛手雙垂下，摩得人心一樣平。」對所有的眾生，都能夠用平等心來看待，用慈悲心來關懷。我們常見的觀世音菩薩塑像都是以女身示相，這就是以偉大的母性形象顯示慈悲，這也是《坤》卦至高的大德行的外在形象。

《坤》卦初六爻：「履霜，堅冰至。」鞋底踩著薄薄的冰霜，就知道極寒冷的時節快來了。實質上這個講的就是防患於未然。初六爻《象》說：「履霜堅冰，陰始凝也。馴致其道，致堅冰也。」就是要從細微之處看到重大的變化，推測出未來的可能性。

《左傳》裡面有很多好玩的故事，開篇就是個宮鬥戲加家庭倫理劇。這個倫理劇的故事與「履霜，堅冰至」很貼切。裡面的男二號叫段，是鄭莊公的弟弟，因為後來逃到了共地，所以被稱之為「共叔段」。因為他曾住在京地（今天河南滎陽附近），又是鄭莊公的第一個弟弟，因此還有個帥氣的名號叫「京城大叔」。這個「京城大叔」說起來命運其實有些悲催。當年他媽媽姜氏嫁給鄭武公，生了哥哥莊公和他。媽媽姜氏生莊公的時候難產，因此心裡不喜歡莊公，偏愛「京城大叔」。姜氏是如此的疼愛「京城大叔」，還曾經動過歪腦筋，想勸說武公廢莊公而改立「京城大叔」為太子，幸好武公沒有聽她的話——其實古代這種媽媽偏愛某個兒子、想讓某個兒子做太子的事情並不少，比如明朝的萬曆皇帝，就差點聽信了鄭貴妃的話廢了太子，幾乎鬧出大事情——莊公即位以後，媽媽姜氏為共叔段索要封地。第一次索要的是個要害之地，莊公沒有答應，姜氏又索要京地，莊公只好答應了。但這個分封顯然不合傳統禮制。於是大臣祭仲提出了不同意見，認為不可以如此實施。莊公做出一副柔弱的樣子說：「我媽媽要求這樣的，我又能怎麼辦呢？」祭仲說：「照這樣下去，你老媽姜氏幫你弟弟，何時才能滿足啊？不如早點動手除掉他們。」莊公又是一副柔弱的樣子說：「多行不義，必自斃。且等等看吧。」讀到這裡，莊公這個人的陰險，都快從紙上跳出來了。什麼叫挖坑？這就是高級挖坑。但「京城大叔」不知道坑已挖好、薄霜已至，還得意洋洋地要求西鄙、北鄙兩地的長官，除了聽從莊公的命令外，還必須聽從自己的命令。隨即又擅自把自己的封地擴大到廩延。這個時候莊公的手下沉不住氣了，勸莊公早點動手，說：「再不動手，他勢力大了就不好辦了。」莊公繼續一副柔弱地樣子：「沒事，沒事，他沒有得到正義，勢力越大，越容易崩潰。」「京城大叔」大概真以為莊公是人畜無害的糊塗蛋，公然開始秣兵厲馬，準備攻打莊公。媽媽姜氏還私下打算作為他的內應，到時打開城門迎接兒子的大軍。莊公聽到這個消息後，完全拋棄了柔弱的假像，簡直有些迫不及待地說：「太好了，終於可以動手了！」命令子封帥兵攻打「京城大叔」。一聽到莊公出兵的消息，京城的人全都叛離了大叔。大叔頓時傻了眼，這才發現自己被當猴耍了：說好的不離不棄呢？說好的同生共死呢？後來的故事想必大家都猜到了，莊公勝出，「京城大叔」遠逃共地。

當然，這裡還有個小插曲：莊公一怒之下，把老媽姜氏趕到城穎，發誓說不到黃泉不相見。這就有點過分了。按照有學者的觀點，這是「由人禍而毀天倫」。幸好有穎考叔的勸解，才使得莊公轉回心意，挖地道見了自己的母親，然後大家高高興興、一片祥和，莊公喜氣洋洋地說：「大隧之中，其樂也融融。」「其樂融融」就是這麼來的。

所以說共叔段的悲催，不僅僅是因為自己的不自量力和糊塗，更是不知曉「履霜，堅冰至」的道理，由此而讓自己陷入險境。我們也不能不承認，他有個被愛蒙蔽了雙眼的老媽和陰險的大哥，這兩人某種意義上都在幫他挖坑和補冰霜，這也是共叔段很悲催的另一個原因。

《坤》卦《文言》講：「積善之家必有餘慶，積不善之家必有餘殃，臣弒其君，子弒其父，非一朝一夕之故」。還有說：「善不積不足以成名，惡不積不足以滅身。」老百姓一般也會講：「善有善報，惡有惡報。」古往今來，這個道理都一樣，不會因為時代變化、社會背景變化而有不同。我們有時似乎看不到這個規律，便認為這個規律是假的。其實，不過是因為我們所見的時間的長度還不足夠長、我們的眼界還不足夠寬，事物發展到後面的情況我們還沒有來得及看到而已。

南北朝之時，南朝劉宋開國君主劉裕為了自己當皇帝，先是殺死晉安帝，立其弟司馬德文即位，就是晉恭帝。然後又強迫晉恭帝禪讓，自己稱帝，建立劉宋王朝。劉裕稱帝后，晉恭帝司馬德文被降為零陵王，僅在一年後，劉裕便派親兵將其用棉被悶死。在劉裕代晉建宋前，前代的禪位君主不管如何大多能保全性命，但劉裕起了一個壞開端，所以胡三省才會感歎：「自是之後，禪讓之君，罕得全矣」。就是說，從此以後禪讓之君都難以保全自身了。但頗有諷刺意味的是，劉宋末年蕭道成要求宋順帝劉准禪位，派部將王敬則率軍進宮。劉准一看這架勢，對王敬則說：「難道你們想要殺死我嗎？」王敬則假惺惺地說：「不要害怕，我們只不過讓你先搬個地方住住。」但又話裡有話地講：「況且，你們家先前取代司馬氏一家不也是這樣做的嗎？」蕭道成稱帝不久後，劉准便被殺害。而接下來蕭齊一朝皇室之間自相殘殺的事，更是數不勝數。等到蕭齊末年，另一個姓蕭的權臣蕭衍崛起，逼迫齊王蕭寶融禪讓，隨後逼退位後的蕭寶融吞金自盡……這些事情，都可見《坤》卦《文言》裡面所說的「臣弒其君，子弒其父，非一朝一夕之故」並非虛言。明朝蕅益法師看到這一爻，就感歎說：「積善積惡，皆如履霜；餘慶餘殃，皆如堅冰。」到了近代，印光法師也說：「人積善與積不善，因也；餘慶與餘殃，則果也。」就是講：人做的好事和壞事，都是自己做的，好與壞都需要自己去承擔這個果。西方哲學家薩特提出一個人要對自己的自由選擇承擔責任，「從他被拋進這個世界的那一刻起，他就要為他做的每件事負責」。換個角度來看薩特的這句名言，雖然其出發點不同，但和「善惡慶殃」的現實邏輯是多麼的相似。

當然，你可以僅僅把這種「履霜，堅冰至」當作是外在的客觀督促，也可以當作是自覺的意識、主動的反省。曾子在臨終前把弟子召喚過來，對他們說：戰戰兢兢，如臨深淵，如履薄冰，從今以後，我終於知道我能夠免於禍難了。他直到最後才敢說保全了自己，這在某種意義上也是提醒大家不可以不謹防「履霜，堅冰至」，不要等到外面的形勢來強迫自己，而是要以積極主動的態度來對待每一步的人生。

善惡成敗一心間

《坤》卦六二爻說：「直、方、大，不習，无不利。」意思是端直、坦誠、廣博，就算處於不熟悉的環境中，也沒有什麼不利的。《象》辭解釋說：「不習，无不利，地道光也。」就是說地的品性廣大無邊，所以順著它的廣博品性來處事做人，就沒有不利的。

孔子認為人性的根本應該是端直的。他說過：「人之生也直，罔之生也幸而免。」一個人正直的活著，這才是正常、正確、正當的；人不正直的活著，其實不是常態，是僥倖。《文言》裡面解釋這一爻的時候，也說：「君子敬以直內，義以方外，敬義立而德不孤。」就是講君子誠敬，內心正直，故而做事無所障礙；有了誠敬、處事無礙，因此提倡的道德才會有人願意信仰、實施。誠敬和忠義既然確立了，對待君主則會忠誠，侍奉親人則讓他歡心，結交朋友就會順利。做人做事不欺人、不欺心，哪裡怕什麼孤立、怕無人跟隨呢？

「直」，就是坦蕩、正派，或不掩、不假、不邪。這個說起來簡單，其實很難做到。我們在日常生活中，會發現有的人當面說一套背後做一套，私下小動作不斷，是「兩面人」。這就是「偽直」。

還有一種情況，是為了所謂的面子而曲心不直。比如春秋時候的微生高，平素人們認為他很直名。一次有人向他要一點醋，他自己沒有，就從鄰居那裡討來再給那個要醋的人。孔夫子認為，從這個小地方來看，微生高就不是一個真正端直的人。自己沒有醋，直接告訴別人就行了，何苦還要向鄰居輾轉借來？微生高有了這一個曲折的小心思，就談不上直。現在我們社會上有些人好面子、好吹牛，不管做得到做不到的事情，都要包攬，喜歡和別人拍著胸口說這件事包在他身上，結果做不到，這就成了笑話。這種拍胸口的把戲，算不得端直，是「虛直」。

六三爻「含章可貞，或從王事，无成有終」。大地蘊含著極大的文采，占問是有利的；有人跟隨著做大事情，雖然沒有成功，但依舊有好的結局。

大地有著極大的豐富性、多元性，它滋養萬物，不管在人類看來是好的還是壞的，都一視同仁，讓它們蓬勃生長，就像孔子感歎的「天何言哉？四時行焉，百物生焉」。這種多樣性、豐富性，正如翩翩的文采一樣。《文言》說「以從王事，弗敢成也」「地道無成而代有終也」，換而言之，類似老子所說：「萬物作而弗始，生而弗有，為而弗恃，功成而不居。夫唯弗居，是以不去。」

從現實生活來講，這一爻有點像我們很多人的創業經歷。大部分人只看到創業成功的一面，媒體宣傳的也大多是這一類，沒有看到或者忽略了不成功的一面。創業失敗者雖然最終因為各種原因沒有成功，但這種經歷已經成為他們生命的一部分，是他們人生的經驗財富，這種人生的經驗財富在以後從事類似的事情時會有助於他們，就算以後不從事類似的事業，但這種人生經歷本身就已經是他的財富。這就是「無成有終」。

說到這裡，聯想到美國作家海明威著名的小說《老人與海》。老漁夫聖地牙哥連續八十四天沒捕到魚，最後在第八十五天終於釣上一條大馬林魚。這條魚大到什麼程度？大到把他的小船在海上拖了三天，它都沒有死去。大魚拖著船往海裡走，老人死拉著不放，即使沒有水、沒有食物、沒有武器、沒有助手，疲勞不堪，他也絲毫不放棄。最後他終於殺死大魚，把它拴在船邊準備歸航。在回來的時候，許多鯊魚前來搶奪他的戰利品。聖地牙哥與鯊魚拼命搏鬥，阻止鯊魚吃掉大魚。他一一地殺死它們，到最後只剩下一支折斷的舵柄作為武器。結果大魚仍難逃被吃光的命運。老人最後筋疲力盡地拖回一副魚骨頭。這種一無所有，就是我們講的「或從王事，无成」，看上去白白辛苦了一場，沒有任何成果。但是我們要看到，這種一無所獲其實後面有所得，那就是「有終」。儘管在世人眼中無所獲得，但對自己的人生經歷來講依然是收穫滿滿。西方有個諺語，大意就是說一個人可以被毀滅，但不能被打敗，這也有點類似「無成有終」意思。我們看老漁夫聖地牙哥，儘管又老又失敗，但絕不言棄。也許他最後的結果是失敗的，但在奮鬥的過程中，我們可以看到一個人如何成就了他自己。

六四爻「括囊，无咎无譽」。字面上的意思是把口袋紮緊，東西不會掉出來也不會鑽進去，沒有害處也沒有好處。《象》辭解釋說：「囊括无咎，慎不害也。」紮緊口袋，沒有不利，是因為小心謹慎，所以不會有害處。《文言》則講：「天地閉，賢人隱，蓋言謹也。」天地不通，賢人隱居，就是要求人們謹慎從事。

縱觀中國歷史，大多著名人物在亂世之中，以謹慎不言而得以保全自身。孔子說：「邦有道，危言危行；邦無道，危行言孫。」國家興旺，有道理可講，就直言直行，不用多顧慮；國家要是沒道理可講呢，就保持自己正直的行為吧，但說話一定要小心了。這也就是「囊括」的意思：注意自己的言語，注意謹慎行事，才能得以保全自己。魏晉南北朝時候，曹魏被司馬家族所滅，司馬氏殺戮異己，被株連者很多。竹林七賢的阮籍本來在政治上傾向於曹魏皇室，對司馬氏集團心懷不滿，但同時又感到世事已不可為，於是他閉門讀書、遊山玩水，做「沉默的大多數」了。司馬氏的心腹鐘會曾多次探問阮籍對時事的看法，阮籍都假裝大醉不醒，不判一詞。司馬昭本人也曾數次同他談話，試探他的政見，阮籍也總是故作不知，言語玄之又玄，就不提對當前人物的意見。阮籍生有一個女兒，不僅長得非常的漂亮，而且還有很高的文化水準。司馬昭想與阮籍聯姻，以期達到政治上的同盟。但每次去阮籍家提親的時候，阮籍不是正在喝醉中，就是已經喝醉。總之就是每次媒人上門，阮籍都是醉生夢死，沒有一次是清醒的，媒人根本沒法和阮籍說上話。所以司馬昭評價阮籍說：「天下之至慎，其惟阮嗣宗乎？」——

天下最謹慎的人，恐怕就是阮籍了吧。阮籍六十多年的生涯中，大多數時候都牢牢紮緊了自己的嘴巴。不過阮籍內心其實充滿了悲憤，所以才會常常乘著牛車，任它行走，最後「窮途而大哭」。這種境遇想想就很令人窒息：當一個社會不能讓人表達自己的意見，要「終日不開一言」、喝酒大醉三個月才能保全自己，是讓人何等的悲觀。

所以也有人認為「括囊」體現的意思非常糟糕，它反映了中國人性格懦弱、不敢表達自己觀點、喜歡做老好人的弱點。但這種說法似乎也並不全面，我們要看到，一個民族的性格（或稱之為「文化心理結構」）的形成，必然是經過較長歷史階段的積澱和塑形。在這一長時間的過程中，包括社會形態、自然環境等種種因素的交織衝擊，才最終形成這一民族性格（「文化心理結構」）。這一種民族性格必然有它合理性一面，有它優秀的一面，也必然有它不足的一面，不能因為它的弱點而將其全盤否定。如錢穆先生曾談及，一個民族的文化在發展過程中必然有它的毛病，但不能因為它有毛病而全盤否定它。同時還應看到，特定的民族性格不是停滯的，只要人類的歷史和這一民族的歷史沒有停滯，它必然還會不停的發展和變化，在未來出現各種可能性。

另外，在談「咎」和「譽」這一問題的時候，蕅益引蘇眉山之言說：「咎與譽，人之所不能免也。出乎咎，必入乎譽；脫乎譽，必罹乎咎。咎所以致罪，而譽所以致疑也。」過失和讚譽，凡是人都不能免掉。如果避免了過失，但肯定會陷入讚譽之中。因為沒有過失嘛，所以大家都會讚歎：「某某人做事很細心、謹慎，從來沒有犯過錯誤啊，很不錯。」這個讚譽就來了。如果沒有讚譽呢，一定是有過失了。大家大概都有過這樣的體驗：你做了很多工作，很多次都是圓滿完成的，但只要有一次細小的過失，人家就會批評你：「你做事為什麼如此不認真？你看，把事情辦砸了吧。」這就是「脫乎譽，必罹乎咎」。

另一方面，有了過失，就容易帶來罪罰；有了讚歎，就會帶來別人的懷疑。別人看到你做事做得這麼好，被領導經常表揚，心裡就會想了：這個人，是不是拍領導馬屁了？是不是給領導送禮了？是不是有什麼後臺？說到底，責備和讚賞都是我們常人不能避免的負擔，所以還是「囊括」吧，管它讚譽與責備，自己問心無愧就好。

六四爻「黃裳，元吉」。穿著黃顏色的衣服，大吉利。這裡的黃裳主要指穿在罩衣裡面類似裙褲一樣的黃色中衣。古人的「裳」是裙和褲的意思，古人穿長衣，長衣裡面就是下裳。古人說「衣正色，裳閒色」，就是把外面的罩衣和裡面類似裙褲的裳分開來，外面的衣顏色要正式一點，裡面的裳顏色可以豐富一點，衣裳的顏色都各有講究。周朝的人認為黃裳是尊貴的衣服，代表著吉祥如意，所以占卜時得到這一爻是很吉利的。

《象》辭說「黃裳元吉，文在中也」。像古人穿衣服那樣，外面有罩衣，裡面穿著黃色的下裳，把尊貴吉祥的色彩藏在裡面，比喻一個人擁有美好的品德，就像我們現在說的「心靈美」，或者說「不靠顏值取勝，靠內在才華取勝」，所以大吉利、很吉祥。這個世界上確實有的人天生就很漂亮，而且漂亮的人或多或少都會得到一些先天的機會和利益，這就是我們常說的天生的福氣。但這種天生的福氣，他們到底能保持多久？或者說，能夠幫助他們到什麼程度？這就很難講。到了一定年紀，顏值不佔優勢了，還是要反過來依靠我們平常經常說的「內在美」、「心靈美」。六四爻強調的就是「內在美」，認為只有這個「內在美」才是真正的吉祥。所以《文言》講：「君子黃中通理，正位居體，美在其中而暢於四支，發于事業，美之至也。」君子身穿黃顏色的衣裳，明於道理，居於正當的位置，恪守禮制；美德藏於內心，表現到外在的行動，並發揮到他的事業上，這是多麼的美好和吉祥。這就好比一個人，衣著得體、謙和寬容、品格高潔，做事公正有原則，事業蒸蒸日上。這樣的人讓別人一看就覺得很美好和吉祥，換成佛家的話來講就是「相好莊嚴」。天生的漂亮，人們很難求到——當然現在也好求到了，去做個整容手術就可以——但這種「美在其中」、「相好莊嚴」，就是要靠每一個人的內在修養，很難得，整容手術也幫不上。

上六爻「龍戰于野，其血玄黃」。龍交戰於大地之上，整個天地晦暗不明，流出的血黑黃。以前小孩子的識字課本《千字文》，第一句就是「天地玄黃，宇宙洪荒」。《康熙字典》

解釋「玄黃」的意思是：「黑而有赤色者為纁，有黃色者為玄。」《說文》上說：「幽遠也，黑而有赤色者為玄。」古人認為太陽落下去了，月亮還沒有升起來，這個時候天上的顏色就是玄色。

《象》辭說這一爻「其道窮也」，意思是說上六爻居於高位，再沒有向上的可能性，其道路已窮盡，因此不是吉利的。就像一個人當處於絕境的時候，沒有大定力，大多會鋌而走險。這個時候爭鬥、糾紛、陰謀、陷害等等情況都會產生，「龍戰于野」就出現了。上六爻的陰爻一變為陽爻，就變成了山地《剝》卦。這個《剝》卦一陽高居群陰之上，不但高處不勝寒，而且有陰盛陽衰的跡象，象徵著君子被小人逐步攻擊而退縮的形勢，就是「小人道長，君子道消」。所以有一個傳說，如果風水卜居遇到這種卦象，那麼一般都會有陰盛陽衰的情況，做營業場所也不會太旺盛，不過作為寺觀、廟宇倒不錯。另外，占卜師還認為一個公司、一個機構如果出現這種卦象也是不利的，它象徵著小人強勢，做事業不順暢。不過從《周易》來看，真到了這個時候、遇到這種情況，也不要緊。君子只要堅持不懈，未來就有可能出現一個大變化，所謂「置之死地而後生」，再次轉變回來就是「一陽來復」，這個時候雖然陽氣很衰弱，但畢竟慢慢生長起來，就像萬物慢慢復蘇，一切都會逐步好轉起來。

最後還有一爻是用九「利永貞」。當全部陰爻都變成了陽爻，就用這一爻來判斷吉凶悔吝咎。這一爻的意思是「有利於長久的占卜」。為什麼利於長久的占卜呢？或者說，為什麼利於長久的吉祥呢？這就如《象》辭所說的「用六永貞，以大終也」，是因為它獲得了最終的成就。

《坤》卦陰爻全部變化為陽爻，成為了《乾》卦，意味著地道、臣道完全與天道、君道融為一體，不分彼此。陰陽雖然是二，但此刻又是一，即我即彼、無我無彼，無始無終、即始即終，所以達到了最終的成就，是「究竟圓滿，故曰大終」。

我們講到《乾》卦，用九是「群龍无首吉」；講到《坤》卦，用六是「利永貞」。從《乾》卦到《坤》卦，陰陽互相變化，天、地之象在這一變化過程中出現，古人常講「天地人三才」，這寓示著在這一過程中，人巍然屹立在天地之間，人能夠通過自己的努力，將人道與天道貫通，因此才有可能讓天地人三才融為一體，也才讓人類在這一艱辛卓絕的過程中最終獲得吉祥圓滿。

謙謙君子，吉祥如意

人們常說八八六十四卦，各卦或多或少皆有不足，都不完美，如《乾》卦有亢龍有悔，《坤》卦有龍戰于野。惟有一個《謙》卦爻辭全都是吉祥的，《謙》卦的大義概括來說就是：「謙謙君子，諸事大吉。」

《謙》卦下卦為艮、上卦為坤，有人認為這個卦象象徵著高高的山峰卓然挺立，但又把自己深深藏於大地之下，與大地萬物和光同塵，有著大隱者的風範。山東的壽光有一個靜山，大概只有半米多高，像一塊在田地裡露出頭的石頭，還沒有旁邊的田埂高，但不管你怎麼挖、推、鏟，都沒辦法挪動它。這就有點類似《謙》卦的卦象了。

《謙》卦的卦辭說：「亨，君子有終。」意思是大亨通，君子有好結果。這裡特意點明瞭是「君子有終」，不是「小人有終」，可見這一卦與君子緊密相關。外面很多算命的、看相的，給人家看了相、算了命之後，輕易就說很好啊、不錯啊，這就忽視了《周易》強調人的品德和命運之間的密切關係。按照《周易》的道理，要是個貪官汙吏、奸商小人，怎麼可能得到這一卦或這一爻的利益呢？前面講過穆姜筮往東宮得「元亨利貞」之事，旁邊的史官說這是吉利之象，穆姜卻說不利，就是這個道理。

中國古代筆記小說裡面有不少故事講的都是這個道理。如宋代洪邁《夷堅志》記載，熙寧年間有個叫丁湜的人，他才華橫溢，但喜歡賭博和嫖妓，這有點像老上海一些被魯迅先生稱之為「才子加流氓」的作家。後來丁湜以貢生資格參加考試，考試前到相國寺去算命，算命先生說他此次大考能夠得第一名。算命先生還寫下了「今年狀元是丁湜」的大字條帖在牆上，表示對自己的算命看相功夫很自信，在這裡先立個Flag，以後有據可查。聽算命先生這樣一講，丁湜心裡很得意，覺得狀元這件事穩操勝券，便老毛病復發，又去聚眾賭博。這次賭博的手氣好，一天就贏得了好幾萬。猛玩了兩天後，想到考學的事，心裡還是有點不踏實，於是又去相國寺。誰知那位算命先生一看到他，馬上大驚失色，說他面相怎麼變了，莫非這兩天干過什麼事情使命運變差了？哀歎丁湜今年狀元是當不成了，而且還影響自己「神算子」的聲譽。丁湜忙苦苦哀求，請算命先生指條明路。算命先生讓丁湜將賭博贏的退掉，說這樣可能還有挽救餘地。丁湜按照算命先生說的做了，後來科考開榜，還算有幸排在甲科第六名。這裡當然不是說算命先生技藝高超，而是說「君子有終」，不是君子先不要談這個問題，你先把自己變成君子，再來談這個的問題。

《謙》卦的《彖辭》強調：「天道虧盈而益謙，地道變盈而流謙，鬼神害盈而福謙，人道惡盈而好謙。」前面兩句「天道虧盈而益謙，地道變盈而流謙」講的是「滄海桑田」，就是天地的大變化。後面兩句「鬼神害盈而福謙，人道惡盈而好謙」講的是「世事變遷」，是世間法，從我們常見的社會經驗來講，就是人們討厭那些驕傲自大的人，喜歡那些謙虛謹慎的人。

《彖辭》接下來講：「尊而光，卑而不可踰，君子之終也。」一個君子謙遜而有原則，如果處於高位則會更加光明正大；如果處於卑微之地，但做人正直、謙遜有禮，也不會輕易被人侮辱和欺淩。孟子講「貧賤不能移，威武不能屈，此之謂大丈夫」，只說了這樣算得上是大丈夫，《周易》更進了一步，認為這種大丈夫不管尊貴還是卑微，如果堅守君子之道，最終就會有好結果。比如陶淵明，當初南朝劉宋手下的權臣檀道濟，聽聞陶淵明的大名，去拜訪他，贈以粱肉，並勸他出仕。陶淵明斷然拒絕，所贈粱肉也沒有收下。陶淵明雖然貧窮、官位卑微，但坦坦蕩蕩，就像他詩中所寫的：「貧富常交戰，道勝無戚顏。」他這種品行讓後來人傾倒。到了唐朝時候，白居易忍不住還要感歎：

每讀五柳傳，目想心拳拳。
我生君之後，相去五百年。
連征竟不起，斯可謂真賢。

儘管過去了五百多年，但一想到先生的品行，都讓我們這些後來者心潮澎湃。這就如同今日我們回想起品德高尚、大公無私之人，也會自然生起敬仰的心情。此情理百年不變，千年不變。

初六爻「謙謙君子，用涉大川，吉」。謙遜的君子依靠著這種品德，可以跋涉大江大河而沒有任何問題，吉祥如意。這就是講如果一個人為人正派，做事又靠譜，又好施樂善，大家肯定都樂於結交他，他會得到很多人的幫助，人生也會很吉祥。某種意義上來講，人生其實就是一場旅行，我們大部分人都知道，在旅行中如果旅伴是一個斤斤計較、自私自利的人，這個旅途肯定不會開心。如果一起旅行的同伴是一個隨和、辦事周到、樂於助人的人，你的旅途肯定不會差到哪裡。因為「謙謙君子，用涉大川」，怎麼可能差呢？

當然了，謙謙君子不是刻板的、冷淡的，真正的君子一定會讓人感到親切溫暖。子夏稱讚孔子：「君子有三變，望之儼然，即之也溫，聽其言也厲。」老夫子看上去有點威嚴，實際上一接觸就會感到很親切，聽他講話能學到不少知識。不久前，我看到有篇文章回憶歷史學家顧城先生，講顧先生對學生極為嚴厲，學生到他家得規規矩矩地坐著，不敢亂動，否則顧先生當場就會批評。可等畢業出了師門，每次學生去登門拜訪，顧先生都親自給學生倒茶，離開時顧先生必定送到樓下。這種長者風範就是君子之風。

另外，君子不像我們想像的那樣時刻板著臉準備訓斥別人。這不是君子，很有可能是偽君子。像岳不群就很喜歡一本正經板著臉訓斥令狐沖，洪七公就和群眾打成一片；前者是個偽君子，後者才是真君子。洪七公不拿著一個碧綠碧綠的打狗棒，誰知道他竟然是全國最大的地下組織的老大？當然，洪七公還沒有更上一層，要是連打狗棒都不拿了，不要搞什麼八袋長老九袋長老，那就更厲害了，做到了「諸法無相」的大君子。

所以這一爻的《象》辭才說：「謙謙君子，卑以自牧。」謙和的君子，永遠以謙卑來約束自己。但這種約束帶來的不是苦惱，而是吉祥和快樂。就如《詩經》說的：「南山有栲，北山有杻。樂只君子，遐不眉壽。樂只君子，德音是茂。」讚美君子如同南山的栲樹，北山的菩提樹，做個君子真快樂，不但高壽，而且美德充滿天地，讓人敬仰。

君子以謙卑來約束自己，或許在別人眼中看來還有一點傻：如此的謙卑姿態還有什麼值得快樂的？至於這一點，我想到猶太作家辛格寫的小說《傻瓜吉姆佩爾》。小說的主人公吉姆佩爾是人們眼中的傻瓜，似乎所有的人都在欺騙他，侮辱他，都想在他那裡占到便宜。吉姆佩爾以一個傻瓜的形象出現在人世間，接受所有的不公和屈辱，雖然他可以報復這些欺負他的人，但最後他還是選擇寬恕。我想真正的「謙謙君子」，面對同樣的問題也必定會是選擇寬恕；而選擇寬恕，其實就是選擇了超越世俗利益之後的樂和福。所以「君子樂胥，受天之祜；彼交匪敖，萬福來求」，終究會得到非常的吉祥圓滿。

六二爻「鳴謙，貞吉」。一個人有聲望而依然謙虛，占卜吉利。就是我們常說的有名氣還很謙虛，沒有絲毫的架子。這一爻的《象》辭說：「鳴謙貞吉，中心得也。」中，中正之意；

心，內心之意。六二爻從爻位來說，為人位，又居中，所以叫「中心得也」，意味著心中得其正，毫無閃失。「鳴謙」的反面就是居功自傲。一個人沒有名氣的時候，可能往往還很謙虛，因想驕傲也不可能，因為沒有驕傲的本錢嘛。等稍微有點名氣，很多人就會驕傲起來了，就是現在說的「膨脹」了。比如某些明星還沒有出名的時候，對人對事都很謙虛，一旦有點小名氣，不得了，整個世界都是他的了。

清代名臣曾國藩的弟弟曾國荃率湘軍轟開天京城，將太平天國徹底鎮壓，其時曾國荃功勞極大，聲名赫赫，朝廷賞加太子少保銜，賜一等伯爵。曾國藩為了提醒曾國荃保持低調，在其四十一歲生日時寫過幾首詩，其中一首寫道：

左列鐘銘右謗書，人間隨處有乘除。
低頭一拜屠羊說，萬事浮雲過太虛。

就是告訴自己的兄弟要記住，一邊是國家的表彰，一邊是匿名或不匿名的告狀信，人生加加減減，不過如此。得意的時候，要學習當年跟隨楚昭王逃難的屠羊說，不要居功自傲、自以為是。此時的曾國藩已經敏銳地看到了自己功高震主、被上面猜忌的可能了，寫此詩一方面是提醒弟弟，另一方面也是從側面給朝廷做了一個表態：「請皇上放心，我們不會造反的。」

當然，也有號稱謙虛其實很驕傲的人，比如《倚天屠龍記》裡面的金毛獅王謝遜，在王盤山上橫掃群雄，自我介紹時卻道：「不敢，在下姓謝，單名一個遜字，表字退思。」名字好謙虛，但身手武功可不是一般的驕傲。同樣的例子，楊絳先生曾經翻譯過英國詩人蘭德的小詩，其中有兩句：「我和誰都不爭，和誰爭我都不屑。」這表明看起來是謙讓，但詩裡面「不屑」二字，隱隱反映出了驕傲的味道：我不和你們爭，不是我不如你們，而是懶得和你們一般見識。這也是號稱謙虛實質驕傲的表現。

這裡六二爻變為九二爻，則成為地風《升》卦。《焦氏易林》說這一變化是：「七竅龍身，造易八元，法天則地，順時施恩，富貴長保。」從這幾句話也看得出這裡的爻辭是非常好、非常吉慶的意思。

九三爻「勞謙，君子有終，吉」。此處對「勞謙」的解釋大致有兩種：一種把「勞」解釋為「勤勞」，指勤勞而謙虛；一種把「勞」解釋為「功勞」，有功勞而謙虛。我在這裡取第二種解釋，就是君子有了功勞但又很謙虛，會有很好的結果，很吉祥。用老子的話來解釋這個意思，就是：「吾有三寶，曰慈，曰儉，曰不敢為天下先。」一個人有很大的功勞，本可以高高在上，但自己放下身段，不認為自己有多麼了不起，不驕傲自滿，這樣就會有很吉祥的結果。譬如登山到了高處，人朝四下一望，天地是如此廣闊浩瀚，世界是如此博大無邊，而自己是如此的渺小和微不足道，還有什麼值得驕傲自得的呢？有一部天文科學記錄片，其中有個鏡頭是從遙遠的光年來看宇宙、看地球，在這鏡頭中不但人類世界顯得極渺小，整個地球、太陽系、銀河系也顯得非常渺小。在這樣一個浩瀚無際的宇宙大視野下，區區個人有什麼值得驕傲自得的呢？

這一爻的《象》辭說：「勞謙君子，萬民服也。」真正做到了這一點，有功勞而不自居，萬民都欽佩你，願意服從你。古往今來「勞謙」的人不多，「勞傲」的人太多，而「勞傲」的人還特別想要別人欽佩他、服從他，這就更加麻煩了。三國時候許攸跟隨曹操平定冀州，看到自己功勞這麼大，許攸感覺特別好，每見到曹操，不分場合就叫著曹操的小名顯擺自己的功勞：「阿瞞，沒有我，你可沒有今天啊。」曹操也算是大氣量的英雄，大多數時候忍忍就算了。但後來許攸在鄴城東門，又得意洋洋地對旁邊的人說：「阿瞞這家人，沒有我的幫助，進不了此門。」曹操的氣量再大也終究會不高興，後來還是找了個機會殺了許攸。所以羅貫中才感歎：「堪笑南陽一許攸，欲憑胸次傲王侯。不思曹操如熊虎，猶道吾才得冀州。」你許攸以為自己很厲害，僅僅憑著自己的才幹就能得到冀州？也不想想曹操是什麼樣的英雄人物。沒有了他，你許攸又算得了什麼呢？所以每個人都不要把自己看得太重要，無論再大的人物，離開了他，地球都照樣旋轉。

六四爻「无不利，撝謙」。「撝」同「揮」。這裡的「撝謙」也有好幾種解釋：第一個解釋是「撝」為「奮」，意思是奮勇向前而謙虛；第二個解釋是「撝」為「明智」，指一個人明智而謙虛；第三個解釋是「撝」為「施」，指施惠於人、幫助別人，又很謙虛。這裡取最後一個解釋，講一個人施惠於人、幫助別人但又很謙虛，因此無往不利。如以前的江湖大哥，像袍哥、青紅幫的帶頭人，對手下的人都很豪爽大度，在錢財上從不吝嗇，惟有這樣才會有人跟隨，才坐得穩江湖地位。舊上海灘的杜月笙，待人的原則是「錢財用得光，交情用不光」，因此積累了豐厚的人脈，終成為上海灘一豪客。據說同盟會元老饒漢祥曾為杜月笙寫過一副對聯：「春申門下三千客，小杜城南五尺天」，將他與戰國四公子之意的春申君相提並論，算是對杜月笙很高的評價了。

六五爻「不富以其鄰，利用侵伐，无不利」。為什麼不富裕？是因為鄰國來常常掠奪資源財富，此罪過在鄰國，因此出兵討伐符合正義，可以獲得勝利，沒有不利的。在當代國際關係的交往中也可以發現這個情況。在國際關係學中，有一個理論是所有的國際關係都是主權國家在國際交往中通過各種手段獲得資源的行為，都離不開國家利益的爭奪。隨著人類科技發展，從石油、稀土這些實體的資源，到金融、媒體這些軟體資源；從大陸、海洋這些生活空間，到月球、火星和外太空，無不是每一個國家想要爭奪的。在國際關係中，站在正義一方的國家要如何鬥爭？這個問題似乎很複雜，可以肯定的是，其反抗的過程必然很曲折、很艱辛，但按照《周易》的意見，最後的結果是「無不利」。就像大家經常說的那個口號「勝利最終屬於正義」，就是這個意思。

上六爻「鳴謙，利用行師征邑國」。有聲望而謙遜，出兵征討邑國，有利。古代的諸侯國有了聲望，人才便會聚集過去，國家會逐步強大；強大之後，就開始征伐失去民心的其他國家，這樣做容易獲得勝利。《中庸》說「柔遠人則四方歸之」，《大學》又說：「有德此有人，有人此有土，有土此有財，有財此有用」，就是講一個國君有仁德，心胸開闊，能夠懷柔四方，就能吸引人才；有了人才，便能富民強國，用現在的話說，就能「立於世界民族之林不敗」。現在國際上的強國之所以強大，一個很大的要素就在於它們能夠吸引全世界高層次人才去聚集和發展，為它們國家的發展提供智力支援。按照美國學者約瑟夫・奈的軟實力理論，一個國家的強盛不衰，除了軍事、科技、工業等硬實力的強盛，還有制度、精神、文化等軟實力的強盛。這其中人才的作用很關鍵。總之，不管一個國家，還是一個企業，優秀的人才為什麼會歸服到你這裡，心甘情願為你所用？因為「士為知己者死」。你有聲名、有地位，真正以謙遜、從善如流的態度對待這些人才，那麼這些人才肯定願意跟隨你，你也肯定會無往不利。

把前面所有的爻辭歸納起來看，可以發現《謙》卦講的中心就是：一個人如果謙遜，有聲譽名望功勞而不自居，必定會有好的結果；一個國家如果有聲望而謙遜，則會「利用征伐」，大有收穫。

否泰有反轉，人生有起伏

清代戲曲名家孔尚任有《桃花扇》，其中唱詞寫道：

眼看他起朱樓，眼看他宴賓客，眼看他樓塌了。

這青苔碧瓦堆，俺曾睡風流覺，將五十年興亡看飽。

那烏衣巷不姓王，莫愁湖鬼夜哭，鳳凰台棲梟烏。

殘山夢最真，舊境丟難掉。

烏衣巷，說的是東晉王導家族的故事，他曾輔助琅琊王司馬睿在南方立穩腳跟，功大無比。其時王家權傾朝野，風光無限，甚至有「王與馬，共天下」的說法。但三十年河東三十年河西，王家風流總被風吹雨打去，烏衣巷終究淪為廢墟，讓後人不由得發出「舊時王謝堂前燕，飛入尋常百姓家」的感慨。

這一唱詞與《泰》、《否》兩卦同看，意味更為悠長。在《周易》中，《泰》《否》兩卦如影相隨，《泰》卦在前，《否》卦緊接而來，毫無喘息間隔。我們常講「否極泰來」，就是某個人在某個階段，倒楣到了極點、絕望到了極點，突然柳暗花明又一村，彷彿在極幽暗的地方有了一道亮光，運氣便又開始轉好，逐步達到頂峰。比如有的人創業，在某個時候艱苦卓絕，天天吃泡面、付不起房租，人生落到了極低處，似乎看不到成功的希望，這個時候咬緊牙關不要放棄，很可能就挺過來了，開始轉向成功的一面。這就是「否極泰來」。

但《周易》的安排很有意思，它是《泰》卦在前面，《否》卦在後面。這種安排意味著一個極佳的時刻在前面，然而慢慢變得暗淡起來，最後步入到了一個閉塞不通、悲催的境遇。這裡面大有深意：一個人在悲催倒楣的時候容易陷入絕望，但這個時候只要給他一個幫助、一點希望，他就會慢慢振作起來，所以儘管困難重重，只要他聽得進意見、做得出決斷、能夠努力，一定就會好起來。而一個人在極得意、樣樣都順利的時候，更容易迷失自己。這個時候他往往聽不進不同的意見，和他講要注意什麼、警惕什麼，都沒有用。因為他覺得自己最厲害、最優秀，為什麼需要聽別人的意見？所以我們常常發現一個人不是被困難打倒，而往往是被勝利打倒。《周易》把《泰》卦放在前面，把好的一方面放在前面，然後緊接著把《否》卦放後面，就是把不好的放在好的後面，提醒我們注意「福兮禍之所伏」。佛教講「凡夫畏果，菩薩畏因」，真正有大智慧的人敬畏的是帶來這個果的因，而不是僅僅目前出現的這個果上面。一般的人遇到問題，都在擔心這個問題本身，但有大智慧的人能夠在問題沒有出現之前就已經做好預防，因此能夠避免這方面的錯誤。

明白這一個順序之後，我們來具體分析《泰》《否》兩卦。

《泰》卦總體而言是指亨通、順暢的意思。卦辭說：「小往大來，吉，亨。」小的離去，大的歸來，吉利，亨通，這是指事業由小而大、由衰而盛。《泰》卦的上面是《坤》卦，代表地；下面是《乾》卦，代表天，「天下地上」。這個卦象很有意思，我們猛一看會覺得不解：不應該是天在上面，地在下面的嗎？為什麼倒過來，反而是好的呢？這當然不是像玄幻小說裡面講的，現實世界的另外一面還有一個平行世界，它和我們這個世界是顛倒的。這裡是指本來高高在上、奔騰在上的陽氣，能夠沉下來，而本來在下面的陰氣，能夠慢慢升騰上去，陰陽二氣相交相合，就像《彖》辭所說的「天地交而萬物通，上下交而其志同」，天地萬物能夠相交、相合、生長，上下能夠通暢溝通，所以才能夠同心同德、一起發展，惟有這樣才是吉利的，否則就成了《否》卦，天地閉塞，上下不交，萬物不生，一片荒蕪。

《泰》卦的卦象還象徵著不同社會階層相互溝通交流的意思，高高在上的達官貴人，能夠俯下身段與底層的社會民眾進行溝通，願意傾聽民意，民間的聲音才能傳達上去，這樣才能做出符合真實客觀的決策。如果上層人士永遠高高在上，與下面的民眾沒有接觸溝通的可能性，不能做出符合全體社會利益的決策，那麼這個社會將越來越撕裂，而普通民眾與上層人士的矛盾也有越來越大，直到革命發生。這就像孟子所說的：「君之視臣為犬馬，則臣視君如國人。君之視臣為土芥，則臣視君如寇仇。」如果達官貴人把下面的人僅僅當作幹活的勞動力、無知的愚民，那下面的人就把上面的人當做陌路人；如果上面的人把下面的人當作是卑賤的草民，那麼下面的人也會把上面的人當做是仇人。

國家如此，就一個企業來講也同樣如此。當一個企業喪失了對個體起碼的尊重，淪落到吹噓自己的996是給員工的福氣，覺得企業怎麼壓榨員工都可以，反正企業都付給員工薪水了，而且薪水也不低，對得起你們了；如果這樣想，那麼也不要指望員工會從內心深處對你企業有忠誠。如果你是老闆，覺得自己是員工的救世主，員工要對你感恩戴德，自己能隨意對待員工，不把員工真正平等看待，那麼也不要指望員工能對你抱有忠誠。世界上有的人做企業，把企業的發展和員工的人生結合起來；有的人做企業，例如當下的很多企業，僅僅把企業作為謀生發財的手段，並不會長遠地考慮企業和員工的關係。這兩種方式，也不能絕對地說哪一種好、哪一種不好。但從《周易》的角度出發，可能第一種更有人情味，也更能持久、有利。

《泰》卦六爻，有一爻特別值得注意，那就是九三爻。它說：「无平不陂，无往不復，艱貞无咎，勿恤其孚，于食有福。」簡單解釋就是：宇宙間的事物，沒有只平坦而不傾斜起伏的，沒有只永遠朝前進而不返回來的；因此儘管暫時會有艱難困窘，但也終將无咎；也不要擔心被人掠奪會失去很多東西，因為災患即將離去，而幸運亦會來到，你依然有福可享。這個六三爻說得非常好。它提醒的是宇宙萬物都有著從不好到好的可能，也有從好到不好的可能，這就是「无平不陂，无往不復」。我們一般人只看得到眼前的困難或者幸運，而看不到這個後面的變化。

如果說《泰》卦講亨通、泰達，那麼《否》卦說的是上下閉塞、時運艱難。《否》卦上面是《乾》卦，下面是《坤》卦。天在上、地在下，各占其位，看上去很美。但仔細想想：天，永遠在上面；地，永遠在下面，兩者永遠沒有相交的時候；陽氣不斷上升，陰氣不斷下降，兩者沒有交融的可能性，因此萬物不生、天地閉塞，所以為「否」。但《否》卦雖然總體是閉塞不通，但也不是完全不利。它認為只要堅持原則、努力向上，就能轉變為好的結果。《否》卦的初六爻說「貞吉，亨」，六二爻和九五爻說「大人吉」，上九爻說「先否後喜」，都隱含了這層意思。比如《否》卦的九五爻說的是：「休否，大人吉。其亡其亡，繫于包桑。」就是說：不要做壞事了，君子要曉得這個道理，才會吉祥；命運都係在柔弱的桑條上面，很危險，大家需要警惕啊。（有人解釋這個「包桑」的意思是「綁在根深的桑樹上」，指為了避免衰亡，需要有牢固的依靠。這個解釋也說得通。）

黃庭堅曾經寫過一首詩，用過這個「包桑」的典故：

明皇不作包桑計，顛倒四海由祿兒。
九廟不守乘輿西，萬官已作鳥擇棲。

講唐明皇的時候任由安祿山謀權，等到回過神來，已經是倉皇西逃的時候了。這就是沒有明瞭「其亡其亡，繫于包桑」這一個爻象。

類似的事情其實歷史上有很多，比如明代萬曆皇帝，在執政後期長時間不上朝，任由內閣空缺，無心政事，更摻雜了權鬥、天災、外患等因素，導致了後來明朝的衰敗。再比如慈禧太后，當歐美列強已經虎視眈眈的時候，她還挪用軍費來供自己享受，實在讓人無語。《否》卦在這裡告訴我們，如果謹記「居安思危」，停止做壞事，或者停止做那些閉塞自己發展空間和前進道路的行為，就會吉祥。所以《否》卦《象》辭強調：「君子以儉德辟難，不可榮以祿。」在此種困窘局面之下，君子要勤儉崇德，才能避開災難，此時斷不可追求名譽、地位和財富。

另外還需看到，依照《否》卦的觀點，當所有的事（包括外部環境也好、內部人事也好）都不好的時候，這個時候一定要保持定力，只要你不放棄，定然有轉機。這好比挖井，挖到很深的地方了，四處都很幽暗，但好像還沒有發現有水源的希望，這個時候有可能只需再進一步，就會出現轉機。王安石寫過一首《浪淘沙》，其中有幾句是：

伊呂兩衰翁，歷遍窮通。
一為釣叟一耕傭。

若使當時身不遇，老了英雄。

裡面講了兩個歷史人物，一個是夏朝末年商朝初期的伊尹，是商朝的開國元勳。他小時候被有莘國的廚師收養，耕於莘野，這就是「耕傭」的意思。他很有治國才能，商湯王聽說後多次去聘請他。當時伊尹居住在有莘國，莘國的君王拒絕了商湯王的請求。商湯王沒有辦法，乾脆迎娶有莘王的女兒為妃，請求把伊尹作為陪嫁的奴隸到了商湯。後來伊尹幫助商湯滅了夏桀。另外一個「釣叟」就是大家都熟知的姜子牙，輔助了周武王滅了商朝。王安石的意思是：這兩個糟老頭子，要是錯過了輔助商湯周武的機會，恐怕一輩子就是個終老鄉野的老百姓了。不過，我們也可以從另一個角度來理解這首詞的意思：連這兩個七八十歲的老頭子都還能輔佐君王、創下千古基業的奇功偉績，我們為什麼要早早放棄呢？這就是永遠要記住「否極泰來」的道理，不能輕言放棄。

那麼，「否極」是如何「泰來」的呢？我們可以看到從《否》卦到《泰》卦，《泰》卦再到《否》卦，陰爻陽爻相互之間不停地變化，是一個非常有意思的轉換過程。《否》卦最上面一爻是「傾否，先否後喜」，就是壞到了極點，把所有壞的東西、壞的事物，什麼壞人、壞蛋、壞環境等等，全部清理掉，甚至包括自己壞的念頭也通通不要，這樣行動一轉、念頭一轉，從最下面、最細小、最基礎的地方開始進行轉變，就開始了「否極泰來」的進程。《泰》

卦最上面一爻是「城復于隍，勿用師，自邑告命，貞吝」，城池倒塌在護城河裡面，這個時候作為最高長官，你發佈指令也好、號召行動也好，都沒有用，艱難的時刻出現了，各種困難也隨之不斷出現了。這就是講以前樣樣通泰，到了極好的時候，壞的情況慢慢出現了，但身處其中的人還不知曉、不知道防範，於是所有好的事情開始從最細小、最基礎的地方開始變化，變得不順暢。這就是《泰》卦朝著《否》卦的地方變去。這就是「泰極否來」，與「否極泰來」恰恰相反。

其實想一想，這個何嘗也不是人生的道路呢？有時候人往往覺得到了困境，沒有辦法了，誰知道忽然有一個變化出來，讓整個局勢一變，就有了新的機遇；反過來講亦是如此，人們以為到了成功的巔峰，沾沾自喜的時候，忽然一個變化出來，整個就局勢也變了。這就是「否極泰來」和「泰極否來」的境遇變化，也是「无平不陂，无往不復」的人生變化，如此而已。

概而言之，《否》卦是提醒人們在閉塞悲催中有奮起轉好的可能性；《泰》卦是提醒人們在通泰順暢中有傾覆不安的可能性，人生的好壞起伏都在不停地變化之中。所以，我們一般人最怕生活平淡，哪曉得真正的平淡才是最難求得的清福。就像《否》《泰》二卦點明的，不是因為這個事情否極泰來，就是因為那個事情泰極否來，難得片刻寧靜。所以能夠在否極泰來、泰極否來之間，不為所動，做到「君子素其位」，不但生活平淡，內心也保持平淡，實為甚難。

「恒其德」與戀愛婚姻

《周易》上經以《乾》《坤》開端，下經以《咸》《恒》為首，大有深意。《乾》、《坤》為天地之始，有天地然後有萬物；《咸》、《恒》為社會關係之始，有夫婦然後才有各種人類社會關係。《序卦》把夫婦之道放在天地萬物與上下禮儀之間，將夫婦作為聯繫天地和社會的重要紐帶和倫理道德的根基，可見夫婦在世間的作用功效非常之大。從中國上古禮制來講，亦以「夫婦」為首，其次才是「父子」「君臣」。《中庸》講：「君子之道，造端乎夫婦，及其至也，察乎天地。」認為君子之道起始於夫婦關係（或認為起始於夫婦之間最淺顯的相處之道），對這一關係的理解達到精微深奧的最妙之處，就能夠舉一反三，可以明察天地之間的一切事物。《論語》裡面記載孔子問伯魚：「為《周南》《召南》矣夫？人而不為《周南》《召南》，其猶正牆面而立也欤。」康有為注此為：「詩首篇名，所言皆男女之事最多，蓋人道相處，道至切近莫如男女也，修身齊家，起化夫婦，終化天下。」這也是說世間一切起始於夫婦之道，然後再敷衍鋪陳為各種社會關係。《詩經》以《周南》《召南》二篇為首，就是證明了夫婦之道的重要性。

《咸》卦上為兌、為澤，下為艮、為山，卦象是山上有澤。卦辭說「亨，利貞，取女吉」，就是說亨通、利於占卜，娶媳婦是吉利的，開宗明義講了這一卦與婚嫁大有關係。《彖》辭進一步解釋：「咸，感也。柔上而剛下，二氣感應以相與，止而悅，男下女，是以『亨，利貞，取女吉』也。」《咸》卦這個「咸」就是「感」的意思，這裡的「感」可以認為是「交感」、「感動」、「感應」，當然也可以說是兩情相悅的「感情」。前人認為這個「感」是人類最真誠的交感。這裡的「交感」和戀愛婚姻有著密切的關係：沒有兩廂情悅，怎麼談戀愛？尤其是今日所謂戀愛自由、追求個人幸福的環境下，戀愛的基礎大多也是兩情相悅。當然，自古至今談戀愛，除了感情因素，別的因素也有，比如權勢、金錢等等。不過從戀愛的本源來看，還是這個「感」字：男女二人有「感應」而相處，才能夠有「悅」，這就是「二氣感應以相與，止而悅」，否則就是相處不順、時好時壞的勉強過日子。

這裡想到一個歷史故事：宋嘉佑二年，在定親十年之後，福康公主終於出嫁了。這一個婚姻，完全是政治聯姻。宋仁宗為了限制曹皇后家族的權勢，毅然將福康公主嫁給了李家，以保證皇室權力的平衡。其實宋仁宗知道自己特別疼愛的這個女兒，根本不喜歡她的那個丈夫李瑋。宋仁宗為了安慰福康公主受傷的心靈，破格冊封她為兗國公主，撥錢十萬修造府第，宦官梁懷吉陪嫁駙馬府。但宋仁宗沒有想到的是，權力平衡的目的或許達到了，但他的女兒和駙馬只能生活在痛苦之中。整整三年，福康公主沒有讓駙馬李瑋碰過一下自己。駙馬李瑋也是一個可憐人，他為了融化福康公主冰冷的心，為了和福康公主的精神生活達到一致，苦練書法、搜羅字畫、養殖名貴花卉，都是為了討福康公主的歡心。李瑋就像一個單相思的青年，為了心愛的人，採取各種辦法苦苦討好對方。然而一切都沒有用。據說，福康公主和宦官梁懷吉的關係非同尋常。有一次，在被婆婆偷窺之後，福康公主與婆婆發生了嚴重矛盾，連夜返回皇宮，與丈夫再不見面。這個桃色官司還打到了宋仁宗跟前，宋仁宗為此懲戒了福康公主。故事的結局是福康公主最後精神崩潰，抑鬱而終。這就與《咸》卦強調的「感也」、「二氣感應以相與，止而悅」完全相反。兩個人談戀愛往往是兩情相悅，思想觀念一致、生活習慣相當，這樣就比較容易成功，否則總是會出現各種問題。或者你喜歡別人，別人卻不喜歡你，這也是不「交感」，最後弄得「多情卻被無情惱」。

Scott Fitzgerald 的小說《了不起的蓋茲比》（The Great Gatsby）講的就是這一道理：愛錯了人，並被愛錯的人愚弄，最後就是悲劇。主人公Gatsby為了得到情人Daisy的歡心，不惜拼命揮金如土、大宴賓客。Daisy有意挑逗Gatsby，Gatsby也昏昏然任其擺佈，然而Daisy不過將他倆的暧昧關係當做一種刺激。當Gatsby的朋友提醒他不能獨自沉浸在幻想的愛情中、不能重溫舊夢之時，他大不以為然。然而當Gatsby被殺後，人們在為他舉行葬禮時，Daisy卻和丈夫正在去歐洲旅行的路上，根本沒有任何痛苦、惋惜的感覺。Gatsby苦苦追求自己原來的暗戀之人，卻不知原來暗戀的人早已變成了自己根本不理解的陌路人。Gatsby和Daisy的這種情況，當然也是「二氣不交感」，Gatsby的一廂情願哪能得到幸福和快樂？

《彖》辭在這裡還談及了「男下女」的問題。這個「男下女」可不是指男方討好女方歡心。古時候娶親，男方到女方家裡迎親，這個時候女方坐上車後，男方在前面駕車。到了男方家，男方要站在門口迎接女方，揖禮請女方入門。這就是「男下女」，表示對女方的尊重。但需要注意的是，這種「男下女」的核心是古代的「禮制」，而不是我們現在所講的男女兩人在談戀愛過程中誰強勢誰弱勢的問題，不是四川人講的「粑耳朵」的問題。

在《咸》卦中，卦辭、彖辭、象辭的「咸」字含義都是「感應」，尤其是指「二氣相感」這樣的含義。但爻辭的「咸」有點難解。雖然《周易本義》、《周易集解》等書都把爻辭的「咸」解釋為「感」，但始終有點勉強。後人把爻辭的「咸」解釋為「傷」，則相對暢達一些。比如初六爻「咸其拇」，大意是「傷其大腳趾」；六二爻「咸其腓」凶，大意為「傷其小腿肚」；九三爻「咸其股，執其隨」，大意為「傷其大腿，並握住他的受傷之處」；九四爻為「貞吉，悔亡。憧憧往來，朋從爾思」，大意是「占卜吉利，沒有害處。人們往來不斷，錢財也紛遝而至」；九五爻為「咸其脢，无悔」，大意是「傷其脊背，但沒有災禍」；上六爻是「咸其輔、頰、舌」，大意是「傷其腮幫、臉頰、舌頭」。從以上爻辭中可以看到，「感」為

「傷」的意思——當然，「感情受傷」也是「受傷」的一種，是「感傷」和「傷感」。

這裡特別有意思的是九五爻「咸其脢，无悔」。都傷到他的背梁了，亦能無悔。我們也可以說：被感動得五體投地了，無怨無悔。從婚戀的角度來說，這就是為了得到真心的感情，可以付出很多，沒有半點的後悔，「衣帶漸寬終不悔，為伊消得人憔悴」。比如《倚天屠龍記》裡面楊逍與紀曉芙的愛情，一個是魔教光明使，一個是峨眉派女俠，雙方各自所處的立場不同，他們的感情註定要遭到反對。但紀曉芙終究和楊逍好了，生下了一個女兒，女兒的名字就叫「不悔」，表達的就是這個意思。《詩》說：「將仲子兮，無逾我園，無折我樹檀。豈敢愛之？畏人之多言。仲可懷也，人之多言亦可畏也。」親愛的小哥哥，不是我不牽掛你，是怕別人說閒話——紀曉芙在這裡就不害怕、不後悔，仲子逾我牆、逾我園，只要兩情相悅，有什麼後悔的呢？

不過，就像我們當下說的俗語，談戀愛是容易的，但婚姻是困難的。兩情相悅之後，如何成就婚姻，又是一個話題了。《詩》有一首《氓》寫道：

及爾偕老，老使我怨。
淇則有岸，隰則有泮。
總角之宴，言笑晏晏。

信誓旦旦，不思其反。

反是不思，亦已焉哉。

想當初你信誓旦旦要白頭到老，結果呢？山盟海誓還在耳邊，大家互相越來越厭煩，說變心就變心，算了，懶得多說什麼了，拜拜吧。

《周易》早料到了戀愛之後可能會出現這種情況，所以《咸》卦之後就緊接著《恒》卦，就是讓《恒》卦來告訴大家，兩人要想長久在一起，僅僅兩情相悅是不夠的，還要知道如何維持感情、維護婚姻。

《恒》卦的卦名其實已經點明瞭這層意思：夫婦之道在於恒久，這樣才與天地之道相一致。《恒》卦《彖》辭說：「恒，久也。剛上而柔下，雷風相與，巽而動，剛柔皆應，恒。」意思是：恒是經久不衰；《恒》卦上震、為雷、為剛；下巽、為風、為柔；雷、風相互交遇，謙和而動，剛柔相應，所以可以恒久。

放到戀愛關係中來看，就是說戀愛中如果不珍惜對方，過於隨意，那麼確實很難得到對方的真心。我們常常看到一些愛情小說，講的是女孩子如何喜歡一個男的，為這個男的付出了很多，但男的不珍惜，最終女孩子抱著傷感離開了他。等前男友醒悟過來自己最愛的還是這個女孩子，但這個時候已經晚了，女孩子已經和另一個愛自己的人結婚幸福地生活在一起。對前男友來說，這就是沒有領悟到感情的「恒，久也」。

放到夫婦日常生活中來看，夫婦之間總歸會有矛盾，古人講「事與時違不自由，如燒如刺寸心頭」，夫妻之間常常會有矛盾，有時候看到對方就厭煩，巴不得他趕緊滾蛋，比對待一般人的感情都不如。這個時候需要知道，如果不是原則性的問題，就要記得「恒讓」。因為夫婦間互相多讓一讓總歸是好的，關係才不會太緊張。

宋朝的陳季常，是個挺有文化的人，他的老婆柳氏脾氣很大，看到陳季常和賓客聊天喝酒就來氣，會摔鍋打灶地罵起來。陳季常為此很怕老婆——其實很有可能是太愛自己老婆，並非是害怕。陳季常面對老婆心虛的樣子讓好友蘇東坡感到好玩，於是寫了一首詩來調侃他，說：「龍邱居士亦可憐，談空說有夜不眠。忽聞河東獅子吼，拄杖落手心茫然。」當然，後人說蘇東坡這裡的「河東獅吼」有佛教裡面的微言大義，那是從另一個角度來談這個問題了，我們這裡不多講。

白樂天說：「偕老不易得，白頭何足傷。」兩人在一起慢慢變老，甚是不易；在這一個過程中，「我能想到最浪漫的事，就是和你一起慢慢變老」，所謂歲月靜好，概是如此吧。

另外，值得注意的是《恒》卦九三爻、六五爻皆提到「恒」與「德」的問題，要求「恒其德」，長久地保持德行，才能夠獲得吉祥，否則就會出問題。九三爻講「不恒其德，或承之羞，貞吝」，如果不長久地保持德行，就會受到別人的羞辱。《象》辭解釋這一爻說：「不恒其德，无所容也。」如果不長久地保持德行，那麼就沒有什麼地方可以容納你。要注意這一爻的「恒其德」並不僅僅指婚姻之德，也指人的各種行為之德。歷史上有太多「不恒其德，或承之羞」的例子。晚唐朱溫當政，專橫霸道，殺人如螻蟻。詩人杜荀鶴遊大梁，先獻《時世行》於朱溫，希望他省徭役，薄賦斂，不合溫意，後上《頌德詩》取悅於溫。一日見朱溫，天空無雲而下雨，朱溫讓其作詩。杜荀鶴寫出「同是乾坤事不同，雨絲飛灑日輪中。若教陰朗長相似，爭表梁王造化功」，意思是說因朱溫有造化之功，所以上天才會無雲而雨。朱溫大喜，任用杜荀鶴，後授翰林學士。後人因此評價杜荀鶴「諂事朱溫，人品更屬可鄙」，又說他「頓移教化之詞，壯志清名，中道而廢」。在談及他的詩歌藝術之時，一方面憐其出生微寒、才情出色，一方面也哀其奉承朱溫而失其品性，所以感歎道：「苦吟終成荀鶴體，何必入仕污詩名。」

人生艱難始

春天來臨的時候，小草從原本冰凍的土壤下掙紮著冒出頭來，在依舊帶著寒意的風中挺立著身體，讓人忍不住會讚歎它的生命力。《屯》卦就謳歌了小草這種頑強的生命力。「屯」字的甲骨文寫法正如草木破土而出、萌生之初艱難的形狀，《說文解字》說：「象草木之初生，屯然而難。」有唐詩稱讚說：「地有經冬草，林無未老松。」小草和古松的頑強和生命力都令人敬佩，不過相對古松的蒼鬱勁拔，小草的柔弱而頑強就更顯得可貴。

《屯》卦上為坎，為水，象徵飽含雨水的烏雲，下面為震，為雷，所以《屯》卦象為雷雨交作。同時上面的坎卦為險，下面的震卦為動，又象徵著險中有動、動而有險，是在天地之間有所行動但又艱難困頓之境遇。故而此卦辭講：「元亨，利貞，勿用有攸往，利建侯。」就是有大亨通，不利於盲目而行，但利於做大事業。《左傳》記載秦穆公送晉公子重耳歸國，重耳占筮得「貞屯悔豫皆八也」，筮史說不吉：「閉而不通，爻無為也。」但司空季子說：「吉，是在《周易》，皆利建侯。」就是依照了卦辭這個意思來解釋的。

在艱難困頓的環境和世局之中，一般人確不可盲目行動，盲目行動則有危險；但正因為是艱難困頓的世局，故而又是利於建功立業的好時機。所謂「亂世出英雄」即是此意——就像錢穆所講，中國歷史上總是在亂世之中多見「歷史人物」和「時代人物」。比如當初曹操拜訪喬玄，喬玄說他：「天下方亂，群雄虎爭，撥而理之，非君乎？然君實是亂世之英雄，治世之奸賊。」就是講天下世局大亂而危險之時，人人覬覦大鼎，這個時候就需要曹操這樣的梟雄出現來安定局面。普通人在亂世之中生活極為不易，痛苦煎熬，但對曹操之類的豪傑而言卻是建功立業的大好時機，此刻對曹操而言就是「利建侯」。《周易淺述》講這一卦：「雜亂晦冥之際，宜立君以統治之。然君初立，治理猶疏，日夜不遑寧處，乃可成撥動反正之功。」

《象》辭講：「剛柔始交而難生，動乎險中，雷雨之動滿盈，宜建侯而不寧。」陰陽相交，萬物生長，但起始之時便遇險境，故而是動乎險中；雷雨大動，百里震驚，但草木萬物正在這種雷雨之動中生長發展，如春天響雷，雖有險象，卻正是草樹生長、蟲蛇甦醒的時節，因為萬物生長正需要這種「雷以動之，雨以潤之」。

人的出生和成長與《屯》卦所說的「剛柔始交而難生」非常的相似。人從出生之時，面對的便是艱難困頓的時刻。古時候女性生育危險重重，老話說女性生育是「生死關頭走一遭」，可見其危險和艱辛；小孩子順利出生之後，又面臨著許多的成長危難，需要一一克服；長大了，又要安身立命、贍養家人，無一刻不是克服艱難困頓、奮力拼搏之時。假如是生在貧寒人家，便無時不在為生計發愁；即便是富裕人家，也一樣有很多問題，比如如何才能保持家族的壯大、如何保持事業的發展等等。也不要羨慕帝王之家，要知道「皇帝家中無親情」，以前生在帝王之家的皇子皇孫，出生開始便已身不由己捲入權勢之爭，搞得不好便有生命之憂，聖明君主如李世民，為保證自己的生命安全和皇位穩定，也必須將親兄弟殺戮殆盡。歷史幻想小說《權力的遊戲》裡面的人物，哪一個為了權勢的王族不是生活在危險、恐懼、虛無之中？

宋人寫過一首詞，感歎：「人生更在艱難內，勝事年來不易逢。」說的就是人生無論貧富賤貴，無時不在艱難之中，一個好的境遇、好的年代可遇而不可求。佛家則乾脆認為人生而皆苦，如生苦、老苦、病苦、死苦、愛別離、怨憎會、求不得、五蘊熾盛。嬰兒一生下來，即呱呱大哭，是為生苦；等老了，身體虛弱了，吃不香、走不動，是為老苦；生病了，是病痛之苦；無可奈何面臨死亡，是死苦。愛不到喜歡的人，苦；冤家常常遇到，苦；想要的東西要不到，苦；執著於自身的感受，也苦。這些苦即體現了人生從開始到結束都不得不面對的艱難。不過，要看到佛家與《周易》的區別：佛家將一切都看作是苦，認為此世間並無非真實且無真實的樂處，由此而遁入「空」和解脫；《周易》雖然也講到這種苦和艱難，但並不否認這個世界的真實性，也不認為世間就沒有真實歡樂的一面，同時也不認為人類看到了這些苦和艱難後就必須以遁入「空」來達到自我拯救，正如前面《乾》卦所言，它更看重的是「天行健」和「生生不息」，強調人類應該在艱難困苦中前行，由此而完成人類在這個世間應該、也必須完成的使命。

《屯》卦初九爻「磐桓，利居貞，利建侯」，此處有多種解釋。其中一種是徘徊難進，利於安居，利於建國封侯。另外一種解釋是以大石作為院牆，是為居所穩固有利之象，象徵著有利於建國封侯。第一種解釋講的是前進路上徘徊不定、內心躊躇的難處。這種情況幾乎在我們人生的每一階段都會遇到。少年有少年時候的彷徨，青年有青年時候的彷徨，中年有中年時候的彷徨，到老了還有老年人的彷徨。某種程度上來講，彷徨是人生的必然；人生之所以彷徨，就在於人生的不確定性太大，偶然性太多，要是我們都能確定人生的走向，還有什麼好彷徨的呢？

在古今中外的小說中，描寫人生徘徊的故事有許多。比如《麥田裡的守望者》（The Catcher in the Rye），寫的是少年的徘徊。在成年人眼中不懂事的主人公，厭倦了這個世界，對自己和世界充滿了不信任、迷茫，用各種反叛行為來表達自己的彷徨。再比如John Updike的「兔子四部曲」，寫的是中年人的彷徨和艱難，主人公「兔子」人到中年，雖然取得了一定的經濟社會地位，但他越來越多地沉浸在過去的回憶之中。往事如煙，父親、母親、情人、好友等紛紛走完人生的旅程，而他的生活還要在無休止的細瑣日常中進行。人生到底是什麼呢？他不得不時常陷入迷思。這就是中年人常見的彷徨。前段時間網路上有篇走紅的文章「中年人不敢崩潰」，講一個中年快遞員在路邊嚎啕大哭的故事，從一個側面展現了當代社會裡中年人的處境，他們這個時候處於最為艱辛的時段，家庭的責任、社會的責任都讓他們不敢鬆懈下來。

不過這個時候要注意了，不要因為「磐桓」，彷徨啊彷徨，永遠彷徨而不知道走出來，或者走偏了方向，那就麻煩了。初九爻《象》辭講：「雖磐桓，志行正也。」就是提醒說，雖然彷徨不定，不知道如何是好，像很多處於低落時期的人，不知道前途在哪裡、未來在哪裡，這個時候一定要志向正確、行為端正，這樣才能「有利」——利於成家立業、利於幹出一番事業。比如唐初大詩人陳子昂，年輕時候也是個古惑仔，青春期反叛得厲害，到了十七、八歲還不知道好好學習。後來有一次因為擊劍傷到了人，猛然有反省之意，覺得自己的人生不應該是這樣的，然後慨然立志，不再和狐朋狗友來往，發憤攻讀，終於成就了一番事業。還有，西方六十年代嬉皮士運動喧囂一時，很多年輕人抽大麻、群居、搖滾，一團混亂，這也是彷徨的一種表現。但過了這個時期，有的人找到了人生目標，信奉宗教也好、從事公益也好，乃至於賺錢也好，生活也就轉變過來了。這也算是「利居貞，利建侯」。

按照第二種解釋，如果把「磐桓」解釋為以大石做院牆來解釋，可以認為某種意義上講的就是安居之艱難。古人說「長安居，大不易」，可見「磐桓」不是件簡單的事情。唐代大詩人白居易，三十多歲時候還在租房子居住，就像我們現在大城市的青年才俊租房子住一樣。書裡記載他在貞元十九年春以拔萃選及第，授校書郎，然後開始到處找房子住，「始於長安求假居處，得常樂裡故關相國私第之東亭而處之」，就是說他租了已故宰相關播家的一個小間，類似於我們現在大城市中面積很小的單身公寓，或者老上海的那種里弄亭子間。他曾經寫過一首詩，表達了這種「磐桓」不易的心情：

遊宦京都二十春，貧中無處可安貧。
長羡蝸牛猶有舍，不如碩鼠解藏身。
且求容立錐頭地，免似漂流木偶人。
但道吾廬心便足，敢辭湫隘與囂塵。

意思就是說：我在長安混跡官場這麼多年，窮得沒錢買套房子。真羡慕那些蝸牛啊，能夠自帶住房。自己還不如那些大老鼠，人家還有個洞藏身呢。懇求老天就給一小套住宅就可以了，只要房產證上是自己的名字就心滿意足，免得自己東租房西租房，感覺在長安城裡到處流浪。

這種望房興歎的感覺和我們現在是何等相似。

六二爻「屯如邅如，乘馬班如。匪寇，婚媾。女子貞不字，十年乃字」。人們聚集在一起，乘著馬徘徊難以前進，忽然來了一群人，似乎是來搶劫的，仔細觀察，原來不是搶劫的，而是婚娶之隊伍，女子占卜懷孕情況，十年才能懷孕。古人有搶婚之習俗，這種情況易與迎親的情況相混淆，故而有「匪寇，婚媾」之說。（依照高亨先生所釋，這一爻是占卜婚嫁的情況，「十年乃字」是十年才許嫁的意思。）

這一爻細細想來，依然是繼續講《屯》卦的艱難之意。它講的是感情的艱難、婚姻的艱難。古人的婚姻大多是父母之意、媒妁之言，能不能找到一個好的伴侶，有點撞大運的感覺。偶有自己獨斷作主的，那還要看自己的眼光是否獨到犀利，如果真能慧眼識英雄，那婚姻倒也是好的。五代十國時，後唐莊宗李存勗亡後，李嗣源繼位，將莊宗的後宮妃嬪全部遣散出宮。這裡面有一妃子姓柴，出宮後準備回到父母身邊，在歸途中與父母匯合。那幾天下大雨，路途難行，於是在旅店中停留。有個衣衫襤褸的男子路過旅店，柴妃一見之下很是驚訝，忙問這人是誰，旅店老闆說這個人是馬步軍使郭雀兒。柴妃覺得這個郭雀兒不一般，很有大丈夫氣象，便下了決心要嫁給他，和父母說自己準備嫁給這個郭雀兒。父母都不樂意，說你好歹是服侍過帝王的人，最起碼可以嫁節度使，怎麼嫁給這種無名小卒呢？這種人要錢沒錢，要地位沒地位，看上去也沒有什麼發展前途，不能嫁給他。柴妃對父母說，這個人以後絕對是做大事業的人，自己非嫁不可。而且表示如果父母嫌他窮，她願意把自己的積蓄拿出來，分一半給父母，自己留一半嫁人。父母見她如此堅決，只好同意了。這郭雀兒就是後來的周太祖。這柴妃尋夫的眼光實在厲害。

但不是每個人都有這樣的好眼光。明人小說《杜十娘怒沉百寶箱》講的就是風塵女子杜十娘看錯了男人的故事。她才色雙全，將自己的身心託付到公子李甲身上，沒想到這個李甲無情無義，要將她轉手賣給孫富。可見這個李甲是個渣男，不但騙色，騙財，還是個拐賣婦女的人販子。杜十娘最後持寶匣跳江身亡，終以悲劇收場，所以作者在書中感歎：

不會風流莫妄談，單單情字費人參。
若將情字能參透，喚作風流也不慚。

現代人講婚姻自由，表面看戀愛和婚姻自由了，實際上覓到般配的也不容易。《詩經》說：「嘅其歎矣，遇人之艱難矣。」翻譯成現代人的話，就是說：唉，找到一個合適的人怎麼就如此難呢？別人介紹的，沒感覺；自己比較滿意的，人家有戀人了；父母看中的，自己不喜歡；自己喜歡的，父母看不上。父母天天去相親角幫忙一起尋找另一半，大多數時候也沒有結果。

六三爻「即鹿无虞，惟入于林中，君子幾不如舍，往吝」。打獵追鹿，沒有虞官的協助不可行；鹿跑進了森林中，君子這個時候不如放棄吧，繼續追趕的話則不利。虞官是古時候為貴族掌管鳥獸的官員，在貴族行獵時幫助驅趕鳥獸。這一爻表面意思是講打獵之困難，但實際上講的是人有所追求但無人相助，而要追求的東西又非常難獲得，這個時候就應該知難而退，不宜強求。所以這講的是無人相助的艱難。蕅益法師認為這一爻從世間法來看，講的是欲取天下者須得賢才相助，「譬如逐鹿須籍虞人」，就是求賢之意。《詩經》說「思皇多士，生此王國。王國克生，維周之楨；濟濟多士，文王以寧」，就是講當初周文王為了奪取天下，到處尋訪賢人能士，將天下人才盡收囊中，有了這麼多的人才，周文王才能安心行事。中國人俗話講「一個好漢三個幫」，就是強調要有人相助才好辦事，如果做事情沒有人幫助，那就比較辛苦，也比較難成功。

六四爻「乘馬班如，求婚媾，往吉，无不利」。乘著馬徘徊，如果是去求婚嫁，那就去吧，沒有不吉利的。《象》辭說這一爻「求而往，明也」。意思是說如果明瞭對方的情況之後再去求婚嫁，這樣就能達到目的，這是吉利的，能夠成就婚姻。這就像談戀愛，如果對對方一點都不瞭解就貿然行事，那戀愛也好、婚姻也好，問題必定很多。新聞裡面常常報導某人網路戀愛而被騙或者遇險的案例，這就是「求而往，不明也」，連對方的真實情況都搞不清楚就貿然見面，怎麼能「吉」呢？

九五爻「屯其膏，小貞吉，大貞凶」。囤積肥肉（引申開去是囤積珍貴的東西），不與人分享，占卜小事還算吉利，占卜大事則凶。為什麼這樣說？一個人貪財吝嗇，企圖獨佔很多好東西，又不願意和人分享；在這樣的背景下，他個人做小事情還可以，如果要做大事，就不可能有人來幫助他、輔佐他，因為他自私小氣，沒有這樣的人格魅力。《象》辭進一步解釋說：「屯其膏，施未光也。」因為沒有將財富、恩惠施予廣大的民眾，所以沒法作大事。明朝末年李自成攻打洛陽，福王朱常洵的藩府正處在洛陽，早在李自成攻打洛陽之前，有大臣就上書給朱常洵，希望他能拿出錢財分給將士、招募兵勇抵抗李自成，可惜朱常洵遺傳了萬曆皇帝吝嗇的性格，愛財如命，不肯拿出錢來。守城官軍本來就因為缺乏餉銀心有怨氣，當李自成軍臨城下，官兵根本沒有鬥志進行反抗，城很快被攻破。李自成攻取洛陽之後，福王被處死。這就是「屯其膏，大貞凶」。現代很多人貪圖錢財，不惜為了錢財以身試法，這也是「屯其膏，大貞凶」。古人講「君子愛財，取之有道」，《周易》不但要求「取之有道」，還要求「用之有道」，拿出去做好事、做公益，施予民眾，不要一個人貪圖享受，這才會「貞吉」。東漢時候的馬援流亡北地滯居，畜養牛羊得法，收穫頗豐，當時便有牛馬羊幾千頭，穀物數萬斛。但他對此慨然歎曰：「凡殖貨財產，貴其能施賑也，否則守錢虜耳。」就是說大丈夫要這麼多錢幹什麼？錢財貴在能施捨周濟於人，否則就是個守財奴罷了。便將錢財散盡於兄弟朋友，自己依然過著簡單樸素的生活。同樣，佛家強調以佈施來對治慳吝，從某種意義上講同樣可以理解為避免「屯其膏」這樣的行為。

上六爻「乘馬班如，泣血漣如」。騎著馬迴旋不定，哭得涕淚交流。這是古代講搶親的時候女子不情願，又哭又喊，情形很悲慘。在古代不要說搶親，即便是正常的女子出嫁，離開娘家時都會悲傷痛哭，因為不知道自己以後生活會怎麼樣，丈夫對自己會好嗎？婆婆好不好相處？小姑子友善不友善？都是未知數，心中忍不住會擔憂。偶爾回得娘家來看看父母姐妹，和小姐妹們歡聚幾天，又不得不很快回婆家去，所以是「暫得歸來，無言清淚頻頻墮，殘妝界破，說著如何過」。

以上，皆是《屯》卦講的人生的艱難險阻。不過正如前面提及的，雖然《屯》卦總體講艱難困頓，提醒人們要看到人生的艱苦，但它並非只停留在絕望、沮喪的層面，它還有屯積力量、蓄勢而發的含義，這兩種含義交織在一起，其實就是告訴了我們：人之偉大，就在於面對這些苦難、艱辛之時仍然能夠堅忍不拔地前行，如小草在雷雨大作之時破土而出，不懼惡劣的環境，頑強地生長，終能在陽光下展現它雖然渺小但依然不屈的鬱鬱蔥蔥和勃勃生機。這就是真正的「剛柔始交而難生，動乎險中，大亨貞」。

我們為何需要教育

最近一些年大家對我們的教育都不大滿意，批評聲音很多，有對教育資源配置不公的批評、有對考核選拔程式的批評、有對培養學生方式的批評，等等。但仔細想想，如果要批評教育，首先應該追問：我們的教育到底是為了什麼？我們達到目的了嗎？搞清楚了這些問題，批評才能批在點子上。

據說北大錢理群先生講過一段話，意思是我們的大學正在培養一些「精緻的利己主義者」，這些「精緻的利己主義者」高智商、世俗、老到、善於表演、懂得配合，更善於利用體制達到自己的目的，這種人一旦掌握權力，比一般的貪官污吏危害更大。錢先生後來在另一場訪談中補充說，精緻的利己主義者不是精緻的個人主義者，個人主義是需要的，維護個人的生命權利，滿足個人的物質精神要求，這是一個人的基本權利。精緻利己主義者的問題是他把個人利益作為自己唯一的追求，現在很多人失去了信仰，唯一支持的東西就是個人利益，這樣的精緻利己主義者是最懂得權力的，他最能夠和這個體制適應，因此也得到體制的支持，它實際上成為腐敗的基礎。錢理群先生認為培養出了這麼多的「精緻的利己主義者」，根本問題在於我們的教育理念出了問題。

教育究竟何為？每一個國家每一個民族都有自己的看法，每一個國家每一個民族在不同的階段都有不同的看法。從《周易》的角度而言，有《蒙》一卦，其中蘊含的教育理念在今天仍有極為重要的參考價值。

《蒙》卦首先就講：「亨。匪我求童蒙，童蒙求我。」蒙，蒙昧。童蒙即幼稚蒙昧之孩童。不是我去求蒙昧之孩童，而是蒙昧之孩童來求我。卦辭原意是講蒙昧之人來占卜，是求我幫助他，而不是我去求他幫助。引申到教育領域，這是說學知識、習品性，不是老師去求學生來學習，而是這些學生主動來請求老師教導。這裡首先就是講學習態度的問題。

以前的教書先生，不管再窮酸、再落魄，如果被請去教導小孩子，這一套禮儀是少不了的：老師端端正正地坐在太師椅上，後面掛張孔夫子的畫像，學生恭恭敬敬地給老師磕頭、端茶，學生家長也恭恭敬敬地給先生送上束脩。就算某些大戶人家心裡不管對這些窮酸先生再怎麼看不起，面子上也還是恭恭敬敬的。這是最起碼的師道尊嚴。現在不一樣了，似乎早就不提倡師道尊嚴了。比如現在的大學，老師早就到教室裡等候著了，學生才開始一個一個的進來。老師站著上課，講得口乾舌燥、七竅生煙；不管你老師講什麼，學生在下面看手機、打瞌睡，偶爾賣個面子記一下筆記，就會讓老師感動涕零。如果對某老師看不順眼，或者不喜歡他的上課風格，還可以在評教的時候給老師打個最低分，讓老師差評下崗。這不是學生來求學，而是老師低聲下氣請學生來學習，與「匪我求童蒙，童蒙求我」全然相反。

古時候那些大儒、賢者，求學都極為誠懇，對老師都極為尊重。人稱龜山先生的宋代大儒楊時，有次和遊酢去拜見程頤。程頤當時在打瞌睡，楊時與游酢就站在屋子外面等。天上這時候下起了大雪，《宋史》裡面說他們「侍立不去」。等程頤醒來後發現他們立在外面，門外的雪花已經飄落有一尺多深了。楊時他們沒有絲毫怨言，只耐心地站在門口靜靜地等待。要是換成現在的學生早就溜掉了，可能一邊溜還一邊埋怨老師：老師早不睡覺晚不睡覺，偏偏這個時候睡覺，太討厭了！投訴！下次不選修這個老師的課了！

我們讀武俠小說，知道武林中拜師學藝是很鄭重、很不容易的事情。比如《偷拳》寫楊露蟬為了投師陳長興習陳式太極，不惜裝啞巴、做乞丐，在大冬天凍得昏迷過去，被陳家救醒後才進得陳家做家丁，後面才有機會「偷拳」學藝。正是楊露禪這樣的誠心打動陳長興，陳長興才終於答應收其為徒，將一身功夫都教給了他。按照現在的情況，不用這麼鄭重和複雜了，楊露禪交點學費給陳長興，就算進師門學習了；陳長興現場演練幾次、再播放幾次PPT，就算完成教學任務了。一個求得虛情假意，一個教得馬馬虎虎。所謂的教育改革和教育產業化，把傳統的師生關係轉變為市場的買賣關係；既然是買賣關係，所以大家都沒必要交出真心，隨便學學、隨便教教就成為了習以為常的狀態。

《象》辭說「蒙以養正，聖功也」。這是講教育最偉大的作用就是培養人的德行、能培養出傑出的賢能之人。從字面而來解釋，一種是：蒙昧之人不明事理，而通過教育，能養貞正之德性，即是聖人的修養功夫。另一種解釋是，教育蒙昧之人以正知正見，讓他能夠正確地處理各種情況，這是聖人的功德事業。不管哪一種解釋，都可以看出教育應該具有正人心、啟蒙昧的重要作用。接下來《象》辭就說：「山下出泉，《蒙》，君子以果行育德。」就是說人之美德如同泉水，可以衝破山石的重重壓迫奔流而出，終究成為淵流大河；人若果斷而行，也終究能成就其品性和事業。前面講「蒙以養正，聖功也」，後面講「果行育德」，即說君子先通過教育獲得的正知正見，然後據此正知正見朝著聖人的方向百折不回前進，從而成就美德、成就事業。

從上面可以看出，聖功也好、育德也好，都在講教育的第一要務是培養人之德行。不管孔夫子說「弟子入則孝，出則悌，謹而信，泛愛眾而親仁，行有餘力，則以學文」，還是西方人所寫「愛的教育」之類的書籍，提倡善良、勇敢、無私等精神，其實都是在強調在啟蒙課中，教育小孩子如何為人是最根本和最重要的。

但反思我們現在的教育方式，它究竟是朝著什麼目的而去？恐怕大多是朝著培養單純的技能型人才的目的去的。所謂的「德行」培養，就算不是排在最後，也肯定排在技能的後面。我不是反對培養技能型人才，但培養技能型人才是不是就要忽視培養一個人基本的性格、價值觀、人生觀？是不是不管這個人到底如何，只要他的技術「有用」就可以了？如果我們只偏重於對「用」的一方面的培養，我們的教育必然急功近利，也必然會反映出我們社會在某些方面的短視和功利。說到這裡就可以和錢理群先生講的「精緻的利己主義者」聯繫起來了：如果一個國家、一個民族，它最重要的教育目的僅僅是「技能」，而全然不管其他，不涉及對人生價值的探討、對世界奧秘的追尋、對自我的認識，即便這種「有用」的教育理念能夠培在短期內獲得不少的利益，但它培養出來的也不過是「精緻的利己主義者」，不能真正為人類社會的進步提供巨大的動力、不能為自己的人生提供堅實的力量，也終究會反噬我們的教育。

西晉末大臣王衍，按照現在的觀點，絕對是一個優秀的「精緻的利己主義者」。他長得風度翩翩又才華橫溢，做事也頗有能力。其人擔負宰相的重任，不但貪圖權勢，遇到事情時首先考慮的是如何保全自身。他權衡世局利弊，為自己精心營造了各種退路。他曾得意洋洋地講，弟弟和族弟鎮守外地要塞，自己留在京師，整個家族可以稱得上三窟了——這就是「狡兔三窟」的來歷。他的女兒嫁給太子，後來太子被賈后構陷，王衍怕惹禍上身，又急忙解除婚約。石勒打敗西晉之後見到王衍等降臣，王衍與其交談中仍然在打「精緻的利己主義者」算盤，在石勒面前推脫自己的責任，稱自己本來毫無當官的志向，也不參與政事，西晉滅國與自己無關。他為了獲得石勒的好感，又厚顏無恥地勸說石勒稱帝。沒想到石勒大怒，訓斥他說：你名聲傳遍天下，年輕時即被朝廷重用，一直到頭生白髮都掌握大權，怎麼能說不參與朝廷政事呢？破壞天下正是你這種人的罪過。下令士兵在半夜裡推倒牆壁把他壓死。王衍死後幾十年，桓溫北伐時感慨說，中原百年來成為一片廢墟，王衍等人推脫不了他們的罪責。後來宋人寫了一首詩，說：「玉麈消搖吐妙言，清流都指作龍門。白頭苟活尊胡虜，夜半排牆未是冤。」就是感歎王衍這樣「精緻的利己主義者」不思報國，只想到自身的利益，結果是自作自受。如果我們的教育僅僅看到短期的利益，只重視技能的培養而忽視整個人格的培養，很有可能就會教育出大量的王衍式的人物，這於家於國於天下並非好事，最終反噬我們的整個社會。

況且，我們的教育如果僅僅是為了技能、為了讓人活得有錢有勢，那麼根本就談不上什麼「聖功」。中國現代史上抗日戰爭期間，神州淪陷，各個大學紛紛南遷，西南聯大成為這段時期教育史上榮光四溢的奇跡。那麼多的科學家、大學者，在艱難困苦的條件下，不顧自身安危，還精研學問、培育人才，教育出無數的中華人才，這真正是教育為千古「聖功」的典範體現。

《蒙》卦初六爻講「發蒙，利用刑人，用說桎梏，以往吝」。其中一種解釋是：啟發蒙昧，有利於受刑罰之人，受刑罰之人脫去刑具，但貿然離去的話不利。另外一種解釋是：

「蒙」即「矇」，眼翳，眼不能視為矇，除去眼之矇翳，讓人重見光明；脫去刑人桎梏，使人獲得自由，這也是讓人重見光明的一種，但此刻貿然離去的話不利。

從教育的角度來看，發蒙很重要，這好比在黑暗之中極久的人，被引到光明之地，看見江河大地、萬物諸相，心中的歡喜、感動，都難以言說。像孫悟空聽菩提祖師講課，聽得情不自禁抓耳撓腮。問他為何如此？回答說自己聽到妙處太高興了。這就是在學習過程中忽然有所感悟，發現了一片新的天地，就如從黑暗之中洞見一片光明，當然會欣喜雀躍。禪宗故事「拈花微笑」講的即是如此。佛祖在靈山說法，大梵天王請求佛祖宣示最上大法，佛祖拈起蓮花一言不發。眾人不知佛祖何意，此時摩訶迦葉心有所得而笑。佛祖便說：「吾有正法眼藏，涅槃妙心，實相無相，微妙法門，不立文字，教外別傳，付囑摩訶迦叶。」這和現在老師上課一樣，講到妙處，如果有學生有所得而微笑，或有所得而沉思，不但學生自己如入光明之地，老師也會因學生入光明之地而欣喜。最怕的就是老師講到妙處，學生毫無感覺。講臺上教師拈花微笑，講臺下學生打呼睡覺，還不如人家一個石猴。所以好老師不易得，好學生也不易得。

六四爻「困蒙，吝」。處於困境中的蒙昧之人，很艱難。這就是講如果一個人沒有正知正見，愚昧而胡作非為，很容易陷入困境；陷入困境之後，又因為愚昧，很難做出正確的抉擇和處理辦法，其境遇必定艱難重重。六五爻講「童蒙，吉」，《周易本義》講童蒙是幼稚而蒙昧的意思，這裡是說蒙昧的童子便於教導，有家長庇護、師長教育，這樣就能夠順利成長，是吉利的。六四爻談的是脫離蒙昧的重要性，六五爻談的是啟蒙要從娃娃抓起。

另外，《雜卦》裡面還講到「蒙雜而著」一詞，就是說剛剛萌發出來的事物錯雜紛呈，但各自有著明顯的特徵。從文化的角度來理解，就是講文化的多元化和個性化、全球化與民族化。換成教育的角度來看，就是講每一個孩子都有他的個性、特點，教育應該「因材施教」。孔子門下弟子各自特色鮮明，脾氣不同，但個個都是人才，就算經常和孔子對著幹的子路、宰予，他們獨立思考和提問題的水準也不是一般人能比的。

整體來看，《蒙》卦主要講教育問題，其思想歸納起來主要有幾點：其一，首先要搞清楚教育的主客體，學習的主動性應該在學生而不是老師。其二，求學需誠心。其三，學習以德行第一。其四，學習讓人擺脫蒙昧，讓人順吉。它包含著教育應該讓一個人身心全面發展、追尋崇高理想為目標的思想。

當然，也有人擔心如果教育僅僅重德（品性）而不重智（技能），則很有可能會導致教育的空泛不實。對於這個問題，錢穆先生《質世界與能世界》一文中講到：「近人言教育，亦必西方化，乃分德知體群為四育。若知育獨立化，科學有核武器發明，斯為不德。體育貴衛生健體，但何必定要參加運動會爭冠軍，則失其衛生健體之本旨。使人無德，何能群。故自中國觀念言，則教人惟教其立德成德達德而止，何更有知體群如許分別。」此一段話，應該可以回答了這種擔憂。

孔子說：「好仁不好學，其蔽也愚；好知不好學，其蔽也蕩；好信不好學，其蔽也賊；好直不好學，其蔽也絞；好勇不好學，其蔽也亂；好剛不好學，其蔽也狂。」就是講一個人就算有他的優點和特長，但如果不學習，就會優勢變為不足。他強調了學習的重要性和益處，其實也就是強調了教育的重要性、必要性以及它的意義所在。雖然今天時代和社會發生了大變化，教育的背景和方法也發生了大變化，但《蒙》卦內含的傳統教育思想依然有不可忽視的借鑒價值，不能一味否定。

等待的日子依然可以愉悅

《需》卦上為坎，下為乾。從卦象來講，坎卦代表水，乾卦代表天，所以象徵著雲雨翻滾但還沒有落到大地上的情形。就像蘇軾在觀賞有美堂時，天氣忽變，「遊人腳底一聲雷，滿座頑雲撥不開」——雷聲忽然就在遊人腳下響起，漫天的雲霧遮擋在眼前，纏繞在山上這個屋子裡面濃得散不開，但大雨還沒有落下來。《需》卦描寫的就是這種雲水交織、大雨將落未落的情形。

農耕社會「靠天吃飯」，農民種植糧食尤為不易。穀物需要生長之時，如果長時間不下雨，心裡面總是很擔憂、急切。這個時候如果占卜遇到《需》的卦象，說明雨即將到來，要耐心等待，不必太擔憂。因為乾卦又代表剛健，坎卦又代表危險，所以這個卦象又象徵著剛健但有危險的境地，意味著危險在前面，提醒人們不要冒進，要謀後而動。這個「謀後而動」隱含著安心等待、有條不紊的意思，故而《雜卦》將《需》卦的主要意思歸納為：「需，不進也。」

《需》卦辭說：「有孚，光，亨，貞吉。利涉大川。」孚，一種解釋為「俘」，掠奪了人口與財物，另一種解釋為誠信。第一種解釋是：筮遇此卦，戰爭可以獲得俘虜，有榮耀，可祭祀，占問吉利，利於渡大川。第二種解釋是：有誠信、光明、亨通、貞正，故而吉利，利於渡大川。我對「有孚」的理解更傾向於第二種解釋。一個人擁有誠信、光明、亨通、貞正之美德，自然可獲得吉祥。相比「有俘虜」的解釋，它起碼能給人一種啟示：人類的榮光應該建立自我價值的探尋之中，應該有利於整個人類的進步，而不是建立在別人的艱難和痛苦之上，也不應該建立在對這個世界的破壞和毀滅之上。《象》辭說：「險在前也，剛健而不陷，其義不困窮也。」前面講過，坎卦代表了險，乾卦代表了剛健，坎在乾之上，因此說「險在前也」；乾卦在下，故而「剛健而不陷」。有德行、果敢剛健之人，看到前面有危險不冒然行事，故而不會落到危險的境地。

《象》辭解釋這一卦：「雲上于天，《需》。君子以飲食宴樂。」雲在天上，這就是《需》卦，君子們飲食安樂，等待時機。有人解釋認為，這個時候象徵著朝廷將有恩澤於民眾，所以這個時候就應該靜靜地等待，在等待的時候，君子們應該享受生活，領略生活的美好。

說到「朝廷有恩澤於民眾」，我想到某當代作家描寫清朝帝王的歷史小說。在他筆下塑造了好幾個清朝皇帝的光輝形象，刻畫了他們的英明神武。小說裡很多次描寫皇帝懲罰或獎賞下面的臣僚時，下面的臣僚都誠惶誠恐磕頭說：「雷霆雨露，皆是皇恩。」這幾部小說被一些當代文學研究者批評，指其內在思想還停留在「皇權」桎梏之下，殘留著對專制君臣關係的迷戀，缺乏反省的精神。錢穆先生談及中國傳統政治之時，認為若論什麼是真正的「皇帝專制」，則以清代為典型。他認為明朝之時雖廢宰相，但尚有給事中一職可以牽制皇帝和內閣大學士的詔令。但步入清代，給事中的職權也已廢止，皇帝的命令可毫無障礙地一直推行，朝廷中再沒有牽制皇帝的力量，這個不能不說「是政制上一大大的失敗」。某作家看不到這一點或者有意忽視這一點，依然努力為清王朝的「皇恩雨露」稱頌謳歌，確與現代社會提倡的思想理念背道而馳。

「君子以飲食宴樂」，表面看來，這裡似乎講君子天天酒池肉林，沉溺於享受之中。其實不然。這種飲食宴樂背後隱藏的是「活在當下」的含義。叔本華曾經講過，人生就像是鐘擺，在痛苦與無聊之中不停地搖擺，當你的欲望得不到滿足的時候，你就感到痛苦；然而當你的欲望滿足之後，不需要多久時間，你就感到無聊，又有了新的欲求，因此生活就不停地在痛苦和無聊之間擺來擺去，永無停息。這裡的「君子以飲食宴樂」與叔本華講的不同。它可以說是「靜待花開」，也可以說是「君子素其位」。人生有著無窮盡的欲求，也有著無窮盡的目標，但不是每一個欲求和目標都能達到；即便可能達到，也未必是當下即能達到，有可能需要很久的時間。關鍵的是，人可以為這些欲求、目標而努力，但不應該每一刻都僅僅為了這些欲求、目標而活著，喪失了對生活本身的欣賞、忽略了生活本身的樂趣。當我們需要努力的時候，我們努力；當我們需要等待的時候，我們耐心等待；我們在努力和等待之中，莫忘記了生活本身的美好。現代社會中的「學習狂」、「工作狂」，某種意義上講便是忘記了生活本身的價值和樂趣。明白了「君子以飲食宴樂」，便會明白享受生活與努力拼搏之間一張一弛的道理，這就是「君子以飲食宴樂」的另外一層意思。

不過，這裡還有值得注意的另一方面。朱熹解釋此句：「但飲食宴樂，俟其自至而已，一有所為，則非『需』也。」就是強調所謂享受生活本身的樂趣，是自自然然的，不是讓人去刻意追求享樂；一旦刻意去追求「飲食宴樂」，那便失去了「等待」的真正含義。

初九爻「需于郊，利用恒，无咎」。停留在郊野，有利於久處，沒有害處。為什麼停留在郊野不會有害處？朱熹《本義》裡面講，因為曠遠之地是未近於危險之象，而且初九陽剛正位，利於恒處其所之象。而且曠野平疇，景色一望無垠，也常常會引發人們的情感抒發。楊萬裡有《感秋》詩，其中寫道：

永夜宜痛飲，曠野宜遠遊。
江南萬山川，一夕入寸眸。

秋夜可以暢快地飲酒，曠遠之地則可以遠足遊玩，江南江山一夕之間便可一眼望盡。可見曠遠之地可以讓人放下戒備、放鬆心情。這兩句詩可以作為「需于郊，利用恒」之義的文學性補充。

九二爻「需于沙，小有言，終吉」。高亨先生解釋此處「沙」為難行而仍然可以行走之地，意思是說停留在難行而終可以走出的沙地，即便受到別人的責備但結果也是好的。《象》辭說：「需于沙，衍在中也。雖小有言，以吉終也。」這裡《象》辭的解釋，一種觀點是將「衍」看過是「過失」之意，就是講不可久處之地而久處，應離去而不離去，則過失在於其人；雖然由此而受到小小的責備，但因為離開了險境，故而也算是吉。另一種觀點是將「衍」看作是「寬」，內心寬大之意，就是《周易淺述》講的「以寬居中，不急於進」。它是說人處於危險之地，但內心寬舒自在，不急於冒進，雖然受到小小的責備，最後還是吉的。不管哪種解釋，這一爻總體是講在接近危險境地的時候，如果能夠儘快離開，或者說能夠保持內心的寬舒、不急於冒進，即便會受到一點小責備，也終究是吉的。這裡可以舉個例子：《笑傲江湖》中的令狐沖，人家批評他和魔教長老來往，他不在乎，因為他覺得所謂的魔教人物其實是真正講義氣的人；人家批評他帶著一群尼姑行走江湖，壞了名門正派的名聲，他也不在乎，因為他要履行自己答應恒山派掌門人的諾言，帶這群尼姑安全回去。別人批評他，這就是「小有言」；但令狐沖內心坦蕩，終究是快樂、自在的，後來也得到了眾人的認可，這就是「終吉」。

九三爻「需于泥，致寇至」。人處於污垢難處之地，長久停留，必定越陷越深，引來寇盜之侵犯。《象》辭說「需于泥，災在外也。自我致寇，敬慎不敗也」，意思就是在污垢難處之地，將有災患來自於外；如果能夠謹慎對待，亦可不敗。從卦象來講，外卦坎為險，故而講「災在外也」。從義理來講，人在這個世界上生活，因為我們所處的世界是「五濁惡世」嘛，人心不可測、偶然性不可知，難免會遇到莫名其妙的事情，有些時候自己沒有任何問題，忽然就被人污蔑陷害，落入險境、舉步維艱，這就是「災在外也」；在這個並不完美的世界和時代，人如果陷於複雜的環境又不會保護自己，時間一長必然會不利於己，會被人構陷，這就是「致寇至」。

魏晉名人陸機出生東吳名門貴族，才華高邁，又有匡正世難之志，入洛陽後被太傅楊駿召用。晉惠帝皇后賈南風誅楊駿之後，陸機又繼續擔任要職。趙王司馬倫政變之後誅賈后，陸機繼續做他的大官。司馬倫旋即被齊王等所滅，陸機受到牽連，幸得成都王等解救而免。這個時候與陸機交好的江南名士都勸陸機趕緊離開混亂的中原回到江南，但陸機沒有聽從。這就是「需于泥」了。陸機出於感恩而委身於成都王司馬穎，但因與長沙王交戰而敗，又被宦官進讒言，終究被害於軍中。臨死前說道：「華亭鶴唳，豈可復聞乎？」懷念故鄉的鶴唳，而自己再也聽不到了。李白在《行路難》詩中感歎：「陸機雄才豈自保，李斯稅駕苦不早。華亭鶴唳詎可聞，上蔡蒼鷹何足道？」講的就是陸機和李斯的典故。李斯當年被殺，也感歎不能回到故鄉上蔡打獵尋樂了。同樣是在魏晉之時，東晉名士韓康伯的兒子韓繪之任衡陽太守，韓康伯的母親殷氏隨同去了衡陽。當時殷氏判斷桓溫父子有野心，為兒子感到擔憂。數年後，韓繪之在桓氏父子的叛亂中被害。殷氏撫屍痛哭，說：「當初你父親被免去豫章太守時，徵調文書早上剛到，他晚上就上路出發。你在此處被世事纏繞不能脫身，終遭殺害，還能說什麼呢？」陸機和韓繪之的遭遇，皆是「需于泥，致寇至」。

六四爻「需于血，出自穴」。停留在血泊之中，從洞穴之處逃走。《象》辭解釋為：「需于血，順以聽也。」王弼注：「見侵則辟，順以聽命者也。」意思是講在殺戮危急的形勢下，應當趕緊離開，及時從血泊險境中逃離出來。從爻位來講，六四陰爻居九五陽爻之下，象徵弱者聽命於強者。有研究者認為，這一爻可能講的是某個古代故事，大概是記錄某人在殘殺流血事件中由穴洞逃離險境而得以獲救之事。高亨先生則說，這個故事大概是《左傳》裡面記載的夏朝寒浞之子澆殺害夏帝相之事。其時帝相之妃后緡正在孕期，她從洞穴逃出，後生少康，少康後來滅寒浞，重振夏王朝，史稱「少康中興」。《左傳》記載伍員勸夫差不要接受越王的投降，要斬草除根，說：「昔有過澆殺斟灌以伐斟鄩，滅夏後相。后緡方娠，逃出自竇，歸於有仍，生少康焉。」這就是以少康的故事為例。從《象》辭來看，「順以聽命者也」，強調的是一個人身處險惡、殘酷的環境之下，不宜盲目地反擊，而是要逃離險境、保全自我，之後再謀求發展。

九五爻「需于酒食，貞吉」。在酒食宴樂中享受生活，是吉祥安好的。《象》辭說「酒食貞吉，以中正也」，從這一爻來看，是講人需要並且能夠樂享生活；因為有著中正的德行，酒食宴樂才是貞吉的。朱熹說這種宴樂之像是「安以待之」，重點在「安」和「待」，心下寧靜，故而能夠坦坦蕩蕩對待生活中的每一個樂趣。

那麼，現實生活中是不是每一個人都能樂享生活呢？未必。這個社會有錢的人很多，有權的人也不少，但有錢有權未必就能真正樂享生活。按照九五爻《象》辭所言，樂享生活需要有中正的德行。古人說「富潤屋，德潤身，心廣體胖，故君子必誠其意」，一個人要是心中充滿各種欲望，沒有片刻的安寧，或者有著各種不好的念頭，隨時算計著別人，怎麼可能樂享生活呢？相反，物質條件普普通通但能夠擁有中正之品行的人，反而能夠樂享生活。陶淵明《詠貧士》詩中講「貧富常交戰，道勝無戚顏」。他生前耕作自給，生活貧困，難道他不想物質生活寬裕一點？當然也想的，所以才會「貧富常交戰」；但如果是「不義而富且貴」，他寧可守道清貧也會「無戚顏」，不會對自己的選擇有絲毫的埋怨、不滿。因此儘管生活清貧，陶淵明也能樂享人生。

上六爻「入于穴，有不速之客三人來，敬之終吉」。進入洞穴，有不速之客三個人來到，敬待他們，終究是吉的。這裡可能也是在講一個古人的故事：有人正回到自己的洞穴之中，忽然有三個不請之客來到，他對這三個人很禮敬、很客氣，因此終究得到了吉福。古人居住在洞穴之中，因此說「入于穴」；「不速之客三人」，從卦象來講是指下卦的三個陽爻。上六為陰柔之爻，不能對抗下卦的三個剛健之爻，故而敬之，才能夠「終吉」。這就像中國人常講的「禮多人不怪」，對人客氣一點、禮貌一點，總歸沒有壞處。

從整體而言，《需》卦主要講「等待」。著名的荒誕派劇作《等待戈多》（Waiting for Godot）也講「等待」，兩個流浪漢自始自終在等待一個名叫戈多的人，至於戈多是誰、為什麼要等他，他們自己也搞不清楚，而戈多似乎永遠也不會到來。故事隱喻這個世界的人們看不到生活的出路，無所事事、痛苦又無聊，每個人都渴望著改變、充滿希望地等待，但到底為何而等待、在等待什麼，卻沒有人知道。但《需》卦的「等待」與《等待戈多》完全不同。這個「等待」其實是中國傳統文化中極為重要的順天道、盡人事，是「潛龍勿用」，是「天行健，君子自強不息」的另一個方面。無論在順境逆境，如果註定了我們要等待，那麼我們就安心等待，並且在等待中享受生活的樂趣；無論這個世界如何荒誕，如果註定了我們要來這個世界經歷一番，那麼我們就以非荒誕的心境面對這個荒誕的世界，以完成人之所以成為人、人能夠與天地並列為三才的責任。或許在一定意義上，它對應了西方神話中的西西弗斯。如加繆所說，在這個悲劇性的神話裡面，不管命運是否是一件荒誕的事情，既然把命運變成一樁人事，既是人事，就得在世人之間解決。從這個意義上來講，西西弗斯的命運是屬於他的，他知道他是自己歲月的主人，推石頭上山這些永無止境的行動變成了他的命運，由他自己創造。無論在旁人看來他的一生如何的無意義和荒誕，但在他自我審視和對待生命的過程中，他一生的意義就在這個審視和對待中呈現出真實而偉大的一面。「他覺得這個從此沒有主子的世界既非不毛之地，亦非微不足道。那岩石的每個細粒，那黑暗籠罩的大山每道礦物的光芒，都成了他一人世界的組成部分。攀登山頂的奮鬥本身足以充實一顆人心。應當想像西西弗是幸福的。」這一種幸福，即是《需》卦的「有孚，光，亨，貞吉」。

打官司不容易

《周易》中《訟》卦講的是爭訟、打官司。不少專業人士從《訟》卦中看到了許多法律方面的問題，比如「《訟》卦與民事糾紛」、「《訟》卦與周朝法治思想」等等，這是站在現代的視野來分析這一卦。《序卦》則講：「《需》者，飲食之道也。飲食必有訟，故受之以《訟》。」意思就是《需》卦講的是飲食之道，因為飲食問題，也就是生活的問題，如果沒能解決好，緊接著來的就會是糾紛、爭訟。《序卦》在這裡認為人們有爭訟、有鬥爭的根本原因就是由於生活競爭的問題，是人類物質條件不足時必然引發的競爭。「飲食男女，人之大欲存焉」，人類為了生活，不得不競爭；競爭之下，就不能避免爭訟。賈誼說「貪夫殉財，烈士殉名，誇者死權，眾庶憑生」，那些貪財者亡於財、好名者亡於名、爭權者亡於權，而芸芸眾生的理想和目標不過就是為了日常生活而已，所以會貪戀自己這一小小的身家性命。

《訟》卦辭講「有孚，窒，惕，中吉，終凶。利見大人，不利涉大川」，大意是說有了俘虜要嚴加看管、提高警惕，中間的過程是吉的，但俘虜終究還是逃掉了，最終是凶的；有利於見到大人，不利於渡涉大川。《象》辭說《訟》卦是「上剛下險，險而健」，上面是陽剛，下面是險陷，險而剛健，因此會有「爭訟」。從這個象來看，乾上剛而制下，坎下險而抗上，意味著上面的人剛愎自用而不知險，下面的人隱伏而構陷，所謂才會有鬥爭和訴訟。打個比方來講，生意場上、官場上，很多時候領導和下屬的關係剛開始時還比較好，過了一段時間往往就會有矛盾出現。領導會覺得下面的人沒有按照自己的意圖辦事，自說自話、打小算盤；下面的人覺得領導剛愎自用，太強勢，不給下面的人一點機會，聽不進下面的意見。這樣矛盾就慢慢出現、激化，最後分道揚鑣甚至對簿公堂。這就是上剛下險而有訟。因此《雜卦》又講：「訟，不親也。」矛盾都這麼激化了，大家反目成仇了，哪裡還親近得起來？

《象》辭還說「『終凶』，訟不可成也」。這是講爭訟終究對人對己都不利。按高亨先生的解釋是：「因訟事無所謂成功，訟而敗固有損失，訟而勝亦有損失。」為什麼「訟事無所謂成功」？這可能和中國人對待司法的傳統態度有密切關係。有研究法律的學者指出，中國歷史上有「懼訟」、「恐訟」、「厭訟」、「賤訟」的傳統心理。中國人之所以害怕訴訟，跟法律制度的不完備、法治體系的不完善有關。老話講「自古衙門八字開，有理無錢莫進來」，講的就是因為訴訟的不公和黑暗，人們無法得到公正的法律裁決，因此在現實生活中普通百姓甯屈不訟，或者以私自報復的行為來彌補訴訟的不公，民間對此抱同情甚至支持的態度。這種情況其實往往會引起更大的社會矛盾。

中國明清白話小說中有不少反映當時訴訟黑幕的故事，都是講打官司的雙方不但沒有任何利益，反倒被貪官、奸人得了好處，所以不建議打官司。淩濛初《二刻拍案驚奇》裡面引過一首詩，說的是：

些小言詞莫若休，不須經縣與經州。
衙頭府底賠杯酒，贏得貓兒賣了牛。

意思就是勸人不要為了一些瑣碎小事、小矛盾打官司，否則到了官府裡面，就算通關係、走門路贏了，也會得不償失。作者講得很直白：「大凡人家些小事情，自家收拾了，便不見得費甚氣力。若是一個不伏氣，到了官時，衙門中沒一個肯不要賺錢的，不要說後邊輸了，就是贏得來，算一算費用過的財物，已自合不來了。」這就是「訟而敗固有損失，訟而勝亦有損失」。在這樣一個環境下，爭訟的結果必定「終凶」，打官司根本毫無意義。只有當某一天普通百姓都不怕爭訟，都不再「懼訟」、「恐訟」、「厭訟」、「賤訟」，那麼這個社會才說得上真正的法治社會。

《象》辭說「天與水違行，《訟》。君子以作事謀始」。乾卦為天，坎卦為水，古人認為天向西轉，水向東流，因此兩者是相反而行，所以說「天與水違行」。《逸周書》說「天道尚左，日月西移。地道尚右，水道東流」就是這個意思。

就人事而言，這就像有人要往東，有人要往西，誰也說服不了誰，最終就爭吵起來、鬥爭起來。為了避免這種情況，所以「君子以作事謀始」，大家做任何事情都先要從一開始就考慮好，先講好規則，按照說好的規則來辦事，就能預防後面產生不必要的糾紛。現代社會強調「契約精神」，這種「作事謀始」就隱含著一定的契約精神：為了避免爭訟，大家先定下規則，用規則處理事情，即便有了爭訟也不怕，按照定下的規則來判斷孰是孰非。

初六爻「不永所事，小有言，終吉」。沒有完成某件事——這裡大概是指爭訟之事，雖然會受到小小的譴責，但最終是吉的。《象》辭說「訟不可長也」，蓋言爭訟之事累心費神，不可持久。我們看到社會上很多打官司的案例，因為各種原因往往會拖上好多年都沒有結果，這個過程很折磨人，很多人變得憂鬱、焦躁，生活過得很不舒朗，都被官司的事情拖累著。所以「訟不可長」最好，它對打官司的人來說是有利的。

九二爻「不克訟，歸而逋，其邑人三百戶，无眚」。前面初六爻是說訴訟之事未成，接下來是講訴訟失敗的情況。意思是說（某貴族）訴訟沒有獲勝，歸來時他就逃走了，不過對他的邑人而言沒有災禍。聞一多先生認為「逋」為「賦」，即收取邑人賦稅的意思，指回來收取邑人之稅賦（以賠償別人）。

《象》辭：「『不克訟』，『歸逋』竄也，自下訟上，患至掇也。」一種解釋是：歸來時（貴族）逃跑了，下面的人訴訟上面的人，是自取災患。「掇」為拾取的意思。另一種解釋是：歸來時（貴族）逃跑了，下面的人訴訟上面的人，災患自然就沒有了。「掇」為「輟」，消失了。朱熹講：「邑人三百戶，邑之小者，言自卑微約以免災患，占者如是，則无眚也。」古人三百戶為小邑，此處概形容奴隸主的封地較小，即便有訴訟也局限在小範圍之內，不會引起大範圍的麻煩，故而「无眚」。高亨先生認為這裡講的是一個古代故事，講的是一個奴隸主虐待其邑人，邑人訟之於更高級別的奴隸主，其主敗訴而將受懲罰，因此歸而逃去，其邑人三百戶免受其害。又認為在古代，上面的貴族如果不公正、違反法度，下面的人可以提起訴訟，這是一種鬥爭手段；如果正常的鬥爭手段不能獲得正當的結果，那麼暴動、起義等鬥爭手段也就會開始出現。高亨先生的這一解釋有較多的想像成分，姑備一說。

六三爻「食舊德，貞厲，終吉。或從王事，无成」。「食舊德」指依靠祖業生活（「食舊德」還有一種解釋是「故有之美德」），就像我們說的「啃老」。這樣做有危險，不過最終是吉的；有人發動戰爭、企圖謀劃國家大事，但沒有成功。從爻象來看，第三爻靠近乾卦，上面為陽爻，下面坎卦也是陽爻，因此有「食舊德」之象。《象》辭「食舊德，從上吉也」，六三陰爻之上為九四陽爻，象徵著臣子服從君上；乾卦為天、為父，有蒙祖蔭庇護的意思在裡面，所以說「從上吉也」。

這裡的第一層意思是說一個人如果有祖業，祖上給你留下了豐厚的資本，是你天生有福氣，你能靠祖上的財富生活，能拿著祖上的財富去完成自己的目標，這都是沒有問題的。但如果不求上進，祖業終究有一天會被吃完，那時候就有問題了。就像我們平常講有的人是「含著金鑰匙出生」，生在富貴人家，一輩子不愁吃穿，這就是「食舊德」。但老話又講「君子之澤，五世而斬」，一般人家富貴不過三代，躺在老祖宗的功勞簿上不思進取，就會出問題，就是「終凶」。像晉武帝死後，惠帝司馬衷繼位，晉惠帝是歷史上有名的低智商皇帝，「何不食肉糜」就是他的名言。晉惠帝剛剛開始「食舊德」，貪財善妒的皇后賈南風就陰謀策劃扳倒楊太后一家，大開殺戒，誅殺楊氏及黨羽數千人。兩個人把晉武帝好不容易穩定的江山弄得烏煙瘴氣，很快就導致了八王之亂。司馬氏家族互相殺來殺去，整個時代一片混亂，這就是「貞厲」。還有清代的乾隆皇帝，康熙雍正兩朝為他積累下了豐厚的資本，他開始了「食舊德」的生活。但結果禁不住他炫耀式的盛世般的消費，為後代留下來了巨大隱患。清帝國的根基在他手裡便已衰弱，留給後人一個「爬滿蝨子的華麗長袍」。

六三爻的第二層意思是說如果那些依靠祖業生活的貴族不遵循現實情況，還妄圖通過戰爭等方法獲得更大的榮耀和富貴，那是不可能成功的，就是「或從王事，无成」。這讓人想到《天龍八部》裡面的慕容復，心心念念想要重建大燕國，但沒有考慮到歷史已經發生巨大變化，大燕國的時代早已經是一場夢幻泡影，他自己還停留在昔日的過往，終究逼瘋了自己，也拖累了身邊的人。

九四爻「不克訟，復即命渝，安貞吉」。訴訟沒有獲勝，回來之後即按照相關指令加以改變，安於此狀態，占卜有利。這是講訴訟之後，根據訴訟的結果做出相應的安排和改變，這樣才是正確的、有利的。現在報紙上常常有報導法院判決後「執行難」、敗訴一方有「拒不執行」的情況，這就是不尊重訴訟結果的行為，既不「克訟」，又不「復即命渝」，成了「老賴」。等到後面被強制執行了，得不償失，就不能「安貞吉」了。

九五爻「訟元吉」。爭訟大吉。爭訟為什麼會大吉呢？《象》辭說是「以中正也」，是因為符合正道，所以才大吉。據爻象來看，因為九五爻處於尊貴之位，既中又正，所以「以正中也」。這也意味在打官司的過程中，不管你用了哪些手段、拉了多少關係，最終還是要看你訴訟的這件事本身是不是符合正道。所謂辦成「鐵案」、禁得起歷史檢驗，本質上也還是要看這個「中正」。

上九爻「或錫之鞶帶，終朝三褫之」。王侯賜予鞶帶，但一天之內三次下令奪回，其人的榮寵不可保。為什麼會被三次奪去鞶帶、得失反覆？為什麼會失去榮寵？《象》辭解釋說：「以訟受服，亦不足敬也。」就是說因為靠爭訟得來的賞賜，沒有值得足夠尊敬的功德，故而王侯賜予後又反悔，反覆下令奪之。邵康節先生曾寫過一首《風月吟》，其中有兩句：

終朝三褫辱，晝日三接榮。

榮辱我不預，何復能有驚。

這裡「終朝三褫辱」，就是從《訟》卦的這個爻辭來的。「晝日三接榮」是從《晉卦》「康侯用錫馬蕃庶，晝日三接」來的。康節先生詩歌的意思是說，不以外在的這些榮辱作為人生的追求，就不會受到榮辱帶來的震動，內心深處才會寧靜。

綜上，我們看到《訟》卦雖然是在講「訟」，但它從始至終也都講「理」、講「德」。《周易本義》談到這一卦，認為其包含了「告戒」之意，比如剛開始時候是「戒占者必有爭辯之事，而隨其所處為吉凶也」，就是戒告占卜者一定會有爭訟的事情，不可以掉以輕心，不過這爭訟的事情，究竟是好是壞，要根據占卜者在爭訟中所處的具體情況來看待。到最後是「其占為終訟無理而取勝，然其所得，終必失之，聖人為戒之意深矣」，認為就算非理而獲得了爭訟的勝利，最終也將失去，這是聖人戒告我們的深意所在。

存亡之道，不可不察也

《序卦》說「訟必有眾起，故受之以師」，就是講隨著爭訟，必定有人彙聚起來。俗言「聚訟紛紛」，可見「訟」必定有「眾」。所以《周易》講了《訟》卦之後，緊接著就講象徵「眾人聚集而起」的《師》卦了。《周易集解》引何宴說「師者，軍旅之名。故《周禮》云『二千五百人為師』也」，把《師》卦解釋為「出征」和「戰爭」的「兵眾」。諸葛亮赫赫有名的《出師表》的「師」就是這個的意思。

《雜》卦講「比樂師憂」，《師》卦之所謂為「憂」，是因為無論成敗如何，戰爭都是令人擔憂、讓人痛苦的事情，它會毀滅很多美好的事物，所以孫子才講「兵者，國之大事，死生之地，存亡之道，不可不察也」。很多時候戰爭是為了獲取更多的人口和土地，換成現在人們常說的話，就是為了獲得更多的發展空間和資源。但人類就是這樣矛盾：為了發展空間和資源進行戰爭，反而大大地傷害了人類的生活空間，阻礙了人類的發展進程。而戰爭的殘酷性和悲劇性，更是對人性的反噬。東漢才女蔡琰身逢亂世之難，目睹了戰爭給身邊的人帶來的慘劇。她寫過《悲憤詩》，其中有幾句是：「斬截無孑遺，屍骸相撐拒。馬邊懸男頭，馬後載婦女。」戰爭中人們都被殺光了，到處都是屍骸，戰勝的一方把死者的首級掛在馬邊，馬後載著俘虜的女性。戰爭的這種殘酷性，古今一樣。二十世紀初德國作家雷馬克曾經寫過一部長篇小說《西線無戰事》，描寫了第一次世界大戰中一群德國青年被送上戰場，他們經歷了戰爭的殘酷和對生命的毀滅，戰場上屍首累積腐臭彌漫，而活著的人無時無刻不在死亡的陰影中，內心充滿了絕望和哀傷。還有像《二十二條軍規》、《西線無戰事》、《辛德勒的名單》等等，都是有名的反戰作品。這些作品都表達了「國之大事，死生之地，存亡之道，不可不察也」的重要性。今天很多人呼籲削減核武、宣導世界和平，也是看到了戰爭尤其是核戰爭的殘酷、反人性。

《師》上卦是坤，下卦是坎，按照朱熹夫子的解釋，古代的時候寓兵於農，平時是老百姓，打仗的時候就是士兵，這就像是把極凶險的事情融於極順暢的環境中，把難以預測的兵戈戰爭藏於安靜平和之中，所以形成了「師」之象。按今天的說法就是「軍民一體化」。《師》卦辭說「貞，丈人吉，无咎」。這裡的「丈人」，有解釋為大人，即貴族之意；有解釋為軍隊裡的總指揮。朱熹把「丈人」釋為「長老」，「老成有謀略之人」，認為軍隊中的統帥宜用老成之人，這樣才有利於行軍。又認為「用師之道，利於得正」，而任老成之人乃得吉而无咎，就是講出兵一是要有正當的理由，二要用對正確的人。有正當的征伐理由、又用對了將領，出兵打仗就已經成功了一大半。

初六爻「師出以律，否臧凶」。出兵打仗，第一個要講的就是紀律，軍隊中「一切行動聽指揮」，如果不這樣肯定打不好仗，會有凶險。歷史上有不少「師出以律，否臧凶」的案例。如宋仁宗之時，宋軍與西夏在好水川大戰，韓琦命猛將任福率兵出擊，提醒任福不宜冒進，但任福見西夏大軍受挫，頭腦發熱之下忘了韓琦的指令，下令急追，沒想到中了西夏大軍的包圍。任福雖然奮勇反擊，但終因寡不敵眾，戰敗而死。這就是「師出以律，否臧凶」。

反之，治軍必嚴，師出以律，則是戰鬥勝利的重要保證。很多人可能聽說過這個故事：明朝的抗倭名將戚繼光從南方調到北方鎮守三鎮，當時北方的官兵大多鬆鬆垮垮，毫無紀律而言，戚繼光知道一旦開戰必敗無疑。為了改造軍隊，他申請將自己在浙江訓練好的官兵三千余人調至北方。一日清晨暴雨如注，當地官兵一哄而散，只有從浙江來的戚家軍在暴雨中紋絲不動，這讓當地官兵深感震撼。戚家軍常勝不敗，與其嚴明的軍紀大有關係。

從更大的視野來看，做任何事情都需要有紀律，哪怕是小小一個公司沒有基本的紀律肯定也不行。有人講做個方外人士最自由，但哪怕是方外人士一樣有紀律，出家人也有嚴格的叢林制度，如果不遵守是要被逐出叢林的。

九二爻「在師中吉，无咎，王三錫命」。其人身在軍中，吉，無害，得到了國王的三次嘉獎。我們可以想像一下，一個人統帥著浩浩蕩蕩的王師出征戰鬥，無數將士、無數軍備，甚至可以說整個國家的命運都交到了他手中，這種榮耀、恩寵不是一般人所能享受到的，這種責任和壓力也不是一般人所能承受的。所以《象》辭說「在師中吉，承天寵也；王三錫命，懷萬邦也」，就是講這個人在軍隊中是吉的，因為他有著上天的恩寵，國王把所有的關懷、呵護都給了他，「萬千寵愛於一身」，讓他感受到朝廷從上到下的期許；對國王來講，多次給這個人獎賞是希望他能夠完成使命，從而能夠帶來其他諸侯的臣服。古時帝王對手握兵權的大臣總是感情複雜，一方面希望他能為國家建功立業，一方面有擔憂他重兵在手不可控制；所以常常一方面是「王三錫命」，一方面是「雷霆之怒」，讓下面的人摸不清他的心思，便於他的控制。

六三爻「師或輿屍，凶」。軍隊中有人載著屍首而歸，意味著戰爭失敗。從爻象來看，六三爻為陰，居於九二陽爻之上，又在坎水險要之處，險而不當，故凶。《象》辭說「大无功也」，說的是戰爭失敗、毫無功績。朱熹說它是「不中不正，而犯非其分」，就是批評這種情況是既不符合正理、又不符合其身份，還有非分之想，所以會帶來凶險的結果。

六四爻「師左次，无咎」。軍隊駐紮在左面，沒有危害。這是講軍隊駐紮在了正確的地方，才會利於行軍打仗。不管是打仗還是做事情，都講究一個天時地利人和，這裡的「師左次」，就是地利。《左傳・莊公三年》：「凡師一宿為舍，再宿為信，過信為次」，軍隊駐紮一晚上就是「舍」，兩晚上就是「信」，兩晚上以上就是「次」。可見這裡的軍隊駐紮了不止一天兩天。

六五爻「田有禽，利執言，无咎。長子帥師，弟子輿屍，貞凶」。打獵有收穫，執行上級的命令沒有壞處；長子率領軍隊出征，次子戰敗身亡，載屍而歸，占問乃凶。還有學者對此有另外的解釋：六五爻為用師之主，柔順而中，用兵本非己願，但敵人來犯則奮起反抗，故而「田有禽，利執言」。這就像現在說的「不惹事，但不怕事」，我熱愛和平，不願意挑起戰爭，但若敵人來侵犯，我則不害怕、不退縮，會自衛反擊。朱熹認為這裡還有一層含義就是讓君子做事就放心讓他去做，不可以讓小人參與其中，否則本來是好的局面也會變壞了，就會「輿屍而歸」。比如唐代乾元年間，史思明率大軍南下，名將郭子儀、李光弼領軍抗擊，但唐肅宗偏偏派了權宦魚朝恩在大軍中監控。據說魚朝恩胸量狹小、才能鄙陋，又在戰鬥中剛愎自用，牽制郭李，導致唐軍大敗。不過歷史學家也有不同的觀點，認為此次唐軍失敗的原因很複雜，包括郭子儀與李光弼的矛盾、包括唐肅宗對將領的猜忌、包括唐軍的實際戰鬥力等等。但不管究竟什麼原因，放手讓賢能做事、不要讓小人瞎摻和，這個道理還是對的。

上六爻「大君有命，開國承家，小人勿用」。戰鬥勝利之後，大王以功封賞諸臣。「開國」，指諸侯建國；「承家」，指封賞大夫，承受家邑。這一爻充滿了勝利後的喜慶氛圍：一場艱苦卓絕的戰爭結束，帝王按照功勞的大小對有功之人進行犒勞、封賞。對那些立了大功的有德行、有能力之人，可以授予爵土，讓他治理一方；對那些雖然有點小功勞，但德行不足、能力有限的人，則不可以讓他們獲得爵土，只能多賞賜錢財，讓他們過過瀟灑日子就可以了。蘇軾說：「小人之情，非為朝廷之計，亦非為先帝之事，皆為其身之利也。」意思就是這些小人哪裡懂得國家利益和民族大義，不過都是為了自身利益罷了，因此這些小人就算偶爾立下功勞，也不能給予重任。有位企業家朋友曾說過一件事，當初他和幾個親戚一起創業，經過幾年打拼終於有了些成就。但有個入股的堂哥愛貪小便宜，隨著公司發展，他給公司帶來的麻煩越來越多。經過大夥商議，決定只讓他持有股份，不能參與公司的管理。這同樣也算是「開國承家，小人勿用」的一個案例。

和你在一起，很快樂

《雜卦》講「比樂師憂」，大意是《比》之一卦，表達的是快樂、歡欣；《師》卦表達的則是憂愁、擔心。因為《師》卦是爭鬥、戰爭的卦象，是不安寧，所以會讓人擔憂不安。《比》卦則不同，「比」是親近，同時也是依靠和輔佐。《序卦》講：「眾必有所比，故受之以比；比者，比也。」眾人在一起共事，肯定需要互相說明、相互輔佐，所以「比」之意就是輔助、幫助、親近、愉悅。「來氏易」講到《比》卦，認為是指兵士眾多，所以需要相互親比輔助才能得以成功，這是「眾起而不比，則爭無由息；必相親比，而後得寧也。」。

《比》為什麼是快樂、為什麼是吉利？因為它給予了人們其「親近」的圖景。大家和和氣氣在一起，相互依靠、相互幫助，沒有戰鬥、沒有爭訟，有什麼不好？宗教故事裡，經常會描繪一個沒有貪欲、沒有爭鬥、沒有惡的世界，所有生命體都和諧地生活在一起，把心中常有的那些煩惱、惡念、欲望，統統都拋開，轉化成友愛喜樂的種子，就像清人劉鶚的詩：「情天欲海足風波，渺渺無邊是愛河；引作園中功德水，一齊都種曼陀羅。」所以才是「比，吉也」，非常之好。

從卦象來看，《比》卦上卦為坎，為水；下卦為坤，為地。《象》辭說：「地上有水，比。先王以建萬國，親諸侯。」這裡「比」為親和比附。凡物親和比附，莫如水與大地，相互之間膠著不可分離。「先王以建萬國，親諸侯」指周初分封建國、親親尊尊，周朝初期一系列的措施安定了當時的社會統治，穩固了中國的倫理秩序。

初六爻「有孚，比之无咎。有孚盈缶，終來有它，吉」。得到了俘虜，你能感化他們，使得他們願意親近你、擁戴你，這樣就沒有害處；得到了財寶，裝滿了瓦器，就算後來有所變故，（但因為有財富，能夠通過它來救急救難），因此也是吉的。這裡講的意思大概是那些本來不是與你同一戰線的人，經過你的征服和溝通，最終讓他們臣服於你、樂於擁戴你，「比」之於你，這是吉慶的；而且就算後面遇到變故，但因為你有著豐足的財富支撐，也能夠妥善地處理好，因此還是吉慶的。

六二爻「比之自內，貞吉」。一個集體、一個團隊，大家能夠從內部開始親近、相互依靠，是很吉祥美滿的。那麼，怎麼才能夠從內部做到這一點呢？《象》傳說「不自失也」，就是要求你自己本身沒有過失，做得到「廓然大公」。

梁漱溟先生在晚年接受採訪，談做人和做事時，就特地講「廓然大公」這四個字。一個人沒有私心、沒有陰謀詭計，就非常了不起，值得讓人欽佩；同時一個人有足夠的誠意，就能夠讓人願意和他在一起，願意親近他。所以這一爻講的是因為誠意發自內心，從內心真誠地對待身邊的人，沒有機心，不整人、不害人，故而能夠感動人、感化人、影響人。假如一個人既真誠直率，又淡泊名利，那麼這個人就更不得了。晉簡文帝曾經在評價王懷祖時，說他「才既不長，於榮利又不淡，直以真率少許，便足對人多多許」，就是說他這個人沒有啥出眾的才幹，對功名利祿又看重，不過呢，就憑他那一點點真誠直率，就足以抵得上別人很多很多優點。可見真誠直率在古人看來極為重要。復旦大學一位老先生曾評價說自己沒有什麼優點，但有一個底線，那就是不管在什麼環境下從來不整人、不害人。其實這就是最大的優點。它說起來簡單，做起來太難了，尤其是能夠在利益誘惑、權勢威逼面前依然做到這一點，實在讓人敬佩。

六四爻「外比之，貞吉」。我們對外部的人事能夠親近、友善，那也是非常吉祥美滿的。為什麼我們對外部的人和事也要親近呢？這是因為「外比於賢，以從上也」，是因為我遇到了比我更加優秀的人，這種優秀不是他事業做得有多大、賺錢賺得有多少，而是他比我更加具備了聖賢之能，讓我忍不住從內心深處想親近他、跟隨他。在實際生活中，有的人做大官的時候或者很有錢的時候，可能會有很多人去阿附他、奉承他，但這種親近是出於利益或權勢，一旦沒有了利益或權勢，這些人都會轉身離開，就像人們常說的「翻臉比翻書還要快」。當官當慣了、有錢有慣了，忽然某一天失去了這些，本來門庭若市忽然變成了門可羅雀，那種心境確實會讓人發出「人走茶涼」的感慨。但這裡說的親近和跟隨是真正發自內心，不管這個人處於什麼樣的境遇，或居陋室、或處廟堂，或白衣、或朱紱，都沒有關係，人們依然願意和他在一起。

九五爻「顯比，王用三驅，失前禽，邑人不誡，吉」。親近光明、熱愛光明，不但自己坦坦蕩蕩，身心愉悅，更對他人具有強大的吸引力。如何才能與光明在一起？如何與正大光明之人親密無間？那自己首先要做到正大光明又心懷仁厚。

「王用三驅，失前禽」這一典故，據《史記》記載：「湯出，見野張網四面，祝曰：自天下四方皆入吾網。湯曰：嘻，盡之矣！乃去其三面，祝曰：欲左，左。欲右，右。不用命，乃入吾網。諸侯聞之，曰：湯德至矣，及禽獸。」講商湯看到野外有人張網撲鳥，那人祈禱說，希望東南西北天下的鳥都被我的網捕捉到。商湯忍不住歎道：哎呀，這太過分了。拿掉了三面的網，只剩下一面，祈禱說：鳥兒啊，你們要往左就左，要往右就右，不想活下去的，再到我的網中吧。這就是王用三驅，網開一面。諸侯聽說這件事之後，都認為商湯之德不可估量，天下必定會歸順於他。

就以上來講，如果我們談及《比》卦的快樂和吉慶，除了「比附」、「親近」的意思之外，那麼還可以說一點：我們在滾滾紅塵中磨煉，遇到壞蛋、小人，總是沒有辦法的事，因為在「五濁惡世」中或多或少免不了要受到別人的惡意、機心、構陷，不過要記得我們自己可以絕不當小人，依然可以保持宅心仁厚。有了這個底線，自己自然會坦蕩而愉悅；如果遇到和自己意氣相投的人那就更好，大家在一起會非常的快樂、融洽。

教化隨風來

《小畜》一卦，大體意思是「小小的積蓄」，也有「養育」、「恩澤」的意思。《序卦》說：「比必有所蓄，故受之以《小畜》。」就是認為它有「蓄養」的意思；《雜卦》說：「小畜，寡也。」就是認為它有「小小的積蓄」之意。除此之外，《小畜》還含有德育教化之意。《小畜・象》說：「君子以懿文德。」就是講君子要讚美德育教化，要明白德育教化的重要作用。這就是告訴大家要努力學習，順從教化，學會積累自己的力量，懂得了這些道理，才能夠茁壯成長，讓自己的財富有所積蓄、日子過得滋潤而充實。

從卦象而言，《小畜》外卦為巽、為風，下卦為乾、為天，象徵著風調雨順，穀物生長，故卦名《小畜》。「畜」本有田中作物茂聚、欣然生長之意，引申為積蓄，「小畜」即為小小的積蓄（或指具體的物質積蓄，或指力量的積蓄）。古人解釋說「此非大通之道，則各有所畜以相濟也。由比而畜，故曰『小畜』而不能大也」，就是講跟隨者《比》卦而來的《小畜》，還算不上是「大通之道」，只不過大家各有一點積蓄，相互之間還能幫助一下，但遠沒有到兼濟天下的氣度。此時力量有限，還不能夠謀劃大事，必須經過一段時間的努力和發展，才可大有作為，才能到「大畜」。

《小畜》卦辭「亨，密雲不雨，自我西郊」。直譯過來就是：亨通，天上有厚厚的雲層，但是不下雨，是從我的西面而來。意思指事情還在醞釀之中，這個時候積蓄雖小，但對事業也亨通有利。這一卦辭還有個故事：羑里在岐山之西，是周文王祖母太姜的娘家。周文王被囚羑里之時，這個時候他的德育教化還沒有施行，所以叫作「密雲不雨」——就像厚厚的雲層在天上，雨還沒有下下來的樣子，比喻他的德育教化尚沒有恩澤世間。如果從社會準則和道德風尚的推行來講，這個時候大家都還沒有形成一個較為公認的規範，無論是在社會性公德還是宗教性私德方面，都說不上規範和完備，因此民風缺乏聖人的教化，民德尚未歸厚，如同田間的作物還沒有得到上天的雨露恩惠，不能生長結實。

另外有人認為，甲骨文的「畜」是一個會意字，意為牛鼻被牽引而呼出氣的樣子。「家養謂之畜，野生謂之獸」，所以畜的本義是指馴養家畜。從《序卦》的順序來看，前面《比》卦講的是一個群眾比附、君臣和睦的社會，在此親密無間的和諧關係中，人們生活水準提高，小有積蓄，不但可以養有家畜，還有的人可以畜養奴僕。古時奴隸與家畜皆為私人財產，故而「畜」便是「蓄養」之意。再從廣象上分析，《小畜》上卦為巽，為雞；下卦為乾，為馬，所以亦象徵畜養雞馬之意。自古以來，較為殷實的農戶一般都蓄養有雞馬牛羊豬狗，這表明他們的日子還比較富裕，財富有小小的積蓄。

初九爻「復自道，何其咎，吉」。回到自己的道路，有什麼不對呢？這是吉祥的。如果從卦象來看，初九爻變為初六爻，風天《小蓄》則變為了《巽》卦，上卦與下卦皆為巽，這就是「復自道」，回到了《巽》卦本身。從義理來講，我們無論做什麼事，都應該常常回過頭來想一想自己的本心是什麼，回到這個本心，才不會迷失自己，才會吉祥如意。

九二爻「牽復，吉」。第一種解釋是：被人家拉著回來，也是吉利的。意思是說如果不知潛在的風險貿然而行，行動中又忘記了最初的本心，這時被家人或朋友提醒，讓你不要忘了最初的理想是什麼、自己是什麼樣的人，雖然是被動的反省，但如果你虛心接受，這就是「吉利」的；如果依然執迷不悟，那就有麻煩了。另一種解釋是：牽連著回來，是吉的。這種解釋似乎更強調相互間的關係。《象》辭解釋說：「牽復在中，亦不自失也。」是說它有中正之德，能進退自如而不失其節操，所以吉慶。

九三爻「輿說輻，夫妻反目」。車輪中間的直條脫落，車子壞了，夫妻反目，關係不和諧。《象》辭解釋這一爻：「夫妻反目，不能正室也。」夫妻為什麼反目？是因為不能夠使家庭正道而行。「正室」，就是要讓家風正，家風不正，家庭就完蛋。從這裡也可以看出，如果一個社會，大家都不講一定的規範，那麼這個社會的車輪就會「輿脫輻」。從社會整體層面來說，社會就無法維繫和持續發展；從個人層面而言，就算再親密的人也有可能產生嫌隙，會「夫妻反目」。高亨先生說：「爻辭所示者乃人與人相乖離之象」，「彼此乖離，則不成家」，就是講大家都不和諧，互相乖離，相互指責挑剔，那麼人與人之間則沒有聚合力，就不能合成家庭。

六四爻「有孚，血出，惕出无咎」。此處的「血」當作「恤」，憂患的意思。得到俘虜，憂患將去，遠出可以无咎。也可以解釋為有誠信，因此能夠得到別人的幫助，憂患將去，故而遠行也能夠無所顧慮。言外之意是說，如果想沒有憂患，不被人誣陷，自己一定要有誠信才行，這樣才能得到別人的幫助和支持。

九五爻「有孚攣如，富以其鄰」。第一種解釋是：有很多被捆綁著的俘虜，發財了，並且順便讓鄰居也跟著發財了。《象》辭解釋這一爻：「有孚攣如，不獨富也。」就是說富裕了，但不能只顧自己，要「先富帶動後富」，否則就富得沒有意義。另外一種解釋是：戰勝了鄰國，獲得了很多俘虜，所以發財了。第一種解釋的核心是「先富帶動後富」，第二種解釋的核心則是「把自己的富裕建立在掠奪別人的財富之上」。前者有利己及人的共同富裕觀，後者則有殖民掠奪的意味，兩者含義絕不相同。社會上這兩種人都很常見。第一種人有了錢之後會做公益、做慈善，把很大一部分錢回報給社會。新聞報導某明星把很多錢捐贈出來做公益，這就是「不獨富也」的表現。第二種人會削尖了腦袋賺錢，用各種手段把別人的錢撈到自己口袋裡，然後自己過奢靡的生活或者做一個捨不得花錢的守財奴，這就是「獨富也」的表現。

上九爻「既雨既處，尚德載，婦貞厲，月幾望，君子征凶」。一會下雨，一會雨停了，路難行，但還得到車子坐；不過，婦人在此時占問，得到的結果是有危險；君子此時出征，有凶險。「月既望」，陰曆的十六日到二十三日為既望。《象》辭說：「既雨既處，德積載也。君子征凶，有所疑也。」君子出征凶險，是因為君子對於敵我形勢、戰鬥環境、鬥爭策略等問題都有所疑惑、猶豫不決，所以戰鬥不一定順利。

讀《小畜》這一卦，有時讓我聯想到一首歌曲：「小小的一片雲呀，慢慢地走過來，請你們歇歇腳呀，暫時停下來。」天空中一片小小的雲彩隨風飄動，慢慢被吹過來，由雲彩之動而知道風之動，這就是風天《小畜》之象。「密雲不雨」之後必定會天施甘雨，讓大地滋潤、作物生長，民眾會小有積蓄、生活小康。雨露降臨，又隱含著德化教育之意，故而「君子以懿文德」。從以上的思路分析下來，可以看出《小畜》隱含的旨趣是由謀劃、孕育而行動，由行動而有所收穫，由物質而精神，由德教而成就事業。

何不瀟灑走一回

《履》卦的經義大抵為走動、行動，《序》卦說「《履》，不處也」就是這個意思。踏地而行，不是靜止不動，所以《履》之義為「不處」。然《履》卦傳義又含「禮」，《序卦》說「物畜然後有禮，故受之以《履》。履者，禮也」，謂《履》即講禮之意義。為什麼《履》和「禮」能夠聯繫到一起呢？高亨先生認為，當時禮為人人必當踐行者，君子觀此卦象和卦名，從而制禮明禮，以分別上下之地位，故而《履》與禮有關。

《履》卦辭說：「履虎尾，不咥人，亨。」踩到了老虎的尾巴，但是沒有被吃掉，所以亨通。為什麼踩了老虎尾巴沒有被吃掉呢？是因為運氣太好了；為什麼運氣會這麼好呢？《彖》辭的前半段解釋是：「柔履剛也，說而應乎乾，是以履虎尾，不咥人。」就是知道以柔制剛，儘管你踩到了老虎的尾巴，也不會有問題。從人事來講，面對粗暴、惡劣的人，你不附和他，指出他的問題，儘管對他有所觸犯，但你的態度柔和而行為正當，因此也不至於惹起他的怒火而帶來危險。《彖》辭後半段說：「亨，剛中正，履帝位而不咎，光明也。」這就是講人如果能剛直、中正，身居大位而處事光明磊落，待人待物坦蕩自在，沒有絲毫愧疚，那麼自然亨通有利。

這裡告訴我們，膽敢踩老虎的尾巴而沒有危險，起碼要做到兩點：一是無所畏懼，二是方法得當。無所畏懼，才能有膽量去踩老虎尾巴；方法得當，才能保證自己在踩了老虎尾巴之後安全無虞。前者還比較容易，衝動的傻瓜就能做到，但後者就需要智慧了。

東晉簡文帝司馬昱死後，孝武帝司馬曜即位，大司馬桓溫率兵進駐到新亭，朝廷震驚。過了不久，桓溫便派人傳話，要王坦之和謝安兩個人去新亭見他。眾人皆以為桓溫要廢幼主、殺謝安和王坦之等大臣。王坦之接到信報後非常擔心，對謝安說恐怕這次我們兩人凶多吉少。謝安則鎮定自若，說：「晉祚存亡，在此一行。」就是說，當前國家的安危存亡，就看我們這一次的瀟灑走一回了。到了新亭，兩人看見桓溫兵營肅殺，又發現桓溫在壁後埋伏武士。王坦之嚇出一身冷汗，而謝安態度自若地與桓溫周旋，對桓溫說：「安聞諸侯有道，守在四鄰，明公何須壁後置人邪？」——我聽人講，諸侯有道，守在四鄰，你又何須在壁後藏人呢？這番話讓桓溫有些尷尬，忙替自己找了個藉口撤走兵士。由於種種原因，桓溫終究沒有殺謝、王，也沒有造反。謝安和王坦之安全回到建康，王坦之的冷汗都已經把衣服濕透了。面對桓溫這只猛虎，謝安算是摸透了他的性格。謝安這次走新亭，就是「履虎尾，不咥人，亨」，踩著老虎尾巴瀟灑走了一回。

初九爻講「素履往，无咎」。穿著樸素的鞋子出去，无咎。它比喻一個人的動機和行為皆純潔樸實，因此不會有危害。這裡穿的不是名牌鞋，不是設計得花裡胡哨的鞋子，而是普普通通、樸樸實實的「素履」。穿著這樣的鞋子走路遠行，讓人踏實、放心。就像蘇東坡說的：

「竹杖芒鞋輕勝馬，誰怕？一蓑煙雨任平生。」人生路途，何必Hermès、Prada，一雙草鞋亦可以瀟灑走天下。

《周易禪解》說這一爻講的是伯夷、叔齊之履。伯夷、叔齊是商末孤竹君的兩位王子，相傳孤竹君遺命立三子叔齊為君。孤竹君死後，叔齊讓位給伯夷，伯夷不受，叔齊也未繼位。周武王伐紂，二人扣馬諫阻，夷齊云：「父死不葬，爰及干戈，可謂孝乎？以臣弑君，可謂仁乎？」責備周武王伐紂不仁。武王手下欲對夷齊動武，姜太公制止了他們，感歎說：「此義人也。」扶而去之。武王滅商，伯夷、叔齊恥食周粟，隱於首陽山，採集野菜而食之，及餓將死，作歌唱到：「登彼西山兮，采其薇矣。以暴易暴兮，不知其非矣。」批評以暴易暴的不正當性。孟子評價說「伯夷，聖之清者」，讚賞伯夷他們是聖人裡面清白、高潔的代表。《周易禪解》在此把「素」作為「高潔」的含義，以這一爻比喻伯夷叔齊的行為。

九二爻「履道坦坦，幽人貞吉」。走的道路平坦寬闊，有利於隱居之士。「幽人」，一解隱居之人，一解「囚禁之人」，此處取前意。《周易禪解》說這一爻講的是柳下惠、蘧伯玉之履。柳下惠是春秋魯國人，展氏，食邑柳下，私諡為惠，故稱柳下惠，他最著名的故事就是「坐懷不亂」。孟子推崇柳下惠，說「柳下惠，聖之和者也」，認為他隨和平易，與任何人相處都不會受不良的影響；不因官職卑微而辭官不做，身居高位時不忘推舉賢能，隱逸民間時沒有怨氣，與鄉下百姓相處也很愉快。柳下惠堅持「直道而事人」，最後去官隱遯，成為「逸民」。孔子評價他：「降志辱身矣，言中倫、行中慮，其斯而已矣。」相比伯夷、叔齊寧肯餓死也不食周粟，柳下惠肯降低自己的理想，雖然屈辱了身份，但是能做到言行舉止合乎道德和理智，非常不易。

蘧伯玉是春秋時期衛國大臣，主張以德治國。他「年五十而知四十九年非」，其自省精神傳頌至今。孔子說：「君子哉，蘧伯玉。邦有道，則仕，邦無道，則可卷而懷之。」讚賞蘧伯玉的舒卷有道、進退有度。春秋後期諸侯兼併，整個社會動盪不安，蘧伯玉在此過程中對權貴的非禮非法之處，能阻止則規勸阻止，無法規勸阻止則堅決不同流合污。蘧伯玉一生中始終保持品正行端，無論仕還是隱，皆坦蕩而行。晉人王戎十分仰慕蘧伯玉的為人，《王戎》傳云：「戎以晉室方亂，慕蘧伯玉之為人，與時卷舒，無蹇愕之節。自經典選，未嘗進寒素，退虛名，但與時沉浮，戶調門選而已。尋拜司徒，雖位鼎司，而委事僚宷。間乘小馬，從便門而出遊，見者不知其為三公者。」何遜亦有詩引蘧伯玉的故事：「詰旦鐘聲罷，隱隱禁門通。蘧車響北闕，鄭履入南宮。」「蘧車響北闕」一句就是講蘧伯玉駕座過宮門而下的典故。某夜，衛靈公與夫人南子夜坐，聞車聲轔轔，至宮門而止，過了一會遠處才又響起馬蹄聲。南子說：這一定是蘧伯玉。衛靈公問夫人：你如何知道？夫人說：我聽說臣子為了表達對君王的敬意，路過宮門要停車下馬步行而過。真正的忠臣孝子不會因為光天化日才持節守信，更不會因為獨處暗室就放縱墮落。蘧伯玉是賢大夫，敬以事上，此其人必不以暗昧廢禮賢人。衛靈公不信，派人暗地查訪，發現昨夜駕車之人果然是蘧伯玉。

柳下惠和蘧伯玉隱居之後講學授徒，以另外一種方式影響著當時的社會乃至影響了我們整個民族文化性格，其功至偉。他們當然都算得是「履道坦坦，幽人貞吉」。

六三爻「眇能視，跛能履，履虎尾，咥人，凶。武人為于大君」。眼睛瞎了卻似乎還看得見東西，腳瘸了卻似乎還能走路，踩到了老虎尾巴，被咬了，凶險之極。此處講的是人沒有其才幹，卻擔任要職，所以會招致禍敗。這就像武夫沒有治國才能卻勉力為一國之君，終究要出問題。《象》辭解說這一爻：「眇能視，不足以有明也；跛能履，不足以與行也；咥人之凶，位不當也；武人為于大君，志剛也。」就是講目盲而視物，不能稱之為明察；瘸腿而行路，不能稱之為能走；咥人之凶，是能力與職位不相當；武夫成為一國之君，遇事剛愎自用、逞強任氣，不能擔當其位。《周易禪解》說這是「項羽、董卓之履」。項羽與董卓都是勇猛過人的漢子，於亂世之中崛起，但終究還是免不了亂世梟雄身死事敗的悲劇。這就是「武人為于大君」。這一爻類似《繫辭》所講的「德薄而位尊，知小而謀大，力少而任重，鮮不及矣」，一個人的德行、智慧、才幹皆不足以擔負身上的使命，故而是不利的。

九四爻「履虎尾，愬愬，終吉」。踩著老虎尾巴，膽戰心驚，終究還是吉利的。踩著老虎尾巴，把自己嚇得半死，怎麼還會是吉的呢？按照蕅益法師的解釋，認為這一爻是「周公吐握勤勞之履」，所以才會「終吉」。周公的功績被概括為：「一年救亂，二年克殷，三年踐奄，四年建侯衛，五年營成周，六年制禮樂，七年致政成王。」周公派長子伯禽去魯地，臨行時告誡說：我是文王之子、武王之弟、成王之叔父，身份不可不謂高貴，但因為要接待賢士，洗一次頭要三次握起頭髮、吃一頓飯三次吐出正在咀嚼的食物，這樣還怕失掉天下賢人。你到魯國之後，千萬不要因有國土而驕慢於人。後世遂以「周公吐握」指禮賢下士、勤勞為公，曹操亦感歎「周公吐哺，天下歸心」。但周公在輔助成王之時，管叔在列國散佈流言，說周公欺侮幼主，圖謀篡位。此言傳佈久之，周成王起疑。周公心懷恐懼，為避禍辭去相位，避居東都。後來成王打開了金縢，裡面藏有當年周公為武王祈禱的冊文，成王才明白了周公的大公無私，迎周公重歸朝廷。白居易曾感歎：「周公恐懼流言日，王莽謙恭未篡時。向使當初身便死，一生真偽復誰知。」假如當初管叔四處散佈周公有反叛之心，而金縢之文始終未被成王所知，那就說不清楚周公到底是忠是奸了。所以在這種情況下，「終吉」是很難得的。

曹魏之時，曹植與曹丕都有意於帝位，但曹操終究選擇了曹丕。曹丕即位之後，對自己這個兄弟極為忌憚。文帝之後，曹植依舊被明帝猜忌，鬱鬱不得志，時時身處險境，不得不寫詩明志。其《怨歌行》說：「為君既不易，為臣良獨難。忠信事不顯，乃有見疑患。周公佐成王，金縢功不刊。推心輔王室，二叔反流言。待罪居東國，泣涕常流連。」借周公之事，敘述自己內心的憂傷。

另外，中國老話講「伴君如伴虎」，這也算是「履虎尾」的另一個說法。君王之心難測難料，常伴君王之側雖然有榮華富貴，但也難免得罪君王之時，所以這種情況和「履虎尾」非常相似，必須要時時警惕、時時保持誠惶誠恐的狀態，隨時「愬愬」，才得「終吉」。

後面接著的兩爻，九五爻講「夬履，貞厲」，穿著的鞋子破了，有傷足、跌倒的危險。這比喻依靠偽劣、壞了的工具做事，則有敗事之危險。上九爻講「視履考祥，其旋元吉」，比喻行為謹慎，考慮周詳，處事周旋圓滿，大吉利。聯繫起來看待，就是講既要注意外部環境的利弊情況，更要注意內部環境的完善以及主觀上的謹慎。

總體來看，《履》卦講的是如果我們內心坦蕩，出發點樸素、行動純潔，即便行走在危險之地、冒犯威權之人，也無大害；在主觀上，加之考慮周祥、行為審慎，就會大吉。這就好比如說，君子生活在人世間，用不著考慮太多的利益、也用不著糾結太多的恩怨，自然會有順天休命的結果。就像三十年前有首流行歌曲所唱的：「天地悠悠，過客匆匆，潮起又潮落；恩恩怨怨，生死白頭，幾人能看透？」君子只管抱定信念，坦坦蕩蕩地素履而行，就不愧在這世間瀟瀟灑灑地走一回。

恐懼也是一種修行

八經卦中「震」為雷，《震》卦就是談打雷的卦。《震》卦辭：「亨，震來虩虩，笑言啞啞，震驚百里，不喪匕鬯。」這是說，天上打了一個大雷，有的人嚇得直哆嗦，有的人哈哈大笑毫不在意，有的人坦然自若，手中勺子裡的香酒沒有灑出半點。這個情形下，總體是亨通的。

在山區生活過的人都有經驗，夏季打大雷的時候，天空中烏雲密佈，黑沉沉的一片，忽然之間天空中劃破一道閃電，然後就是震耳欲聾的響聲，有時候還會有落地的火焰雷，讓人看到大自然強大的威力。這個時候膽子大的人或者見慣了這種情形的人，會比較坦然。在古人眼中，在雷雨天依然保持鎮定的人往往會比較有出息，認為這種人有膽識、可謀大事。比如三國時候的名士夏侯玄，有一次靠著亭柱作書寫字，當時一個霹靂打下來，不但擊破了他依靠的柱子，還把他衣服燒著了。左右的賓客都嚇得跌跌撞撞、站立不穩，而夏侯玄依舊神色不變，作書如故。這就是「震驚百里，不喪匕鬯」的膽魄了。怪不得當時的人稱讚他「朗朗如日月之入懷」，意思說他光彩奪目，就像日月在他懷中一樣。另外，書上記載王戎小時候，有一天魏明帝在宣武場上展示他的猛虎，讓老百姓都來觀看，小王戎也去湊熱鬧。老虎攀欄而大吼，其聲震地，旁觀的人都大驚失色，不少人顛僕倒地，只有王戎神情淡然，了無恐色。這也是「震驚百里，不喪匕鬯」的本色。

唐代韓偓曾寫過一首詩：

閒人倚柱笑雷公，又向深山霹怪松。
必若有蘇天下意，何如驚起武侯龍。

這是借嬉笑雷公嘲諷朝中亂臣，尤其是有野心的朱全忠，你亂打雷幹什麼呢？想震懾誰？只有無聊的人才做這些毫無意義之事，若你想要復興帝國，與其亂來，還不如老老實實尋找經世濟國的賢才。坦坦蕩蕩的大人物、大君子，面對驚雷自然會不懼不驚，以平常心淡然心面對風雲巨變而「不喪匕鬯」。

《震》卦辭為什麼會說「亨」？為什麼在巨雷一個接一個、百里震動的情況下，還會是亨通的？《象》辭解釋說：「亨，震來虩虩，恐致福也」。人們聽到巨雷而感到驚懼，有可能就會反省自我，提醒自己行動需要謹慎，故而得福。《象》辭對此的解釋是：「君子以恐懼修省。」雷聲陣陣，君子這時會感到警覺，自我考察是否有做得不對的地方，反省而修德，這樣才會「亨」而無害。這裡主要的意思就是講，君子驚恐不要緊，關鍵要在驚恐之後「修省」才是。《論語》記載孔子也「迅雷風烈必變」，可見聖人也是聽到大雷而色變，並非完全不顧外部環境，只是聖人因此而更加注意自我修省。

在科學不發達的時候，古人不理解打雷的原理，認為打雷是上天的警告，所以會與自身的道德、行為等聯繫起來，才會有「恐懼修省」的反應。二三十年前在山區生活時，我就見過打大雷的時候，有老人自言自語向空中訴說自己哪裡做得不對，以後會注意改正。這是很有意思的情形。現在我們科學發達了，知道了打雷的原理是雷雨雲中的放電現象，是正荷雷雲與負荷雷雲互相撞擊產生的，所以打雷再怎麼猛烈，也不會覺得是上天的警告，不會「恐懼修省」了。這個情況一方面說明人類對大自然的認識在不斷進步，另一方面也說明人類對大自然的敬畏在不斷消亡。這究竟是好還是壞，實在難以簡單斷定。

初九爻「震來虩虩，後笑言啞啞，吉」。打雷了，讓人擔憂害怕，然後又開心、不擔憂，是吉利的。為什麼又是擔心又是不擔心？又是害怕又是吉利？其實這裡想要表達的意思，按照《象》辭的解釋就是：「震來虩虩，恐致福也。笑言啞啞，後有則也。」震來虩虩，是因為它讓人們感到恐懼，警示人們應該小心行事，因而會帶來福祥；笑言啞啞，開心、不擔憂，是因為人們行事有準則，所以就會吉祥，不用擔憂。換而言之是告訴人們：遇到擔憂的事情不用太害怕，只要你警覺了，以後小心謹防、依照準則行事，這樣就會吉祥。這裡依然強調的是要「恐懼修省」。

六二爻「震來厲，億喪貝，躋于九陵，勿逐，七日得」。雷來得猛烈，危險，幸好只丟了錢幣；這個時候是正要登上九重山的關鍵時刻，此時就不要去尋找丟失的錢幣了，七天以後自然會有所收穫。這裡有幾個地方品讀下來很有意思：第一個是雷來得猛烈而突然，象徵危險忽然來臨，不過僅僅是喪失了錢財而沒有傷害到自身，這算是幸運的，類似於我們俗話常說的「失財消災」。就像古裝電視劇裡面，一個綠林大盜拿著刀架在被劫持的人脖子上，問道：「要錢還是要命？」這個時候當然是要命了。所以被劫持的人往往都忙不迭地說：「好漢饒命，錢財儘管拿去。」很多人眼中只有錢財，為了錢財可以奮不顧身、不計後果，甚是可怕。有人丟了錢財心裡總是不舒服，一定要想方設法找回來。這個時候要小心了，不能為錢財迷失自己，否則就是「震來厲」，不但不能保有錢財，自身也恐怕會有危險。

第二個值得品味的是，如果你正處於人生的上升階段，這個時候丟失了錢財也不要緊，「勿逐」，不要刻意去追求丟失的錢財，到了一定的時候你終究會獲得財富的。《資治通鑒》記張安世之言：「賢而多財，則損其志；愚而多財，則益其過」，就是講做大事業的賢人，要是眼中只有錢財，那反倒降了自己的心氣志向，這樣反倒做不成大事業了；如果愚蠢的人擁有太多的錢財，對他們沒什麼益處，反倒會增加他們的過失。比如有的人本來很要求上進，但忽然有了一點財富後，便慢慢耽於享樂，不再有上進心了。現實中買彩票中了大獎的人，結果往往都有些不妙，比如新聞報導有些人中了大獎，沒想到因財產分配不均而導致家人反目成仇、夫妻離異等事情。

當然，有的人想得更透徹、更加有氣魄，連這個「丟失了財產，不用憂愁，終究會獲得財富」的念頭都不要，這些錢財誰撿到了誰就拿去，自己不在乎、不惦念。「楚人失弓，楚人得之」，楚王打獵丟失了自己的弓，隨行的人想要去尋找，楚王坦然說：「不要找了，楚人丟失了弓，楚人撿到它就可以，找它幹什麼呢。」這就是「喪貝，勿逐」。不過後世對這個「楚人失弓，楚人得之」又有不同的看法。孔子認為楚王還不夠大氣，「去其荊而可矣」，何必糾結於「楚人」呢，哪一國的人得到不都是一樣的嗎？這是天下大同的氣魄了。老子則認為，這個氣魄還不夠大，「去其人而可矣」，何必糾結於「人」呢？花花草草、小蟲小鳥、貓貓狗狗，哪一個得到不都是一樣的嗎？在老子看來，人與天地萬物都是造化和自然的產物，一概平等，這個弓誰得到都一樣。在明末蓮池法師看來，楚王想到了「得與失」，這下便有了「我」有「他」的分別心，還不夠透徹，「求其所謂我者不可得，安求其所謂弓也、人也、楚也」，其實哪裡有我、有弓、有人、有楚呢？全都是妄想分別執著。在這個問題上，大家越解釋越有意思了。

第三個是關於「七日」的問題。「七」這個數字在《周易》中常見，也比較有趣。如王弼注「七日來復，天行也」，認為「陽氣始剝盡至來復，時凡七日」，就是說陽氣剝盡後重新恢復，時長七日；《周易》六爻代表「六位時成，時乘六龍以御天」，中國古人認為時空從開始到結束，然後重新開始，需要完成六個時空點，到第七個的時候就會「來復」。有意思的是，西人的一個禮拜也是七天，把七天作為一個循圜，七天之後新的一個禮拜又開始，也是「七日來復」。而佛家認為人從死到生經歷中陰身的階段也以「七」為一個週期，在《阿彌陀經》中

「或一日，或二日，或三日，或四日，或五日，或六日，或七日」等經文，也認為「七日」是個很重要的時間點。《周易》「大衍之數」中，「七」「八」為不變，「六」「九」為變，則認為「七」「八」為常、為靜。所以這裡強調「七日得」，隱含了這樣的意思：過去的就讓它過去吧，不用太在意，因為全新的一切又即將開始，又將會有新的收穫。

六三爻「震蘇蘇，震行无眚」。雷打下來，嚇得人渾身發軟；不過這個雷雖然兇猛，但沒有傷害到人，沒什麼害處。《象》辭說：「震蘇蘇，位不當也。」為什麼打雷會把人嚇得渾身發軟？是因為你所處的位置不當。從爻象來看，這裡的六三爻是陰爻，陰居於陽剛之位，不中不正、無名無分，所以一有風吹草動，就會恐懼不安。這種情形很像歷史上佔據高位的奸臣庸吏，隨時都在算計，不是擔憂別人會取代自己，就是想方設法陷害別人。皇帝稍微皺個眉頭，就緊張得要命，沒有一天能夠坦然自若。宋代時候有個大臣叫董儼，和陳象輿等人常常聚在一起密謀，當時被人稱之為「陳三更，董半夜」，就是我們現在成語「三更半夜」的由來。董儼這個人，《宋史》評價是「俊辯有材幹，不學無操行」，就是說董儼這個人能言巧辯、有點小才幹，但是人品不行。淳化年間，有一次董儼邀同僚黃觀吃飯，硬逼著人家飲酒。過了不久，都監召喚黃觀談事情，看到黃觀就問：是不是喝酒了？黃觀如實回答了。沒想到第二天董儼就和都監密謀彈劾黃觀喝酒誤事。可見董儼這人陰險得很，擺明是挖了個坑讓黃觀跳。更讓人大掉眼鏡的是，到了景德年間，董儼居然還厚著臉皮託人請黃觀推薦自己到益州做官。但當董儼朝見真宗皇帝的時候，卻倒打一耙，控訴黃觀「庸淺無操持」。還好這事情後來真相大白，董儼不但沒有撈著官，反被真宗懲治了一番。史書評價董儼「用傾狡圖位，終以是敗，士大夫醜之」，用奸猾、不正派的手段往上爬，士大夫都看不起他。

九四爻「震遂泥」。雷打到了泥土中。這個有點類似現在落地的霹靂累。六五爻是「震往來，厲，意无喪于有事」，意思是霹靂一個接一個，比較危險，不過對事情沒有損害。

上六爻「震索索，視矍矍，征凶。震不于其躬于其鄰，无咎。婚媾有言」。這個意思簡單來說就是：一個大雷打下來，嚇得人半死，如果外出則有兇險；不過好在這雷沒有打到自己身上，而是打到了鄰家身上，有驚無險。如果是關於婚姻之事，可能會有人說閒話。

這裡最值得回味的是「震不于其躬于其鄰」。大家可以想像一下這種情節：比如，曹操和劉備兩位大人物正坐在一起喝咖啡，其樂融融，忽然一個大炸雷響起，嚇得劉備的咖啡匙掉在地上。然後外面喧嘩起來：「隔壁老王被雷打了，就是娶了媳婦忘了娘的那個……」於是乎，曹操和劉備趕緊拿起手機，分別給自己的老人電話：「爸，媽，你們手頭錢夠用不？我待會給你們轉幾萬塊錢過來。對了，今天晚上我沒有應酬，回來陪你們吃飯。」——這就是《震》卦上六爻「震不于其躬于其鄰」的言外之意。

傳說朱元璋建帝國之後大肆誅殺功臣，欲殺劉伯溫。劉伯溫隱隱體會到了「隔壁老王被雷打」的威力，感慨萬千之餘，在寺壁上題了一首詩，說：「大千世界兩茫茫，何必收拾一袋裝。古來多少英雄輩，得道多助失道亡。」意思就是講：隔壁家老王沒錯，我也沒錯，大哥你手下留情。劉伯溫想通過這種方式感動明朝、感動朱元璋，另外也隱含著提醒朱元璋一聲：「老大，注意反省一下，都是自己人，搞自己人別太過分了。」

不過，如果我們繼續追問：雷公沒有打曹操和劉備這種大佬，而是打隔壁的老王，是不是有點過分了？老王這明顯是代人受過嘛。其實「震不于其躬于其鄰」恐怕還有這樣一層意思：行事不正之人，上面雖然想懲戒他，但尚未到合適的時機，故雖未直接處罰，卻以處罰旁邊的人來震懾他。所以表面看上去倒楣的是隔壁老王，真正要懲罰的是老王身邊的大佬，這個先到的猛雷，不過是提前告訴大佬一聲而已。清朝時，雍正想要除掉年羹堯，就是先撤了年之親信甘肅巡撫胡期恒，換了四川和陝西官員，然後再革去年羹堯川陝總督職、撫遠大將軍印，調杭州，一步步下狠手。從這個例子來說，年羹堯是大佬，胡期恒就是隔壁家的老王。當然，這是皇家的權謀之術，本身亦非正道，亦「征凶」。

換個角度來說，雷公這次打錯了，未必下次還打錯；君子要懂得「恐懼修省」，才能「震來虩虩，後笑言啞啞，吉」。

玩可以，但應該知道分寸

晉武帝司馬炎一統江山後，剛開始還有點勵精圖治的意味，社會經濟快速發展，所謂的「太康之治」就在這個時候。但這太康之治不過是曇花一現。晉武帝的皇后離世後，他就變得很喜歡「玩一玩」了。這個玩的尺度和成本讓人咂舌：據說鼎盛時期，他後宮的女子達到萬人。這麼多的美女，要是每個人站在房門口對他招手「大哥，來玩一玩嘛」，不要說玩了，就是看，司馬炎也看不過來。於是司馬炎發明了「羊車望幸」，坐著羊車隨意在後宮中遊蕩，羊車停在哪一個房門前，他就下車去「玩一玩」。這種隨意玩一玩的態度，逼得美女們為了被臨幸努力開動腦筋，想出了往草葉上撒鹽水、吸引羊來吃草的招數。晉武帝手下大臣何曾，他經常陪同晉武帝宴會，宴會回來後對兒子們私下說：「主上創建國業，統治天下，但我每次參加宴會，從來沒有聽他說過經國遠圖之語，只說一些家常瑣事，這太平基業恐怕只到他一代人而已。你們這些人還可以安享太平。」又指著他的孫子們說：「你們這一代就麻煩了，一定會受到禍亂的影響。」不過，何曾也只是說說而已，他不但沒有阻止晉武帝玩一玩，自己也跟著玩一玩。他雖然對美女不敢興趣，但對美食超級迷戀，每天用於飲食的費用超過萬錢，連皇帝家的菜肴都不如他的好吃。每次參加晉武帝的宴會，他都嫌棄菜不好吃，只吃自己打包帶去的美食。何曾這種看到了皇帝問題而不糾正的做法，讓宋代的司馬光很不爽，批評他說：何曾雖然有遠大的眼光，看到了國家君主的奢靡問題所在，但他身為大臣也一樣的僭奢，看到君王的過錯也不坦誠地告訴君主，只是私下在家裡和親人說說，這不是一個忠臣所為。

在我看來，八八六十四卦之中表達「玩一玩」意思的，主要就是《豫》卦。不過這個「玩」，是建立在《彖》辭所說的「順以動」的基礎上。就是說要玩得瀟灑而不失正道、玩得高興而不違反時序、玩得合乎規律而不破壞原則。《彖》辭說的「天地以順動，故日月不過，而四時不忒。聖人以順動，則刑罰清而民服」，大抵就是說大自然也好、人類社會也好，都要順應規律而動，根據規律而作息，這樣才對頭。「玩一玩」更要注意這一點。

《豫》卦《象》辭：「先王以作樂崇德，殷薦之上帝，以配祖考。」先王因此製作音樂，尊崇功德，進之上帝（這裡的「上帝」，不是西方的「上帝」，不是MY GOD，這裡的上帝是我們古代的五方之帝，即東方之帝大皞、西方之帝少皞、北方之帝顓頊、南方之帝炎帝、中央之帝黃帝），獻之祖先，以娛樂之。你看，唱唱跳跳、活活潑潑，在休息娛樂中還能歌頌上帝、紀念先祖，這個「玩一玩」多好。

另外，我們還要看到中國古代的「作樂崇德，以配祖考」，乃是由「巫」而「禮」，由「禮」而「仁」，讓最初起源於巫術的舞蹈音樂，慢慢演變為整個社會的禮儀制度，然後再演變為社會治理和統治手段，同時寄希望它能內化為人內在的道德要求，最終以此奠定了中國社會最為深沉的傳統思想觀念和社會制度體系，如王國維先生就認為周初的「制禮作樂」奠定了中國社會的倫理-政治制度，這背後的思想淵源不可不知。

初六爻「鳴豫，凶」。第一種解釋是：有了聲名，但耽於享樂，必定趨於荒淫、棄德廢事，以至於凶。這就像前面講的晉武帝，創業一輩子、辛苦一生，到後面覺得差不多了，也該休息了，於是就放下一切玩起來，然後就出問題了。另外一種解釋是：某人因為享樂而出名，必定不是好事情。這就像今天大家說的「城會玩」，一個人或一個地方，因為會享樂而名震天下，那肯定不是好事情。就像我們講的晉武帝時代，就是一個「鳴豫」的時代，晉武帝身邊那些人，享樂起來一個比一個狠，它故而是「凶」，迅速敗落下去。石崇與王愷鬥富的故事就不必說了，司馬昭女婿王濟奢靡也不亞於石崇。晉武帝有次去王濟家吃飯，吃到的菜肴竟然比皇家的還要好吃，尤其是一道乳豬肉鮮美異常。晉武帝問這道菜如此美味是怎麼做出來的？王濟回答說，主要小豬是用人乳餵養的（一說是用人乳蒸出來的），所以味道不錯。王濟的飲食竟然奢靡到了如此地步，讓晉武帝聽了都有些不爽，沒吃完飯就撤了。這一爻告訴大家，玩一玩可以、稍微享樂一下可以，但不要搞成了「娛樂大王」。

六二爻「介于石，不終日，貞吉」，《象》辭「不終日貞吉，以中正也」。我們中國近現代史上一位大人物蔣中正的字就用了這個典故。這一爻的大意就是說：一塊堅硬的石頭，巍然屹立，但人如果一直像這個剛直堅硬的石頭，則容易遭到摧毀；如果能很快轉為柔韌，則所占之事為吉。這裡主要講人雖然孔武有力，可以進行剛強之行為，但不可持久，如果柔順而行，則有良好的的結果。就像老子所說「兵強則滅，木強則折，飄風不終朝，暴雨不終日」。有時候做人或做事能夠柔弱一點，反而會更加順暢。《繫傳》在解釋這一爻的時候也講：「几者，動之微，吉凶之先見者也。君子見几而作，不俟終日。《易》曰：『介于石，不終日，貞吉。』介如石焉，寧用終日，斷可識矣。君子知微知彰，知柔知剛，萬夫之望。」聰明的人啊，應該在一開始就知道事物的發展趨勢了，何必一定要等到最後呢？

六三爻「盱豫，悔，遲有悔」。日初之時享樂，會有小小之不利。比喻人在上升之時享樂，則可能引來小小的不利；倘若遲疑不決（不能改正），則還會有讓人後悔之事。另外一種解釋「盱豫」是讒佞之象。《周易集解》引向秀注「睢盱，小人喜悅佞媚之貌也」，就是佞人媚上享樂，必定有悔。古代那些佞臣為了各種目的諂媚帝王，帝王好色，則獻之美女；帝王好貨，則獻之珍奇異寶；帝王好名，則做鼓吹轎子手；帝王好玩，則想盡辦法迎合。宋徽宗之時，蔡京迎合聖意，提倡豐、亨、豫、大的風氣，就是慫恿宋徽宗：皇上，現在家大業大、國庫豐厚，您想玩一玩就玩嘛，不用扭捏。有一次宋徽宗宴會時想用玉杯，又有些不好意思，蔡京便極力逢迎說：您是天子嘛，是上帝選出來管理天下的，應當享受天下的供奉，區區一塊玉器算得上什麼？不要管別人怎麼說，想用就用。元末的佞臣哈麻，靠獻媚於順帝和丞相脫脫高升。元順帝「息於政事荒於遊宴」，哈麻便投其所好，見到順帝喜歡玩雙陸遊戲，便苦心鑽研玩雙陸遊戲的本領；順帝喜歡美女，他就悄悄進獻西蕃僧的秘術「演揲兒法」。這些人所說之言、所行之事，無不是「盱豫」之象。

九四爻「由豫，大有得，勿疑，朋盍簪」。「由」，依高亨先生之意見，借為「田」，意指田獵之樂趣，田獵大有收穫；勸人不用懷疑此行之收穫，也無須懷疑朋友之多言。另一種解釋是：放鬆娛樂，大有所得，不用懷疑；這一爻之陽爻，像用貝殼串起來的發簪，剛好在這一位置上。六五爻「貞疾，恒不死」。占問疾病，雖久而不至於死亡。九四、六五這兩爻合起來看，似有人因豫樂而有所收穫（比如玩輪盤賭賺錢了），但此人心下戚戚，擔憂身體健康，通過占卜來詢問，得知無礙。

上六爻「冥豫，成有渝，无咎」。到了晚上還繼續放鬆娛樂，則所成之事或將變化而毀壞，然而知道這一問題之後，能夠懲前毖後，亦無所大礙。這個情況是說，玩一玩可以，但是不能一天到晚都在玩，否則玩到後面就要出問題；發現自己玩得過分了，趕緊改變糾正，也還不會太糟糕，怕就怕玩到後面自己都不知道了，麻煩就大了。就像後唐莊宗李存勖，剛開始還頗有志向，但建立後唐之後很快耽於享樂，「沉湎聲色之虞，宦官、伶人交亂其政，府庫之積罄於耳目之奉，民怨兵怒」，僅僅三年就失國身亡，被天下所笑。歐陽修評價說：「憂勞可以興國，逸豫可以亡身。」國家稍稍安定，當權者便漸忘昔日艱危，奢侈淫樂而不知節用。玩一玩，直接把國家給玩丟了，這個要不得。

願每個禿頂大叔都感到安慰

大約十來年前，我還有滿頭濃密、烏黑的頭髮，一般每過兩周就要去理髮店打整一番。那時讀到《賁》卦六二爻「賁其須」——就是文飾鬍鬚，大概是把鬍鬚染黑的意思吧——心中還滿滿的不服氣：若我到了這個年齡，必定隨性自然，鬚髮是什麼顏色就什麼顏色，白就白、黑就黑，絕不去染。我至今記得當時自己鏗鏘有力的內心迴響。但十年過去了，我心中還是有著滿滿的不服氣，不過不服氣的內容早已發生了變化——同樣是中年大叔的頭頂，憑什麼有人鬚髮還那麼多，我等卻光可鑒人？此刻再讀《賁》卦六二爻，充滿了感歎：若有絲許鬚髮仍舊，其實染和不染，都是那麼的幸運和寶貴。所以現在每次讀到《賁》卦，我的感受總與眾不同：但願每個中年大叔，能有染與不染的幸運，沒有禿與不禿的煩惱。

上面只是個人的感慨，其實《賁》卦與我感歎的禿頂這個事情關係不大，它談得最多是文明之義，講聖人要用人文來感化天下。當下研究文化的學者常常引用的幾句話：「剛柔相錯，天文也。文明以止，人文也。觀乎天文以察時變，觀乎人文以化成天下。」就是出自《賁》卦的《彖》辭。《賁》卦辭則講：「亨，小利有攸往。」亨通，有所往得小利。這裡講的是出於個人的利益而去做事，雖然有所收穫，但也僅僅有利於個體而已，不能利及群體，故而只算是得小利。就像我去修剪自己的頭髮，雖然個人顯得帥了一點，能滿足自我良好的感覺，但不能給大眾帶來什麼利益。

初九爻「賁其趾，舍車而徒」。一種解釋是，文飾了腳趾，為了讓人看到她漂亮的腳趾頭，所以寧可捨棄車輛不坐，徒步而行。另外一種解釋認為，這一卦主要講嫁娶之事，所以這裡的「賁其趾」是用漂亮的花鞋子套在腳上，等待迎娶。《象》辭說：「舍車而徒，義弗乘也。」為了讓大家看到漂亮的鞋子，本來就不應該乘車嘛。

換做現代，如果是男生，那麼就是說一個男孩子很講究，穿了雙很好、很名貴的鞋子，為了讓別人能看到自己有這麼一雙漂亮、名貴、特別的鞋子，寧可不開寶馬、賓士、瑪莎拉蒂、勞斯萊斯，而是走路，就是讓大家看看自己的這雙限量版定制鞋子。如果是女孩子，那麼還有一種可能性，就是剛剛做了美容美甲，腳趾甲也做得美美的，十個腳趾頭塗了十種不同的顏色，還有好看的造型，實在不捨得藏在鞋子裡面，於是乎穿了雙露趾鞋子，慢慢悠悠地走在路上，「舍車而徒」了。

男孩子慢慢長大了，經過青年時代，然後這個時候頭髮開始花白了，人家開始叫他大叔了。但是中年大叔也愛美啊，也要修飾他這些花白的頭髮，所以《賁》六二爻講「賁其須」，將這些花白的鬚髮進行修染，讓自己顯得年輕、有活力。歐陽修就為那些沒有禿頂的大叔們寫過凡爾賽文學：「白髮戴花君莫笑，六幺催拍盞頻傳，人生何處似尊前。」——不要笑話那些滿頭白髮還戴鮮花臭美的大叔們，聽著如此悠揚的綠腰曲，喝著濁酒，無需太多感傷，活在當下，人生是多麼的愜意。

當然，《賁》卦雖然認為要「賁趾」「賁須」，但也不忘記安慰沒有鬚髮可賁的禿頂大叔們。如九三爻說「賁如濡如，永貞吉」，好比說這個大叔氣色很好，又溫文爾雅、態度和藹，因此呢，占問長期都是吉利的。言外之意是：大叔，儘管你的頭髮差不多已經遠去，但你為人很好，面相溫潤柔和，「終莫之陵也」，沒有人敢欺負你；「永貞吉」，運氣一定也不錯。這一爻也可以用來安慰像左思這樣的大才子：大家都知道左才子長得絕醜，據說他也模仿帥哥潘岳逛街，想引起美女的關注，只是沒想到他一逛街，引起的境遇竟然是「群嫗齊共亂唾之，委頓而返」，被一群婦女吐口水，萎靡不振地逃回來。不過左思的文章寫得很不錯，搞得洛陽紙貴，所以九三爻「永貞吉」這個安慰也勉強算過得去。

六四爻「賁如皤如，白馬翰如，匪寇，婚媾」。年輕人、中年人他們為什麼都要打扮得這麼好看呢？是為了人生中最開心、最盼望的一件事，就是婚嫁之事。六四爻講的就是婚嫁迎娶的場景：一行隊伍迎面而來，他們的色彩是那麼鮮豔奪目，那些白馬健壯飛奔、鬃毛飄揚；猛一看，還以為是盜寇出沒，仔細一看，原來是迎娶新娘的隊伍。怪不得他們要那麼認真細緻地打扮化妝。

六五爻「賁于丘園，束帛戔戔，吝，終吉」。女方裝飾了他們的家園，張燈結綵，等待男方的到來；終於，男方迎親的隊伍來了。男方給女方送上了聘禮，可能這男方家裡也不算有錢人吧，聘禮有點少，「束帛戔戔」，只有一點點的帛，只能意思意思。好在女方家並不太看重這個，最終還是讓男方順利娶了女孩子。

最後，更值得關注的是上九爻「白賁，无咎」。這是講人有潔白之品質，加以文章之美，故而无咎。言外之意就是說，一個人如果足夠好，或者一個心靈美的中年大叔，就算不修飾，禿頂了也不要緊，因為託他「白賁」之福，依舊可以光彩照人，沒有不利的。

白居易曾經寫過一首禿頂的詩，說：

朝亦嗟發落，暮亦嗟發落。落盡誠可嗟，盡來亦不惡。
既不勞洗沐，又不煩梳掠。最宜濕暑天，頭輕無髻縛。
脫置垢巾幘，解去塵纓絡。銀瓶貯寒泉，當頂傾一勺。
有如醍醐灌，坐受清涼樂。因悟自在僧，亦資於剃削。

看過這首詩，再想想白居易的一生成就，禿頂大叔們都應該感歎：禿頂何所懼？只要有足夠的樂觀主義精神，一樣可以過得很開心。所以，當有人揶揄我們這些禿頂中年大叔聰明絕頂時，我們不妨想想《賁》卦，再摸著自己的頭頂，從內心深處發出一絲淡然的微笑：你們都看到了我們的禿頂，是否看得到這禿頂後面的「白賁，无咎」呢？

當然，正如我前面所講的，《賁》卦和禿頂真沒什麼大關係，我這裡只不過借用了做頭髮與它的「賁」意而已。從整體來看，《賁》卦真正的主旨是以年輕人之愛美、年長者之裝嫩、婚嫁時之喜慶，彰顯了文飾與事物、文飾與心情的統一，最後落實到潔白之飾，表明了它的最高境界是無飾而飾，以無需修飾的內在品性為第一，如佛家所講無我相、無人相，以無相而概括萬相，因此會大獲吉祥。

滾滾紅塵，來來去去

上個世紀八、九十年代，當時流行的有些港臺歌曲之中甚有意味，比如羅大佑的這一首《滾滾紅塵》：「來易來去難去，數十載的人世遊；分易分聚難聚，愛與恨的千古愁。」算來人生在世不滿百，不過是數十載的塵世間遊戲一會，但每個人的情感，卻可以與千百年來古人的心意相通。這千古之愁古今中外皆同，渺渺茫茫無止境。從《周易》來講，我們看《復》卦，就會發現它的每一爻都包含了來來去去的千古喜樂與哀愁。

初九爻「不遠復，无祇悔，元吉」。一個人沒有走出多遠就回來了，這沒有大的悔恨，大吉。這是為什麼？因為他看到了自己的不足，故而回來重新提升自己。這有點像很多修真小說裡面的情節：一個徒弟學了法術，覺得自己功夫差不多了，堅持要告別師傅下山。師傅也沒有阻止他，只是露出了蒙娜麗莎般的微笑。徒弟沒想到自己下山沒多久，就被各路邪魔外道打得鼻青臉腫，這才發現自己的功夫不行，於是乖乖又回到山上，繼續和師傅練習法術，最終成為了一代宗師。這就是「不遠復，无祇悔，元吉」。

六二爻「休復，吉」。很好地回來了，大吉。老話說「衣錦還鄉」，這個「休復」就是衣錦還鄉了。按我們現在的話來講，一個人在外面混得很不錯，穿著阿瑪尼西裝，開著勞斯萊斯，瀟灑漂亮地回來了，讓人很羨慕。古往今來，成功的人士都希望被故鄉的人看到自己的榮耀，所以項羽才會講「富貴不還鄉，如錦衣夜行」。當然了，有的人衣錦還鄉之後，願意為家鄉公益做出貢獻，這也是「休復，吉」。

古人講這個「休復」，也有辭官致仕的意思。當了一輩子領導，年紀大了、精力跟不上了，需要退休回家、頤養天年，或者覺得不願意在官場折騰了，想要過清閒自在的日子了，也要「休復」。比如，歐陽修受不了官場的誣衊和中傷，也看透了廟堂之上的爾虞我詐，就辭官歸去，換得了後半生的自在。他後來自號「六一居士」，書、文、棋、琴、酒，再加他一個退隱老頭，這個「休復」真的是逍遙自在。

六三爻「頻復，厲，无咎」。皺著眉頭回來了，看來遇到了困難，有點危險。不過既然覺察到了危險，能夠安全回來，就可以放心了，證明沒有什麼大問題。

六四爻「中行獨復」。半途自己回來了。為什麼走到一半就一個人回來？這是什麼情況？《象》解釋說「中行獨復，以從道也」，這是因為服從了道義。

六五爻「敦復，无悔」。經過考察後決定回來，沒有什麼遺憾的。比如做生意，別人告訴你有很好多專案，大資料高科技、互聯網金融，聽上去很美，但實質上經過認真考察，發現根本就不是那麼回事。所以，遇到這些事一定要「敦復」，才不會輕易被人騙。

上六爻「迷復，凶，有災眚。用行師，終有大敗，以其國君凶，至于十年不克征」。迷路了，再返回來，很不順暢；如果是行師打仗，其國之君違反君道、殘暴兇狠，因此會遇到大失敗，以至於國家靡然不振，十年都不能征伐。

有學者認為這是講周昭王的故事。大約在昭王十六年，周昭王開始伐楚，頭兩次都取得了勝利，但在第三次伐楚時遇到了頑強抵抗，加之遇到了惡劣天氣，因此昭王大敗。據說，周昭王渡漢水之時，強令當地百姓造船，當地船工很怨恨昭王，故意以黏貼起來的船進獻。等昭王的船到河中央時，膠融船解，昭王沒於水中而崩。還有傳說昭王落到水中被鱷魚咬死。自此，周王朝國力受到較大影響，以至於慢慢衰落下去。這就是「以其國君凶，至于十年不克征」。

我們再來看卦辭。《復》卦辭說：「亨，出入无疾，朋來无咎。反復其道，七日來復，利有攸往。」即是說：如果能明白《復》卦內含的道理，必然亨通，來來去去都沒有關係，朋友們都沒有過失。一說「朋」為「貝」，意思是賺到錢財，沒有害處。

《復》卦的這個道理是什麼？就是「反復其道」的道理。千百年來，世間一切都在反反覆覆、聚聚散散，都在這個世間來來回回地打轉轉；但這個打轉轉並非無意義，萬事萬物都在這個反反覆覆、來來回回中尋找到了自身的價值。借用錢穆先生的意見，我們的身體是父母生的，也是上帝大自然給我們的，能活到一百年固然好，能活九十八十也算好了。身體之內有個心，生命之內有個德。「德性乃是由天所賦，盡人相同，可以不只一百年，可以綿延到幾千年、幾萬年。人的生活到死完了，人的德性可以保留在你的兒孫身上，亦可保留在大群人的身上。喜怒哀樂古人有，今人亦有，將來的人還是有。這個人能表現一種十分恰當圓滿的喜怒哀樂，可做人家榜樣的標準的，中國人稱他為聖人，或者稱他為天人。與天，與上帝，與大自然合一。我們人生到這個階段，可以無憾了。我們修身齊家，能喜怒哀樂合於天性，亦可以無憾了。人的生命歸宿就在此。」這幾句話，說透了人的這個價值。因為有了這個價值，所以才「利有攸往」。

《復》卦象辭說：「反復其道，七日來復，天行也；利有攸往，剛長也。《復》，其見天地之心乎？」反反覆覆地來來回回，七日回復到它的道路上，這該是天道運行的循環規律吧。從《復》卦可以看出天地的用心，這就是日月星辰、寒暑晝夜、雨露霜雪、草木鳥獸等活動隨著天地運行之道而變化無窮。需要留心的是，「七」這個數字在這裡很有妙意。正如前面提及的，基督徒說上帝七天創造了世界，佛家講七日一心不亂便可見阿彌陀佛和極樂世界，《周易》講七日來復是天地之心，大家都不約而同地用了這一個數字，莫非中西古今的大家聖賢們，都於此不約而同地「見天地之心乎」？

明白了這個道理和規律，接下來就是要尊重它、順應它，所以《象》辭說：「先王以至日閉關，商旅不行，后不省方。」先王在冬至日關閉城門，商旅之客不出行，君王不出行、不視察領土。這有點像我們的春節假期，大家都放假休息，調整一下節奏，放鬆心情，展望未來。「至日」，指冬至和夏至。夏至一陰而生，冬至一陽來復。閉關，原來指關閉城門，讓民眾休養生息，後來被佛家借用，指摒除一切塵緣，閉在靜室中修行悟道。禪宗講「不破本參不入山，不到重關不閉關」，不到最關鍵的時刻不輕易閉關。要知道閉關入山、脫離俗世是很嚴肅的事情，沒有那麼容易。

在《奇門遯甲》裡面，有個口訣和「至日」關係很大：「陰陽順逆妙難窮，二至還鄉一九宮。若能了達陰陽理，天地都來一掌中。」這個「二至」就是冬至和夏至。一九宮，指坎宮和離宮；坎宮居北，離宮居南，寒暑往來、一陽一陰周流變化，盡在這個循環之中。有人把奇門遁甲吹得很玄虛，就像這口訣裡面說的一樣，「天地都來一掌中」，不得了，一個巴掌就把整個宇宙握在其中了，比滅霸（Thanos）的一個響指還要厲害。其實，「其見天地之心乎」的實質就是要你通達天地循環的道理，才能明心見性，有大智慧；同時，只要通達了這個道理，無論遇到什麼樣的困難，也一定會「出入无疾，朋來无咎」。

此身不必惹風塵

《遯》外卦為乾、為天，內卦為艮、為山，它的總體意思是講退隱。「遯者，退也」，就像我們平常說的，逃離塵世的喧囂，去一個春暖花開無人打擾的地方。自古以來退隱有很多種。我認為大概可以分為三種：第一種是「真隱」。有的人對這個世間的名利毫無興趣，他們「只想聽從自己內心深處的呼喚」，不願意浪費自己的生命和精神在世間的名利上。這一類人是真隱。古代的典型代表如伯夷、叔齊、陶淵明等人。那麼，當代有沒有真隱士呢？有位國外的漢學家寫過一本書，講他尋訪當代終南山的隱士，裡面記錄了不少隱居在終南山的出家人和普通人的故事，可見當代依然有著不少隱士。其實從中國隱逸文化的傳統來看，「仕」與「隱」一直是儒家文化的兩面，也可以看作《周易》所言的陰陽兩面，它一直在中國的文化血脈中延續著，這一傳統沒有斷裂，也就註定了中國隱士在每一個時代或多或少都會出現。

第二種是「忍隱」。有的人是迫於形勢而不得不退隱。像古時候，皇帝昏庸荒淫，奸佞小人當道，正直君子只得退隱避讓。這種退隱不是主動的，而是被動的。這種只能叫「身不由己的退隱」，只能算「忍隱」，忍氣吞聲的隱居。

第三種是「假隱」。就是表面上退隱，其實非常有「上進心」，實質是以退為進。比如唐代的盧藏用，雖然考中了進士，但沒有得到任用，於是去終南山隱居，以期獲取聲名。他退隱是假，實質心思一直在朝廷動態上，皇帝到哪兒，他就跟著去哪兒「隱居」，時人說他是「隨駕隱士」。這一番「隱居」的心思終究換來成果，終於授官左拾遺，遂了「退隱」的心願。史書說他初隱居之時有貞儉之操，「及登朝，趑趄詭佞，專事權貴，奢靡淫縱」，後來因為託附太平公主，被流放新洲。後人感歎：

託隱終南得美除，何期觸網僅全軀。

此中佳處今休道，捷徑元來是畏途。

——你不是說隱居終南山是一條昇官捷徑嗎？如今看來，這條所謂的捷徑未必那麼靠譜，只怕是令人難以依託的畏途啊。

《遯》卦從卦象來看，是藍藍的天在上面，巍峨的大山在下面：藍天遠避大山，象徵高尚之人遠避塵世，退隱等待，以期未來的復興。《遯》卦辭說：「亨，小利貞。」君子不與小人爭奪名利，淡然隱退，對自己而言是亨通的，但世不能容賢，故只對君子有個體之小利，而無社會進步之大利。夫子說過：「邦有道，危言危行；邦無道，危行孫言。」當權者昏聵無道，世道惟艱，便會有滿世界的小人。在此境遇之中，君子一方面要有自己的原則，保持自己正直的品性，另一方面要提防世界的險惡，注意躲開不必要的陷害，要小心謹慎才能保全自己。

《象》辭說：「君子以遠小人，不惡而嚴。」在這種境遇中，君子要遠離小人，不和小人發生直接的衝突，但與此同時應當保持自己的尊嚴，小人也會有所畏懼。

初六爻「遯尾，厲，勿用有攸往」。退避得太遲了，只做了隱遯的尾巴，必定會有危險。此爻的含義是遇到不利的環境，還遲遲疑疑不能及時離開，就會有後患。高亨先生認為這個「遯尾」，其實是「豚尾」，就是豬尾巴。據說古時候將小豬的尾巴截掉，可以讓小豬長得更加肥壯，這個「遯尾厲」就是割小豬的尾巴。故而此爻的含義就是說如果該退隱的時候還遲遲疑疑，不能及時離開，就如同小豬的尾巴一樣有被割掉的危險。

古往今來，能及時「遯」的人並不多，尤其是身居高位者，往往因為不願意見好就收，結果往往就是「遯尾，厲」。比如曹魏之時，王經出身寒門，品性和才幹都很出眾，受崔林賞識而不斷升遷。當他做到省部級大官時，他媽媽就告訴他：像我們這種寒門子弟，做官做到二千石，差不多了。意思是要他知足，防止官當得太大，難免就會有意想不到的風險。但王經沒有聽他媽媽的話，繼續努力往上爬，後來做到了尚書。當時政治鬥爭很複雜，司馬氏蠢蠢欲動，不但把持大權，還想取曹魏而代之。魏帝曹髦亦不甘成為傀儡，與王經、王業、王沈等大臣密謀討伐司馬昭。王經覺得此時討伐司馬氏時機並不成熟，要曹髦緩一緩。但曹髦聽不進去。參與密謀的王沈等人其實是兩面派，隨後即向司馬昭告密。司馬昭大怒，殺了曹髦。因為王經沒有投靠司馬昭，司馬昭也殺了他和他母親。臨刑前，王經忍不住痛哭，對他母親說：兒子對不起母親，後悔沒有聽從母親的勸告，以至於到了今天這個地步。王母此刻卻淡定自若地說：你做兒子孝順，做臣子忠心耿耿，有孝有忠，哪裡對不起我？王經母子的品格讓人敬佩，但從退隱和保全自身這個角度來講，未免有「遯尾」之象。所以初六爻《象》辭說：「遯尾之厲，不往何災也？」你隱藏起來不要外出顯露行蹤，即使處於危險的環境之中，沒有人會發現你，哪裡還會有危險呢？換成今天的話來講：環境太複雜了，但你低調一點，不顯擺、不亂來，做好自己分內之事，就不會有大的問題。

六二爻「執之用黃牛之革，莫之勝，說」。用黃牛皮做成的繩子來捆住他，黃牛皮繩很堅固，被捆的人不能逃脫。這個被捆的人，可能是想逃跑的俘虜，或者是奴隸，或者是犯人。不過，和前面的初六爻「遯尾，厲」結合起來看，這一爻也有可能是講一個想要隱退的人被環境牢牢地束縛住了，導致他無法隱退。

這一爻強調的是使用工具牢牢地控制住人，讓人逃脫不得。古代用的工具大多時候是繩子，最結實的是「黃牛之革」，現代則是金屬的手銬腳銬，今天更高端的就是電子鐐銬了，雖然看上去未必那麼結實，但不管你到哪裡都會被發現，無法逃過別人的監視。從更大的範疇來看，控制人的工具未必就是這些刑具。從技術層面而言，以前通訊尚不發達的時候，我們的生活是生活、工作是工作，下了班就自由了，老闆要找你也未必找得到。但現在只要一個電話或者一個視頻，不管你是在家裡躺沙發上看電視還是在海邊度假，一下子就把你找到了。從制度層面而言，目前社會上流行越來越多、越來越複雜的KPI，這不就是一種典型的「黃牛之革」嗎？而且是無形的、最厲害的一種。我們的生活早已被現代工具、現代制度牢牢控制住了，這才是最嚇人的「執之用黃牛之革」，而且「莫之勝」。這一狀況不可細思，細思極恐。

九三爻「係遯，有疾厲，畜臣妾吉」。羈留隱遯者，如同人有疾病，蓄養男女奴隸吉慶（古稱男奴為臣，女奴為妾）。高亨先生對「係遯」還有一個解釋，認為它的意思是捆住小豬，讓小豬不得逃脫。備一說。

這裡概指貴族被迫退隱之後亦不得自由，仿佛身子被繫住，如同身有病疾；而退隱之貴族不可以為大事，只能做蓄養奴隸、享樂生活之事。像趙匡胤杯酒釋兵權，勸那些大臣：兄弟們，人生如白駒過隙，不如多積蓄財物土地，你們可以頤養天年，又可以留給子孫，咱們君臣又能無猜無忌，這多好啊。話雖這麼說，但帝王心機難測，就算臣子交出全部權力，他依然不放心，還會暗中監視這些臣子，看看他們有沒有異心。這些臣子的處境就是「係遯，有疾厲」。有些臣子心高氣傲，受不了這窩囊氣，可能就會奮起反抗，歷史上所謂的「反臣賊子」就出現了。東晉大將軍王敦年輕時豪氣逼人，有一次晉武帝召集群臣宴集，大家各逞藝術才能，有的會唱歌、有的會跳舞、有的會奏樂、有的會吟詩作畫，感覺個個都是藝考生。惟有王敦「有田舍名」，就是個鄉巴佬，啥都不會。那時候說你「有田舍名」，就好像十九世紀巴黎人說你是「外省人」，二十世紀八十年代上海人說你是「鄉下人」，帶有很大貶義。在宴會上看到大家這麼秀才藝，王敦臉色就很不好看。司馬炎問他會啥，王敦說他會打鼓。司馬炎就讓人取鼓給他。王敦當下振袖而起，揚槌奮擊，「神氣豪上，傍若無人」，頓時驚豔全場，讓滿座人讚歎他的豪雄之氣。像王敦這樣的人怎麼會甘居庸人之下？後來他起兵反晉，雖然兵敗後被開棺斬首，也不失一代梟雄的英猛風骨。

九四爻「好遯，君子吉，小人否」。樂於退隱，君子吉，小人不吉。為什麼君子吉、小人不吉？對此的解釋是：貴族退隱可以避免很多猜忌、風險，這是件好事，所以是「君子吉」；但小民是依靠勞動生活，如果退隱不勞作就沒法生活下去，這是不利的，所以是「小人否」。舉一個不是很恰當的例子，這就像今天我們的一些商界大佬，賺了足夠多的錢，幾輩子都花不完，這個時候心滿意足地退隱了，去當老師也好、去做公益也好，都是好的選擇。但如果是我們一般的小老百姓，工資一個月幾千塊錢，還房貸都不夠，哪裡還敢去「好遯」？人家陶淵明去隱居，好歹還有幾畝田地，可以「采菊東籬下」，現在城市裡面的打工族，大多數連一片宅基地都沒有，只能「騎車送外賣」。

高亨先生對這個「好遯」的解釋是「饋豚」，就是贈送豬給別人。貴族家裡富裕，把自家的豬贈送給別人，結人歡心，當然是好的；但平民家一般貧窮無錢，贈送別人豬，不但自己承擔不起，也有可能帶來不必要的風險，故而是不好的。

九五爻「嘉遯，貞吉」。讚美隱退，占問是吉利的。《象》辭說「嘉遯貞吉，以正志也」，為什麼讚美隱退是好的呢？因為用意是正確的。從卦象來看，陰爻一點點地升起來，逼迫著陽爻，陽爻一點點地隱退，到了九五爻這裡，處於不能不隱退的局面，所以君子會審時度勢，及時隱退，這個時候隱退是值得贊許的。這裡可以聯想到《大過》卦所說的「君子獨立不懼，遯世无悶」，君子正言正行，即便就是一個人面對整個世界，他也不會畏懼，也不會鬱悶。這種隱退的人，當然值得欣賞。

上九爻「肥遯，无不利」。這個「肥」不是胖，是遠走高飛的「飛」，像飛鳥一樣遠去，沒有不利的。《象》辭說：「肥遯无不利，无所疑也。」一個人心中再無疑惑，不再被過往牽絆，所以能夠了無掛礙，像飛鳥一樣欣然遠去。這種自由自在的狀態，是多麼的美好。

宋代僧人釋文珦說：

天地之間有此身，此身豈肯惹風塵。
竹籬茅舍居來穩，紙帳蒲團趣更真。

行已作成山水癡，到頭不是利名人。

使予生遇陶唐世，當與許由巢父倫。

我們之所以不得自由，就是因為在塵世間的這一個身軀，不得不養活這個身軀，這是沒有辦法的事情。不過人總還是要淡泊一點，不要把外在的物欲看得太重。想想許由和巢父吧，他們是多麼的淡泊而自在逍遙——就算他們有點裝腔作勢，但能裝出那麼大氣魄的姿態，也很不容易了。今日就算我們做不到「飛遯」，能夠「嘉遯」，雖不能至心嚮往之，也是很好的。

總有傷心落難時，太陽照常會升起

《明夷》這一卦，大義是講人處於艱難困頓的境遇中，其才華、品德不能發揮作用，就像太陽落到地中，光明不能顯現。這個時候人需要堅持自己中正之行，必定能再次崛起。

人為什麼會受到這樣的艱難困頓？《序卦》說：「進必有所傷，故受之以《明夷》。夷者，傷也。」就是講人在前進的過程中必定會或多或少地受到傷害，這是很難避免的。這個時候就像是《明夷》的卦象「明入地中」，太陽進入地中，光明不能顯現。遇到這樣的情況時應該怎麼辦？《明夷》卦辭說「利堅貞」，就是占問艱難之事有利，比喻賢人遭到貶斥甚至被囚困，這個時候賢人雖然遭遇艱難但能堅守正道，因此依然是有利的。《彖辭》說：「內文明而外柔順，以蒙大難，文王以之。利堅貞，晦其明也。內難而能正其志，箕子以之。」這裡就是講人在遭受危難之時，內含文明美德而不屈服、外呈柔順情態而不逞能，以此來承受並渡過巨大的難關，比如周文王就是依靠這樣的方法來渡過危難的；人在艱苦卓絕之時，需要面對巨大的艱難保持堅定的意志，有時不得不自我隱晦光明，也要在身陷內難之時堅持正道，比如箕子就是用這種方法晦明守正的。因為文王、箕子都被人誣陷、被人整治、被人囚困，都有過艱難不順的境遇，所以以他們兩個作為例子說明人在這種境遇下堅持端正而行，就可以「利艱貞」。

初九爻「明夷于飛，垂其左翼。君子于行，三日不食。有攸往，主人有言」。「明夷」，有人解釋為鵜鶘，有人解釋為鳴雉，就是鳴叫的野雞，這裡暫且把它統一理解為「鳴雉」。這一爻說：鳴雉在飛翔，因為受傷了，垂著它的左翅；艱難困境中的君子遠走他鄉，就像這受傷的鳴雉一樣。君子在路途中多日沒有吃到食物，只得去投奔別人；投奔的主人對君子有厭煩不樂之語，讓君子很難堪。這個時候的君子就像落入地中的太陽，光明不顯、艱難困頓，還被人嫌棄，就像古諺講的「虎落平陽被犬欺，龍困淺灘遭蝦戲」。但「君子于行，義『不食』也」，君子雖然於此窘迫之時，仍然會堅守原則，不會為了利益出賣自己。《禮記》記載一則故事：

齊大饑，黔敖為食於路，以待饑者而食之。有餓者蒙袂輯屨，貿貿然來。黔敖左奉食，右執飲，曰：嗟，來食。揚起目而視之，曰：予惟不食嗟來之食，以至於斯也。從而謝焉，終不食而死。曾子聞之，曰：微與？其嗟也可去，其謝也可食。

這就是「君子于行，義『不食』也」。當然，這裡還是要贊同曾子的意見：既然人家認識到了自己的錯誤，道歉之後就可以吃了，沒必要一定要捨去自己的生命，畢竟生命還是可貴的。中國人講「有經有權」，有時候需要堅持原則，有時候需要靈活處理，在「經」與「權」

之間如何求得一個平衡，很需要智慧。

金庸先生小說《天龍八部》中，少年張三豐被迫離開少林寺，郭襄介紹他去投奔她的父母郭靖黃蓉。郭襄提到自己姐姐脾氣不好，性格不饒人，讓張三豐順著她一些。張三豐本已準備去投奔郭靖，但在去襄陽途中聽到農婦與丈夫的一段對話，便改變了主意。農婦責怪自己丈夫，說他堂堂男兒自己不努力，非要去姐姐姐夫哪裡尋求依靠，結果無端討來一場羞辱，「堂堂七尺男兒，為何非要庇護在別人翅膀下？」這一席話讓張三豐豁然開朗，決定在武當山自力更生。張三豐如果遇到脾氣不好的郭芙，就有可能是「有攸往，主人有言」。楊過後來寄居郭家，郭芙對待他的態度也證明瞭這一點。

六二爻「明夷夷于左股，用拯馬，壯吉」。鳴雉被傷到了左股，仍能飛翔；牡馬雖然被去勢，但仍強壯能行走奔跑，因而是吉的。《象》辭「六二之吉，順以則也」，意思說六二爻之所以是吉的，是因為能夠順從規則而行；指君子雖然受到非難、傷害，不得不隱退，但只要順從於規則、相機行事，終能轉為安順，故而是吉的。

九三爻「明夷于南狩，得其大首，不可疾貞」。鳴雉被人射傷於南方行獵的途中，君子迷途之後而得其大道，此爻不利於占問疾病。結合上下文的意思來看，這是講君子遭遇困難而隱退，雖然被小人忌恨，但總歸會掙脫困阻、走向光明，就像行獵之時偶爾迷路但終能走到光明大道，作為一個正直的人，此時不可像小人那樣去忌恨、陷害正人君子。

六四爻「入于左腹，獲明夷，之心于出門庭」。對這一爻有不同的解釋。第一種解釋是：鳴雉入於左邊的山洞，君子因此抓獲此鳴雉；君子為追逐此鳴雉，歷經艱難，故筮得此爻，出門庭之時需小心謹慎。

另一種斷句為：「入于左腹，獲明夷之心于出門庭。」第一種解釋是：進入左方山洞，得以瞭解內部情況，見此佳境，深得其心意，因此決定留於此地。第二種解釋是：鳴雉飛入左邊的山洞，君子要抓獲鳴雉的心意，早在出門時就有了。

這一爻的《象》辭說：「入于左腹，獲心意也。」即言君子本來就有隱退之志願，在此時際遇到可退隱的有利條件，因而決意退隱於此。小時候看《蜀山劍俠傳》，裡面常常講到修仙的劍俠在歷經世事磨礪之後，覓到一處風景如畫的洞天福地，便擬退隱江湖，這就是「獲心意也」。現在人們到一個風光漂亮的地方旅遊，會忍不住感歎，要是在這裡買一套房子養老多好。這個漂亮的地方就是讓人們「獲心意也」。

六五爻「箕子之明夷，利貞」。箕子獲得了鳴雉，遇到此爻占問是吉的。《象》辭說「箕子之貞，明不可息也」，比喻箕子遭遇陷害而退隱，但依然保持正道正行，就像日隱於地中，君子之光明如太陽一樣不會熄滅，故而依舊吉利。柳宗元在《箕子碑》中極贊箕子，說：「凡大人之道有三：一曰正蒙難，二曰法授聖，三曰化及民。殷有仁人曰箕子，實具茲道以立於世。」講大人之道，其一是遭受危難之時仍能保持正直的品德，其二是授治國法典給明君，其三是教化人民，使人民得以啟智明理。箕子便是這樣的人物。柳宗元認為當紂之時，天下悖亂，君主昏聵，箕子如果拼死上諫，雖然可以稱得上仁，但於國家無益；如果側身其中無所作為，乃至於同流合污，則是參與亡國之舉，也不可為；所以只能保持自己清醒的頭腦，在囚奴之時隱藏自己的見解和主張，不去做邪惡之事，雖然表面柔弱、遲鈍，卻能自強不息，故而《周易》才讚歎「箕子之明夷」。

上六爻「不明，晦，初登于天，後入于地。」雉不鳴而隱藏，先飛升於天空，然後入於山洞；太陽剛開始的時候初升於天空，後來隕落地下，沒有光明而黯淡。《象》辭說：「初登于天，照四國也；後入于地，失則也。」比喻王侯貴族剛開始昌盛繁榮，如同太陽一樣，其光芒、榮耀影響了周邊國家；後來因為失去法度和原則，由昌盛而轉為沒落，由高貴轉為卑微，不再讓人敬仰和欽羨。古人講「君子之澤五世而斬」，又講「富不過三代」，大致的意思就是如此。無論是一個國家，還是一個家庭，有可能因為各種機緣巧合而發展強大起來，但也可能因為各種原因慢慢衰落下去，這是一個基本的規律。司馬光說：「若問古今興廢事，請君只看洛陽城。」要知道古今的興衰成敗，看一看洛陽城變幻的大王旗就知道了。從中國歷史來看，無論是享國八百年之周，還是漢、唐、宋幾朝，無不是迭經強盛與衰敗。從世界範圍來看，先是英國取代葡萄牙、西班牙成為世界霸主，二戰之後美國成為世界霸主，也無非是這一規律之中的暫時現象而已。放在歷史長河中，沒有一個人、沒有一個世族、也沒有一個國家，能夠永遠成為不可替代的世界霸主。從以千年為單位的歷史發展規律來看，興旺之後，必有衰落；衰落了也不要緊，後面還有興旺的機遇。相信「生生不息」和「天地之大德曰生」，無論在什麼艱難困境中也不放棄努力，這可能就是中華民族幾次被外族打敗、在極為黑暗的歷史時刻也不會輕易絕望的重要原因。

總體來看，《明夷》卦講君子被人陷害、遭遇挫折，不得不隱退避難，但他只要堅守正道，其道德事業就如同隱入地中的太陽，當前雖然晦暗不明，但終究有一天會勢不可擋，散發出耀眼的光芒。就像我們經常說的那樣：「太陽照常升起」。當然，《明夷》也提醒了我們，當權者更需要警惕在興盛之時不可以失去法則，昏聵妄行，從而陷入困窘的境地，以至於很快就隕落下去。

最喜天下一家親

按照《序卦》的順序，《明夷》卦之後接下來就是《家人》卦。為什麼這樣安排？因為「明夷」講的是受傷、困難。受了傷、有了困難怎麼辦？「傷於外者必返於家，故受之以《家人》」。一個人在外面受到了傷害，最想得到的是家人的關懷、照料，因此會返回家中。父母們常對出去闖蕩的晚輩說，家人是你最大的後盾，累了就回家來。就像有首流行歌曲的歌詞：「回家感覺真好，別管世俗紛擾，……讓每一顆細胞，忘掉煩惱，我的家就是我的城堡。」古人也有類似的歌曲，比如一首元曲：

江天晚霞，舟橫野渡，網曬汀沙。一家老幼無牽掛，恣意喧嘩……

還參破，名韁利鎖，雲外放懷歌。還家去，蓬窗睡足，一品待何如？

天色晚了，把打魚的小船停在渡口，收好漁網曬起來。回到家，一家人無憂無慮，盡情歡笑。這種其樂融融的天倫之樂，是什麼樣的官位利祿都替代不了的。這種對家庭的感情，古今一致。

按照《雜卦》的意見，《家人》卦主要講內部的事情，「家人，內也」。這種「內」主要是指家庭和家族。中國人五倫中「父子」「夫婦」「兄弟」三者都是講家庭的關係，其對家庭的重視可見一斑。古時候都是男主外女主內，所以卦辭說「利女貞」，對女子占問有利。《家人》卦的卦象是「風自火出」，上面是巽卦風，下面是離卦火，古人認為風由火燃燒而出，故而教化之事自內而外，由家庭而延伸到社會。《彖辭》說：「女正位乎內，男正位乎外，男女正，天地之大義也。家人有嚴君焉，父母之謂也。父父，子子，兄兄，弟弟，夫夫，婦婦，而家道正。正家而天下定矣。」就是講家人相處之道得當，然後可以擴充到整個國家各階層的相處之道。從家庭內部來講，男女各主其位，男主外、女主內，符合天地之大義；從爻象來看，六二陰爻，代表女主內，九五陽爻，代表男主外，而二、五中正，各得其位，因此是「女正位乎內，男正位乎外，男女正」。近代以來，有不少人對「女主內，男主外」的觀點頗有意見。印光法師曾經為此解釋過，認為女主內的意義甚或比男主外的意義更大，因為「治國平天下之權，女人家操得一大半」，如果沒有賢慧的女孩子，就不會有賢慧的妻子和賢慧的母親，如果沒有賢慧的母親，那麼就不會有賢能之人，如此一來，就不可能治國平天下了。家人之中，父母地位尊嚴，值得晚輩們尊重，所以是「嚴君」。而一家人如果都各得其位，行為舉止合乎自己身份的，則家道正。家道一正，則天下也安定了。這裡和《大學》講的「心正而後身修，身修而後家齊，家齊而後國治，國治而後天下平」意義相近。它將個人的道德修養、家庭和睦與國家的治理結合起來，由內而外、由己而人、由家而國，個體、家庭、社會因此而融為一體。

《象辭》說：「君子以言有物，而行有恆。」君子說話要言之有物，做事要持之以恆。這個非常重要。很多人在會上侃侃而談，一口氣可以講幾個小時，仔細聽下來，卻不知道他在講什麼，好像僅僅是為了說而說，這就不是「言有物，行有恆」，而是言之無物、糊弄時間。

從家庭教育來講，就是自己首先避免言辭空洞、言不由衷和言行不一，否則不足以教育家人，也不足以成為榜樣。現在很多家長自己整天打麻將、刷手機、玩遊戲，卻對小孩子說：「乖，要努力上進，趕緊做作業去。」這怎麼行呢？「舊時王謝堂前燕，飛入尋常百姓家」的謝家代表人物謝安，有一次他的太太教育子女，估計和現在的媽媽們一樣，一手叉腰一手伸出指頭，訓斥小孩子半天：你們為什麼不聽話，為什麼讓媽媽這麼不省心？你看看隔壁家的小屁孩都比你們強，你們怎麼不學學他們！諸如此類。謝安站在一旁卻一言不發。這有點像現在母親們教育娃都很雞血，而父親們都屬於不靠譜的豬隊友。劉氏忍不住抱怨謝安：「那得初不見君教兒？」怎麼總是看不到你來教育小孩子啊？你這不是父親教育的缺位嘛。謝安卻淡定地回答：「我常自教兒。」你不要看我表面上沒有教小孩子，其實我無時無刻都在用言傳身教來教導他們。謝安並沒有亂說。謝安有個侄兒叫謝玄，就是後來在淝水之戰中大破前秦大軍的名將。他小時候像富家紈絝子弟，還有點娘娘腔，喜歡穿華麗衣服，經常佩戴一個紫羅香囊，就像現在有的人喜歡拎個愛馬仕小包包。謝安覺得這不對啊：小子這樣子下去，怎麼成得了大器？得收拾收拾他。不過謝安的收拾不是拿著皮鞭抽，這不符合他的教育理念。謝安找了個機會和謝玄玩遊戲，以香囊為賭注，誰贏了誰得香囊。結果姜還是老的辣，謝安想辦法贏了。謝安贏了香囊之後看也不看，順手就扔到火裡燒了。謝玄頓時傻眼了，然後似乎領悟到了什麼，從此以後不再輕浮炫耀。

初九爻「閑有家，悔亡」。「閑」是「防範」的意思，防範於家庭內部，注意不要發生不利於家庭的事情，如此則不會有令人後悔不安之事。《象辭》說「閑有家，志未變也」，意思是一個家庭要用心於防範各種可能發生的不利情況，及早做好準備，這一個「志」、這一理念，不可以改變。比如，古時候受自然條件局限，冬天家裡需要燒火取暖，夏天則需要敞開門窗納涼，這就要求在防火防盜等安全性上加倍小心警惕。另外，古人一般是大家庭居住在一起，所以又需要注意男女之別。《紅樓夢》裡面焦大酒醉後大罵：「生下這些畜牲來，每日家偷狗戲雞，爬灰的爬灰，養小叔子的養小叔子。」講的就是賈府裡面男女關係沒有做到「閑有家」。

六二爻「无攸遂，在中饋，貞吉」。「遂」即「墜」，過失之意。家庭內部沒有什麼過失，婦人在處理家庭日常飲食、生活細節上都沒有什麼失誤，是吉利的。像現在的家庭主婦或者全職太太，看上去很輕鬆，其實並不輕鬆，尤其是在一個大家庭的環境下，要考慮一家人的日常生活，要照顧到家庭成員的方方面面，錢怎麼用、各種關係如何協調等等，不比職業女性輕鬆。古人講內有賢妻家必興旺，這是有道理的。家庭事情處理得當，在外面打拼的人就沒有後顧之憂，就會安心工作、努力進取，必然興旺發達。

九三爻「家人嗃嗃，悔厲吉；婦子嘻嘻，終吝」。家人熇熇然苦於家法之嚴厲，因而謹慎勤勉，儘管有過失和艱難，終究會變得吉利；家裡的人尤其是婦人和晚輩終日嬉戲玩樂，無所顧忌，則會出現艱難不安的境遇。這講的是家規家法的重要性。古代大家庭很多人住在一起，如果沒有相應的規則，就會導致混亂而不可收拾。南北朝之時顏之推所作《顏氏家訓》流傳至今，其中不乏有值得借鑒的地方，其所議治家之法，與九三爻所言為一爐之藥。比如：「笞怒廢於家，則豎子之過立見……治家之寬猛，亦猶國焉。」就是說如果父母對小孩子不加以適當的懲罰，不打打屁股、不訓斥幾句，一味遷就，那麼小孩子的過失就不能糾正，就會越來越嚴重；治家寬嚴要得當，就如同治理國家一樣，不能不謹慎對待。他還認為，大家庭會有很多矛盾產生，父母處理不好就會帶來很多問題，「婦人之性，率寵子婿而虐兒婦，寵婿則兄弟之怨生焉，虐婦則姊妹之讒行焉。……家之常弊，可不誡哉。」換而言之，這就是「婦子嘻嘻，終吝」的直觀現象。現在我們現在看新聞，經常看到很多「坑爹」的官二代富二代跋扈任性，惹出很多麻煩來，這也是「婦子嘻嘻，終吝」。

六四爻「富家，大吉」。幸福的家庭大吉利。《象》辭說：「富家大吉，順在位也。」幸福的家庭之所以大吉，是因為柔順，同時也堅守了自己應當的位置。從象數來講，六四爻陰爻處陰位，又順從於九五爻，所以是「順在位也」。俄國作家列夫·托爾斯泰的小說《安娜·卡列尼娜》(Анна Каренина) 開篇語說「幸福的家庭都是相似的，不幸的家庭各有各的不幸」。幸福的家庭為什麼都相似？按照這一爻的解釋，因為它們都是柔順而堅守道義的家庭，能順時正位，故而幸福。不過應當看到，家庭幸福與否不僅僅是外在的社會地位、聲譽、財富，更與家庭成員的精神追求密切相關。假如一個家庭有了財富、地位，但家庭成員的精神是空虛的，雖然「物質極大豐富」，也說不上有多幸福。這種情況，古今中外的例子太多，很多貪官的懺悔錄也是例證。

九五爻「王假有家，勿恤，吉」。王者以天下為家，就像《象》辭裡面說的「交相愛也」，將家人般的關愛擴大到天下，所以無憂而吉。另一種解釋是：「假」為「至」的意思，帝王到臣子家中是榮耀之事，不用擔心，是吉的。就像當年康熙南巡住在曹寅家，曹家寵榮備至，這即為「王假有家，勿恤，吉」。不過曹家接駕，銀錢花費如流水瀉地，造成了巨額的虧空，這也算是「王假有家」的副作用吧。朱熹夫子《周易本義》將這一爻與六二爻結合起來看，認為這一爻是娉納后妃之吉占，說如果有皇帝看中了某臣子家的女孩子，娉納為后妃，那麼對於這一家來講都是非常榮耀的事情。不過他又強調說：「凡有是德者遇之，皆吉也。」只要是有德之人遇到這一爻，都是好的。說到底，還是要「德與位配」，如果「德薄而位尊」還是要出問題。

上九爻「有孚威如，終吉」。有誠信、有威嚴，終究是吉的。一個人、一個家庭，乃至一個國家，是否得到別人的尊重和信任、是否得到最後的成功、是否得到最後的尊嚴，都與誠信相關。

從初爻到上爻，我們可以看出《家人》卦從強調家風、注意家庭過失、以家法防止不正、造就幸福的家庭，擴大到以誠信威嚴來治理國家，由家及國的線索極為清晰。中國人「修齊治平」的思想在其中體現得很明顯。在這裡，「國」與「家」實乃一體，「國」是家的擴大，「家」是國的濃縮，治國與治家是一體而兩相；中國人喜歡講「天下一家親」，實有它背後深遠的歷史和邏輯。我們現在希望讓這個世界變得喜樂融融、共同進步，從《家人》卦來看就是「天下一家親」。其實，世界本就應該如此。但現在世界並不安寧，如果真能做到中國人理想中的「天下一家親」，則世界之幸，蒼生之幸。

君子見善則遷，有過則改

《益》卦主要講增益、補益。其上卦為風，下卦為雷，雷動聲震，疾風助其聲勢，氣勢不可擋，氣運也不可擋。高亨先生《周易大傳今注》解釋：「益，利也，助也，增也。」把這裡的「益」解釋為有利、有助、有增的意思。

卦辭「利有攸往，利涉大川」，遇到這一卦有利於外出，可以越過高山、渡過大海，就像我們鼓勵年輕人所說的「朝著星辰大海出發」。《彖》辭「損上益下，民說无疆，自上下下，其道大光」，減損上面富餘的，增補下面不足的，這樣人民就會無比喜悅。這是講地位高貴的人謙遜而禮敬普通民眾，其道則大放光明，不可限量。古時候社會階層不同，如果高階層的貴族能夠合理正確地對待下面的民眾，則貴族得到民眾的愛戴，其統治可以持續長久、不斷光大。如果說《謙》卦的「裒多益寡」重點是將多餘的拿去增補不足的，《益》卦這裡則是「損上益下」，把上面的拿來增補下面的，是要上面的那些達官貴人將他們過多的部分拿出來，供給下面的底層、草根，而不是相反。比如現在的金融市場，大多數情況就不是「損上益下」，而是「損下益上」，賺錢的大多是莊家、大户，賠錢的大多是散戶。有報導稱這個世界極少數人掌控了絕大部分的財富，過著一般人難以想像的奢靡生活，這種現象很可怕，這種「損下益上」終究要出問題；這些極少數人奢靡到了極點，也怕難以逃離「悔吝」這兩個字。

這裡的「自上下下」，其實有兩層含義：一是在物質層面，要充分考慮到民眾的需求，統治者在勞役、稅賦等方面，都應該減輕民眾的負擔，不可以搜刮過度，不可奢靡無度。我們說「藏富於民」，也是這個意思。二是在精神層面，要讓民眾有被尊敬、被重視的感覺，也就是我們說的要讓人民有參與感、獲得感、幸福感。處於高位的人，要懂得傾聽普通民眾的聲音，善於吸納不同階層的意見。如果一個社會，普通民眾都吃不飽、穿不暖，怎麼可能「民悅无疆」呢？如果普通民眾都得不到尊重，又怎麼可能「其道大光」呢？

「利有攸往，中正有慶」，這一句講的依然是外出有利，中正而有喜慶。為什麼會利有攸往？是因為居正位、守正道，故而可以得到喜慶的結果。這裡的「中正」指六二爻和九五爻，陰爻居陰位而得中，陽爻居陽位而得中，各得其所、各行其是。「利涉大川，木道乃行」，利涉大川是因為能夠利用舟楫之原理。從象數來看，這一句指的是《益》的上卦為巽，巽卦為木；下卦為震，震卦為動，木動而行，是舟楫浮行於水的景象，故云「木道乃行」。

「益動而巽，日進无疆。天生地施，其益无方。凡益之道，與時偕行」，這裡進一步說明《益》的卦象是人不斷行動但保持謙遜的態度，這樣就會每天都有進益、未來不可估量。同時，天生萬物、地育萬物，天地生養萬物不分地域、不分品類，大公無私；天地生養萬物和君王愛護生民，貴在符合時節，讓萬物和百姓都能恰逢其時。

《繫辭》說：「包犧氏沒，神農氏作，斫木為耜，揉木為耒，耒耨之利，以教天下，蓋取諸《益》。」伏羲之後，神農氏興起，教老百姓砍木頭做木鋤，彎曲木頭做犁，教會老百姓用工具種地之後，讓他們明白種地收穫的大利益，這大概就是借鑒了《益》卦的精神。依《繫辭》這樣的說法，君王愛護百姓，不僅僅在於給他們一點好處，更在於教會他們生產、生活、發展的能力，這種生產生活就是要根據時節的變化進行耕種、收穫，自然體現了「與時偕行」的道理。

《象》辭說：「風雷，益，君子以見善則遷，有過則改。」《益》卦上面是巽卦，為風；下面是震卦，為雷，所以是「風雷，益」。風又象徵德教，雷又象徵刑罰，這裡又有著先以德教施於天下，若德教不行，再以刑罰整治天下——當然，也有人認為這裡是先以刑罰整治天下，再以德治進行教化。不管哪一種說法，都是講德治和教化皆有利於國家的治理和發展，都需要在管理中使用，不能偏廢任何一種。君子觀此卦象，就應該明白，值得自己學習的地方就順從，發現自己有不對的地方就改正，這樣才能不違德教、不犯刑罰，才能夠不斷有進步。《論語》講「見賢思齊焉，見不賢而內自省也」，人怕就怕在不能自省，不但不能「有過則改」，反而「變本加厲」。

初九爻「利用為大作，元吉，无咎」。造大建築、修大房子、大興土木，搞很大的基礎設施建設，這很好，沒有問題。《象》辭說「元吉无咎，下不厚事也」，這裡通常把「厚」作「後」講。在大搞基建的過程中，老百姓們搶先恐後，不願落在工作之後，這就是「下不厚事」。中國人勤勞、堅韌，從這個角度講確實如此。

六二爻「或益之十朋之龜，弗克違。永貞吉。王用享于帝，吉」。有人賣給你昂貴的烏龜，不能拒絕，要買下來；如果占問，則長期有利；帝王祭祀上天，也是吉的。上古十貝為一朋，十朋就是一百貝，價值一百貝的龜應該很珍貴。古人以龜來占卜，龜被認為是很有靈性的動物，因此如果有人賣這樣的龜給你，那是好事情，是不能夠拒絕的。《頤》卦初九爻說「舍爾靈龜，觀我朵頤，凶」，捨棄了自己的靈龜是凶的，所以有人要賣給你靈龜這樣的寶物，怎麼能夠拒絕呢？《周易通義》認為這裡的「王」是指周武王，武王克商之後獻祭上帝，表示接受天命，代殷有天下。《象》辭說「或益之，自外來也」，就是講給予你的這個寶物，不是自己孜孜以求而得到的，是機緣巧合有人給予你的。人有時候追求一個東西，往往不能獲得，而有時候在無意間則得到了，就像做生意的人，有時候心心念念去做一筆買賣，不一定能成功；而一個偶然的機會，相互一聊，你需我求，往往就做成了。比如你參加了朋友的一個聚會，朋友說我這裡剛好有個項目差一點錢，你有閒錢的話幫忙入股一點。你也不好意思拒絕，就入股了。沒想到朋友的公司後來上市了，你入股的那點錢一下子賺了好多。這就是「自外來也」。

六三爻「益之用凶事，无咎，有孚，中行告公用圭」，六四爻「中行告公，從，利用為依遷國」。按照高亨先生的意見，這兩爻應該結合起來看，大概說的是同一個故事。「中行」概指微子之弟仲衍，「公」概指周國某公。六三爻是說殷國有凶險之事，仲衍來通告周國之某公這一災患之事，以玉圭為信物，乞求救援；公幫助了他們，結果沒有壞處，且得到了俘虜。六四爻是說周國某公答應仲衍，幫助殷王遷國。當然了，也有人認為這是講武王之喪，有人來傳達指令，告訴在途中的周公要持玉圭進行祭祀。「為依遷國」實為「為殷遷國」，講周公東征班師回國途中，成王有令，讓周公處理好殷民之事，於是周公分殷民於各國，如與魯殷民六族，與衛殷民七族，殷之貴族則統一在洛邑管理，這就是「為殷遷國」。不管哪種解釋，都是講古代一個與玉圭信物有關的故事。

九五爻「有孚惠心，勿問，元吉。有孚，惠我德」。有俘虜順從了我，不用追問他們究竟是怎麼想的，反正結果都是好的；俘虜們之所以順從我，是因為我有良好的德行。這裡依然強調德行可以服眾。現在管理人，一般是一手拿著大棒，一手拿著胡蘿卜，這是利誘威逼，不是德行，別人可能會一時聽命於你，但終究與你離心離德。比如星宿老仙丁春秋，人長得仙風道骨，算得上是資深帥大叔，功夫也不錯，但心胸狹隘、狠毒狡詐，門人稍有不敬就痛下殺手，聽他話的、順他意的，才有發展的空間。門人迫於淫威，在他面前個個忠心耿耿，拍馬屁一個賽一個的精彩，口口聲聲「星宿老仙，法力無邊；神通廣大，法駕中原」，可一旦遇到像虛竹這樣厲害的高手，打敗了他們師父，這些門徒就立刻翻臉，掉過頭來痛斥自己的師父是「跳樑小丑，還不乖乖就範」。其實資深帥大叔丁春秋也很可憐，看上去風光無二，到頭來眾叛親離，這歸根結底是因為沒有「惠我德」。

上九爻「莫益之，或擊之，立心勿恒，凶」。講的是沒有人幫助他，反而有人攻擊他，此時不可以固執己見，不然就有凶險。因為這個時候沒有人來幫助你、有敵人來攻擊你，你還堅定地以為自己是正確的、別人都是錯的，那就很有問題了。這個時候應該反省自己哪些地方做得不對。和前面結合起來看，此刻應該是「見善則遷，有過則改」，才能夠无咎。

《繫辭》解釋此處的意思是：「君子安其身而後動，易其心而後語，定其交而後求。君子修此三德者，故全也。危以動，則民不與也；懼以語，則民不應也；无交而求，則民不與也。莫之與，則傷之者至矣。《易》云：『莫益之，或擊之，立心勿恒，凶。』」

「安其身而後動」，這就是講君子也好、聰明人也好，都要懂得在行動之前考慮好各種情況，安定之後行動，這才能把風險控制到最小程度。「易其心而後語」，和別人說話、打交道，如果一時衝動、不加顧慮的說話，說出的話可能就會有問題，西方人講「衝動是魔鬼」，禪宗裡面講「火燒功德林」，所以君子遇到事情一定會控制好自己的脾氣，等心境平靜的時候才說話，不要讓自己說出的是氣話、胡話、大話。「定其交而後求」，我們有求於人時，首先要想想自己是不是和人家的交情深厚，如果僅僅是偶爾在朋友圈點個贊，甚至是真人都沒有見過的網友，貿然去求人家幫忙，大有可能被婉言謝絕，或者乾脆被拉黑。一個人把這三點都修煉好了，才不會有過失，才會安全。反過來講，如果冒著風險去行動，那麼就不會有人幫助他。懷著恐懼說話，自己說話都沒有底氣，人家怎麼會心甘情願的呼應你？一個人要是沒有人願意幫助他，那麼敵人就有機可乘，危難時有人落井下石、困境中有人趁火打劫，這就是《周易》說的「莫益之，或擊之，立心勿恒，凶」。孟子講：「夫人必自侮，然後人侮之；家必自毀，而後人毀之；國必自伐，而後人伐之。」很多時候自己遇到問題和困境，不要怪別人，要反躬自省，就是《象》辭說的「君子以見善則遷，有過則改」，反省自己的不足，才能真正把問題扭轉過來，才會由「凶」轉為「无咎」。

升官發財，好事都來

一般來講，那些想在仕途、職位上面有所發展的人，看到《升》卦都會喜上心頭。因為《升》的大義是講上升，表示事物順勢而上、積小成大、由低而高，當然也包含了權勢由小而大、官職由低而高，所以官場之人不能不見之欣喜。古人說人生有幾件喜事，其中一件即是「金榜題名時」。這「金榜題名時」之所以值得慶賀，主要在於它意味著那些苦讀十年的學子取得了進入仕途的入場券，人生從此有可能不斷升遷，直至拜相封侯，盡享榮華富貴。

《升》卦辭「元亨，用見大人，勿恤，南征吉」。大亨通，見大人有利，不用擔憂事情的結果。這裡的「南征吉」，字面上的意思是征伐南方吉。據高亨先生的考證，這「南征吉」說的是周王南征之事，但具體是哪一個周王不可考。如周昭王就曾有好幾次伐楚的經歷，頭兩次都獲得勝利，但後來終究沒有成功，被楚大敗。這裡講的是不是周昭王的南征，不能確定。

《彖》辭解釋說：「柔以時生，巽而順，剛中而應，是以大亨。用見大人勿恤，有慶也。南征吉，志行也。」從卦象來看，《升》卦的下卦為巽木，初爻為陰爻，都為陰柔、為柔順，所以說它是「柔以時生，巽而順」。二爻為剛、為中，五爻為陰、為中，二五陰陽相應，所以叫「剛中而應」。這是大通順的卦象。此時因為有上下相應、柔順而升的卦象，所以利見大人，將會大有喜慶，不用擔憂什麼。「南征吉」，是因為志向得到了實行，心願得到了滿足。歷史上有很多昏君，濫殺朝臣，大臣們在上朝之前，都戰戰兢兢，不知道還能不能安全回去。此象辭則是告訴人們不用擔心，此去是吉慶的，是有升遷的喜事。為什麼會有喜事？因為上面領導的心意和你的心意相通相應，你的志願能夠達成。當然，這裡說上面領導的心意和你相通相應，不是說你去刻意奉承、曲意阿媚，而是講本來就有一件事，領導的設想和你的設想完全一致，你如果提出來了、做好了，這就是和領導的心意相通相應。不過，究竟是真的相通相應還是故意逢迎，這個就很難講了，「人心惟危」，這個時候只有你的內心才知道你真實的意圖。

《象》辭說：「地中生木，升。君子以順德，積小以高大。」巽木為下卦，坤土為上卦，木植在土地中不斷生長發育，這就是「升」的卦象；君子見此卦象，則應該體味到順從美德，不斷積蓄小善而上升到高大的德行。我們一般講「積少成多」、「集腋成裘」，但這裡很有意思，說的是「積小以高大」，不僅僅是積少成多的問題。如果僅僅是積少成多，比如再多的灰塵積聚在一起，風一吹，化作漫天飛霧，高大不起來。這裡的高大，需要前面的條件「君子以順德」，沒有這一前提，後面就會成為純粹的「功利論」：只要達到目的，只要能夠高（地位高）大（權力大），就可以不擇手段、毫無底線，這就不是它的本意了。此處強調的是要順從美德，從而達到高（高尚）大（宏大）的人生境界。中國歷史上「君子以順德，積小以高大」

的例子很多，比如從耕夫到名相的伊尹、從奴隸到皇帝的石勒，等等。當然，也有「不順德」而自大起來的例子：明朝權宦王振原來是一個鄉村教師，為了出人頭地敢於「獻身」，自閹後入宮為宦，然後憑藉著明英宗的寵倖，一步步成為最有權勢的太監。但他沒有「順德」，而是「無德」，貪婪、愚昧、好大喜功，終究導致土木堡之變，致使英宗被俘、數十萬明軍被滅、從征的幾十位文武大臣戰死沙場。從權勢來講，王振做到了「積小以高大」；從人品和貢獻來講，卻是「積小以卑劣」，不值得學習。

初六爻「允升，大吉」，進步是吉的。有向上的追求，符合有志之人的生活態度，不管你做什麼，只要下決心用自己的努力、智慧、才幹去推動社會和歷史的進步，這就非常好。九二爻「孚乃利用禴，无咎」，一個人在祭祀的時候雖然沒有擺上大魚大肉，但誠意滿滿，儘管是薄祭，也是沒有問題的。佛教裡面有個故事，說毗婆屍佛與僧眾弟子遊化各國，行經之處，有一位家境貧困的窮人，平日以砍柴賣錢維生，有一天賣柴得了兩錢，恰好看見佛及僧眾接受國王祈請應供，這位窮人發起歡喜恭敬心，以僅有的兩錢供養佛及僧眾。正因為此，這位貧窮人在九十一劫輪回受生中，始終是握有金錢，財寶豐富，後來成為金財比丘。這就是講以恭敬心佈施，不管錢財佈施多少，都有不可思議的功德。這就類似「孚乃利用禴」，儘管是薄祭，但因為有著滿滿的誠意，所以會「无咎，有喜」。《象》辭說「九二之孚，有喜也」，有誠信，才有喜慶。這是講一個人如果有誠信，才能得到別人的信任，才能有上升的可能。

九三爻「升虛邑」，意為上升到大丘之上的城邑。能站在大丘城邑之上，意味著一個人站在了更高的層面上，其地位更加高貴。《象》辭說「升虛邑，无所疑也」，人之所以能升到這樣的高貴之地，是因為其人心地坦蕩，無所懷疑，也不會被人猜忌，故而能夠得人之幫助，位居高地。六四爻「王用享于岐山，吉，无咎」，《象》辭說這是「順事也」，就是講周王能夠到岐山之上祭祀，非常吉祥，非常圓滿，是諸事順意的表現。六五爻「貞吉，升階」，占問吉利，升上臺階。這時候，一個人處於高貴之位，諸事順利，躊躇滿志，準備一番大事業，所以此刻的人生狀態是「大得志也」。就這好像剛剛提拔起來的封疆大吏，既得上面的充分信任，又得身邊同仁的支援，不做出一番事業來，對不起這些期望和信任。所以接下來是上六爻「冥升，利于不息之貞」，勤勉不息、努力工作，又自我提升、修德養性，他的運氣似乎勢不可擋，在晚上也能處於上升階段。這個時候仿佛錦鯉附身，運氣爆棚，加上自己又勤勉不已，所以《象》辭說「冥升在上，消不富也」，把不好的、沒有福氣的因素全部消除了，從而得到吉福。

整體來看，《升》卦講的是上升之象。人在這個世間生活，總有那麼多的現實問題要解決，油鹽米醋、衣食住行，人們總希望能有好一點的物質條件，有的人希望升官發財、好事全來，這些都可以理解。《升》卦講，如果一個人想達到這個願景，有個前提是「君子以順德」，然後接下來的每一步都有講究：第一個，每個人都應當知道，如果要想上升，不管是升官還是發財，需要從小處做起，「順德」前進，慢慢上升到高處，「積小以高大」才能獲得成功。第二個，要有誠信，才能得到領導和同人的信任，才能有升遷之喜。有的人認為自己是天底下最聰明的，以為別人都是笨蛋，所以表面一套背後一套，沒有半點誠信，但這種人最後會發現聰明反被聰明誤，領導一旦察覺他的本性，那基本就沒有升遷的希望了。從歷史上來看，有的人一貫投機取巧，短時間內可能會占到一些便宜，但畢竟不會長久。晉安帝之時，武將劉牢之先是反叛自己的上司王恭，從而獲得司馬道子賞賜的榮華富貴；又投靠桓玄，不久又準備再反桓玄。此時他手下的人都看不下去了，對他說：身為人臣，最不該做的事情就是反叛，你先是反王恭，又反司馬道子，現在又要反桓玄，這樣反來反去，實在不能成大事，我們不能跟著你這樣幹下去了。最後劉牢之面臨桓玄的逼迫只得自殺身亡。所以中國古人最講究誠信之道，朱熹講「人之操履無若誠實」，就是說人最高的德行莫若於誠實。第三個，要不斷地自我提升，勤勉不息，才能保持不斷上升的勢頭。有的人生來就錦鯉附體、運氣爆棚，但一般人沒有這麼好的運氣，不過也不要緊，依照《升》卦的意見，只要你能不斷自我提升，砥礪前行，便會「升階」，也會「大得志也」。所以說，想要升官發財、好事都來，就必須要記住《升》卦的這個深意。

不事王侯，高尚其志

讀《蠱》卦之時，剛看到「蠱」字，就情不自禁地想到傳說故事：神秘莫測的大山之中，有一族會「下蠱」的鄉民，凡是經過這地方的人，一旦被他們看中，他們就會給旅行者「下蠱」，讓他神魂顛倒，一刻也不能離開施法者。不過，《蠱》卦可沒有講這方面的技術。按照《序卦》的解釋：「蠱，事也」，是指事業，而且是大事業。《彖》辭說「《蠱》，元亨，而天下治也」，即說《蠱》卦辭為治國之事業宏大而亨通，天下因此而治。因為古人認為「皿蟲為蠱」，梟桀死後為鬼也是「蠱」；《左傳》講「女惑男謂之蠱」，認為淫邪之女也為「蠱」。所以有人堅持認為《蠱》和「蠱惑人心」有關係，認為把這個《蠱》卦解釋為「蠱」，或是「在器皿中養蟲」。備一說。

卦辭「元亨，利涉大川，先甲三日，後甲三日」。「元亨，利涉大川」比較好理解，大致就是說，大亨通，有利於開創偉大的事業。「先甲三日，後甲三日」的解釋就有很多了。與此類似的還有《巽》卦「先庚三日，後庚三日」。最常見的幾種解釋有計日說、納甲說、月相說、託意說等等。上古曆法，每年十二月，每月三旬，每旬十日，用天干甲、乙、丙、丁、戊、己、庚、辛、壬、癸來計日，「先甲三日」即辛，「後甲三日」即丁。指在辛日、丁日，可以有所行動。《漢書》記武帝之事，其中有記載：

五年冬十月，行幸雍，祠五畤。遂逾隴，登空同，西臨祖厲河而還。十一月辛巳朔旦，冬至。立泰畤於甘泉。天子親郊見，朝日夕月。詔曰：朕以眇身託於王侯之上，德未能綏民，民或饑寒，故巡祭後土以祈豐年……辛卯夜，若景光十有二明。《易》曰：先甲三日，後甲三日。朕甚念年歲未咸登，飭躬齋戒，丁酉，拜況於郊。

它記錄了該年十一月初一冬至，漢武帝準備祭祀事宜。「辛卯」，為先甲三日；「丁酉」，為後甲三日。十天干中，甲、丙、戊、庚、壬日為剛日，乙、丁、巳、辛、癸為柔日。古之喪葬祭祀儀式有其詳細規定，比如據古禮，虞祭（父母葬後迎接其魂魄於殯宮之祭）要舉行三次，第一次在下葬當日，第二次在首次虞祭之後的第一個柔日舉行，第三次虞祭在第二次虞祭之後的第一個剛日舉行。據說這樣的規定是因為「柔日陰，陰取其靜；剛日陽，陽取其動」。按照春秋時候的習俗，埋葬之日必須選擇柔日。清代顧炎武《日知錄》說：「春秋葬用柔日，漢人不知此義，皆用剛日。」就是說漢人選擇葬日沒有依春秋古意。漢武帝的此次祭祀，用「辛卯」、「丁酉」，皆為柔日。

納甲說是以乾納甲，三日即為三爻。「先甲」，即成乾之先，自坤至乾三日（三爻）變化過程，指《蠱》卦上四爻，自互震到上卦艮共為三變；「後甲」，即已成乾之後，自乾至坤三日（三爻）變化過程，指《蠱》卦下四爻，自下巽到互兌亦共為三變。同時，「先甲三日」可以看作是《坤》三變之後為《乾》、為晝；「後甲三日」可以看作是《乾》三變之後又為《坤》、為夜，因此是晝夜循環之象，所以《彖》辭說「終則有始」。

月相之說認為「人之陰陽，如月之盈虧」，月亮自初三傍晚，光於西南庚地，在卦為《震》，震納庚；至十五傍晚，現於東方甲地，在卦為《乾》，乾納甲。十三、十四、十五，月光輝方圓，即先甲三日；十六、十七、十八，月光輝已虧，即後甲三日。甲前是陽，甲後是陰，為先天後天陰陽之界。所以人知道這個道理之後，要在相應的日子保養身體，道家的人則要依時修煉。

託意之說認為，「甲」為「甲殼」，也是開端，意指事物將去舊革新，有所動作；「辛」為「新」，「丁」為「丁寧」。「先甲三日，後甲三日」的意思，就是做事情之前，要革除不好的事物，謀求好的發展，即常言說的革除舊弊、漸進圖新之意。

大部分人都採納計日之說，同時融合託意之說，由此衍生出許多的解釋。如朱熹認為，蠱為「壞極而有事也」，蠱壞之極，亂當復治，所以才稱得上「元亨，利涉大川」。甲為「日之始也，事之端也」，因此「先甲三日，後甲三日」的意思就是：前面做的事情不符合中正之道，因此將蠱壞不可持續，這個時候需要自新改過，以此為後事之端，不至於讓事情完全壞亂不可收拾，「然更當致其丁寧之意，以監其前事之失……聖人之戒深也」，這就是聖人的戒告深意啊。

對「先甲三日，後甲三日」這一句話還有很多的解釋，這裡不一一引述；網上更有很多奇奇怪怪的解說，這裡也不一一評述。

初六爻「幹父之蠱，有子考无咎，厲終吉」，九二爻「幹母之蠱，不可貞」，九三爻「幹父之蠱，小有悔，无大咎」。這三爻的「幹」字，主要有不同的解釋，一種認為是「整飭」、「去除」的意思，就是去除不好之事；如《集解》引虞翻注「幹，正也」。一種認為是「貫」字，即「繼承」、「延續」的意思。俞樾認為「幹」為「斡」，意思是主領其事。這裡取「繼承」的意思。初六爻是講繼承父親的事業，有子孝順，能夠讓父親沒有害處，就算有危險，也終究會吉利。

九二爻是講繼承母親之事，占問認為不可行。高亨先生解釋這一爻的時候，認為是講某一古事，大致是說兒子欲除去母親的蠱蟲，就像要除去其母之寵男，這是不可為之事。「春秋時，衛靈公之夫人南子與宋公子朝通姦，其子蒯聵欲除去之，結果蒯聵被廢黜，是其類。」南子和宋國帥哥有私情，天下皆知。《左傳》裡面記載：衛侯為夫人南子召宋朝，會於洮。大子蒯聵獻盂於齊，過宋野。野人歌之曰：「既定爾婁豬，盍歸吾艾豭。」大子羞之。杜預注：

婁豬，求子豬，以喻南子；艾瑕喻宋朝。歌謠的意思是諷刺南子私生活混亂，藉以羞辱太子蒯聵。太子蒯聵受不了這種侮辱，所以預謀刺殺南子，可是沒有成功，只得逃亡到了宋國。南子風流名聲還影響到了聖人孔夫子。當年孔子到衛國時曾與南子見了一面，這讓他的學生子路非常不高興，責怪孔子：老師怎麼可以去見這樣一個聲名狼藉的人呢？老師和她見面回來後還滿臉喜色，你們會不會搞出點什麼事情呢？搞得孔子忙不迭地發誓：我和南子可是清白無辜的，你不要瞎想啊。不過，高亨先生以此事來例證此爻，也只能說是猜想而已，無法確定如此。

九三爻是講繼承父親的事業，雖然有小弊端，但也沒有大問題。此爻的意思是子承父業，雖然經驗不足，可能會犯點小錯，但總體來說還是好的。比如家族企業的繼承者，剛開始接手企業的時候可能會有些小問題，等時間久了、經驗豐富了，就理順了。

六四爻「裕父之蠱，往見吝」。擴大父親的事業，前進的道路上將遇到困難。這是講一個人在繼承家業之後，不可盲目擴張，否則將遇到挫敗。如隋煬帝繼承大統，即修大運河，營遷洛陽，親征吐谷渾，三征高句麗，無不是「裕父之蠱」。然而未能把握一個度，畢竟成了個「往見吝」。

六五爻「幹父之蠱，用譽」。繼承了父親的事業，因此享有聲譽。以今日商界來做例子，某人繼承了其家族企業，自然享有了家族以往而來的聲譽和地位。

上九爻「不事王侯，高尚其事」。不侍奉王侯，保持其高尚的志向。「事」，為「志」，偽《孟子外書‧文說》篇引作志。漢帛書《周易》此兩句後有「德凶」二字。這一爻講有人為保持其高尚的志向，不願捲入仕途是非，隱居不出。高亨先生認為爻辭講伯夷叔齊之事，意為伯夷叔齊不為周臣，高尚其志，而得凶禍，餓死於首陽山。不過這也很難確證。伯夷叔齊之外，歷史上高尚其志的人物也不少。如嚴子陵與劉秀為好友，為劉秀的崛起出謀劃策。據說嚴子陵還曾為劉秀占卦，得明夷，勸劉秀忍眼前黑暗，等待未來的光明。劉秀逐鹿得鼎之後，思念嚴子陵，召其入朝為官。嚴子陵執意不從，歸隱富春山。據說有一次光武帝與嚴子陵在宮中相聚，嚴子陵睡著後把腳擱在了光武帝肚子上，第二天太史奏告說有客星沖犯了帝座，劉秀笑著解釋：「不過是我老朋友與我睡在一起罷了。」嚴子陵多次拒絕朝廷徵召後，最後以八十高齡在家中去世。後人對他多褒獎有加。范仲淹就認為嚴子陵的一生就像《蠱》上九爻：「眾方有為，而獨『不事王侯，高尚其事』，先生以之。」並且讚歎說：「雲山蒼蒼，江水泱泱，先生之風，山高水長。」推崇嚴子陵的風節如高山流水。當然了，後世也有人認為嚴子陵很虛偽，他的這種做法不過是為了沽名釣譽而已。如《後漢書》記載：「後齊國上言：有一男子，披羊裘釣澤中。帝疑其光，乃備安車玄纁，遣使聘之。三反而後至。」所以宋人有詩諷刺說：「一著羊裘便有心，虛名浪說到如今。當年若著漁蓑去，煙水茫茫何處尋？」意思就是講，你嚴子陵穿羊裘幹什麼呢？假如真的想隱居而不被朝廷知道，穿一件普普通通的蓑衣不就行了嘛？明代劉基是輔佐朱元璋的開國元勳，也很不喜歡嚴子陵這種風格，因此寫了一首詩，對嚴子陵也有點嘲諷之意：「伯夷清節太公功，出處非邪豈必同。不是雲台興帝業，桐江無用一絲風。」言外之意就是劉秀的豐功偉業跟你嚴子陵沒有半毛錢關係，你不要太裝了。

究竟如何看待嚴子陵我們不下定論，但就其行為來講，能夠不被世俗的高官厚祿所打動，遠勝於那些為了私利而當官的人。范仲淹認為嚴子陵的風格可以使「貪夫廉，懦夫立，是大有功於名教也」，在今天對人的精神啟迪還是有作用的。汪曾祺先生曾寫過一篇文章，認為從嚴子陵這個故事中，可以看到中國人傳統裡面的「立功與隱逸」或者各偏於一面，也無不可。孔夫子講「邦有道則仕，邦無道則可卷而懷之」，這是儒家的處世之道和入世精神，建立在如何處理個體與社會的關係之上。假如拋開這一層面，僅從個體生命選擇而言，在今日社會多元化、個體選擇多元化的今天，順從於內心的性情，能夠自由地選擇自己喜歡的道路，而不一定要以外在的某一種規範來確定自己的人生，只要能夠讓自己的生命自由地發展和完成，無論是仕還是隱，都是對自己生命的尊重，也是完成自己這一生命的責任所在。

不妄行，不折騰

《序卦》講：「《无妄》，災也。」意思是說《无妄》這一卦指沒有亂行動，沒有胡作非為，卻意外得到了災禍。高亨先生《周易大傳今注》認為這裡大略是脫了一字，應當是「《无妄》，不災也」，意思就是不亂來就不會有災禍。但據朱熹夫子引《史記》，認為這個「无妄」是「無望」，就是沒有什麼期望，卻有意外的收穫。這是從好的一面來講《无妄》，變成了「无妄，運氣也」。

《无妄》上卦為乾、為天，下卦為雷、為動。所以這一卦的《象》辭說「天下雷行，物與」，即說天穹之下，雷動不止，萬物生長。卦辭說：「元亨利貞，其匪正有眚，不利有攸往。」意思是雖然占卜得「元亨利貞」，但如果其行為不正當，則有災禍，不利於有所行動。《象》辭解釋這一句：「无妄之往何之矣？天命不佑，行矣哉。」就是講如此狂妄的行動，準備去哪裡呢？狂妄的行動，上天是不會庇佑的，算了吧。

初九爻「无妄往，吉」。不亂行動，是吉的。換成今天的話來講，就是老老實實謀發展、安安心心不折騰，這樣才是吉的。我們的生活中有太多的折騰，有時是自以為是的正確而折騰，有時就是為一己私利的瞎折騰。不管哪種折騰，從歷史經驗來看，凡是不符合實際的折騰，對社會、對時代都是一種破壞，都是弊大於利。新朝王莽變法、宋代王安石變法，初心不可不謂光明正大，但不符合實際，就成為了折騰，落得個勞民傷財、社會割裂。當然了，還有一種折騰，就是典型的瞎折騰，沒有任何意義。比如有的人常常挑事，今天約著張三鬥李四，明天約著李四鬥王五，總之就是自己一刻不安生，也讓別人一刻不安生。一個組織或一個地方，只要有這樣的人，就會硬生生地折騰起來。古人講「無為而治」，其實說的就是不折騰。一個社會折騰久了，誰也受不了。

六二爻「不耕，獲；不菑，畬；則利有攸往」。菑，需要開墾的生地；畬，耕種了三年的熟地。這裡的意思是：不耕種就想收穫，不開墾生地就想種熟田，（這個是癡心妄想）。如果有這種打算，還不如外出（經商）有利可圖。但如果依朱熹夫子的「無望」解，則是無所為於前、無所待於後，因為無私意期盼之心，則利有所往，意思變成了「無為而成」，反倒是好的了。

六三爻「无妄之災，或繫之牛，行人之得，邑人之災。」遇到了意外的災禍，因為有人把牛繫在了外面，路過的人順手偷走了牛，結果這個地方的老百姓倒楣了，受到了牽連。南北朝之時，後趙猛將冉閔功勳卓著，因和後趙皇室的權勢之爭，最後決定反叛後趙。他在鄴城頒佈殺胡令，命令殺掉城裡所有胡人，甚至許多長相與胡人相近的漢人也慘遭橫禍。短短數天時間，無辜被殺的人多達二十萬。冉閔在都城屠殺胡人後，又將《殺胡令》頒佈到全國各地，致使中原胡人被屠殺大半，羯族人也基本滅絕。這種慘絕人寰的悲劇，不僅僅是胡人的悲劇，也是所有中國人乃至全人類的悲劇。對冉魏這些梟雄豪傑來說，他們爭奪天下，獲勝了，則是「得之」；而廣大百姓在這亂世之中遭受無窮的災難，就是「无妄之災」。

九四爻「可貞，无咎」。占問可行，沒有害處。為什麼沒有害處呢？《象》辭解釋「固有之也」，因為本來就是可行的嘛。沒有亂來，不輕舉妄動，所以「无咎」。

九五爻「无妄之疾，勿藥有喜」。不是妄為而得的疾病，不用吃藥也會好的。比如說太累而病倒了，這個時候需要好好休養，調理作息，就算不用吃藥，身體也會慢慢康復的。這種情況在現在的社會很常見，城市裡面的人加班、熬夜、疲於工作，經常處於亞健康狀態，時間長了就會引起一些疾病問題。我們去看醫生，醫生也會建議注意休息，睡眠要充足，多吃點水果蔬菜，適當運動。醫生的這些建議就是告訴我們「勿藥有喜」。

上九爻「无妄行，有眚，无攸利」。不要亂來，如果亂來則會有災禍，不會有好處。這是警告人們不應該自以為是地胡作非為，否則只會帶來負面影響。

概而言之，《无妄》一卦講的就是一切行動都要合於自然，合於自然的行動才不會有災禍；違反自然，出於一己私利而進行的行動，都是無知妄行，必然會導致災禍。換成我的理解，就是不要亂折騰。亂折騰，就會導致「有眚，无攸利」，小則讓身邊的人跟著倒楣，大則讓整個時代和社會跟著崩潰；所以，不折騰是為了保護別人和群體。魯迅先生曾經講：「古國的滅亡，就因為大部分的組織被太多的古習慣教養得硬化了，不再能夠轉移，來適應新環境。若干分子又被太多的壞經驗教養得聰明了，於是變性，知道在硬化的社會裡，不妨妄行。單是妄行的是可與論議的，故意妄行的卻無須再與談理。」其實可怕的就是這種「故意妄行」，那是真正的不可理喻和壞。

《春光好》和陶穀的辭屈

《繫辭》裡面有句話，是：「誣善之人其辭遊，失其守者其辭屈。」後人對這一句話的解釋有好多種，比較常見的一種解釋是：那些污蔑好人的人，他們說話一定是遊離不定的；那些失去操守的人，他們說話一定是畏畏縮縮的。因為污蔑好人，他心中知道自己在做不對的事情，知道自己不那麼光明正大，再怎麼厚顏無恥也不可能完全心安，說話也必定含含糊糊、顧左右而言；而那些沒有操守的人，他們不能理直氣壯地回應旁人的詰問，所以說話必定支支吾吾、不斷退縮。

話又說回來，這些人為什麼要「誣善」？為什麼要「失其守」？我想，他們大都無非是想「榮華富貴」。一般人在財富、權勢的誘惑面前很難抵禦，有的人不惜屈節降志，有的人不惜出賣他人，所以才會「其辭遊」和「其辭屈」。不過，儘管世上不乏喜歡馬屁精的上司，也不乏拍馬屁、幹壞事升上去的小人，上司儘管會使用、會喜歡這樣的人，但他從骨子裡未必看得起這樣的人，因為他也知道，這種失去良知的人，只能利用而不可信任。

宋初之時，有一個知識份子叫陶穀，此人文化水準很高，博通經史，才華過人，仕途歷經後晉、後漢、後周等多代不倒。不過他人品低下，為後人所不齒。在後晉時期，他曾得到李崧的提拔。後漢建立後，李崧遭到敵手迫害，在家稱病不出。陶穀為了討當權者歡心，經常在大眾場合拼命詆毀誣陷他，顯得自己和李崧勢不兩立——這有點像我們幾十年前某一段不正常的時期，有的人因為某些原因被打倒之後，一些本來的朋友或熟人便馬上翻臉，積極參加到鬥爭他的行列，其六親不認、兇狠嚴酷的姿態顯得比一般人還要高昂。李崧遇害後，他的族侄李昉曾因公去拜訪陶穀。陶穀問：「你認識李崧嗎？」李昉說：「他是我遠房族叔。」陶穀這個時候有些自得地說：「李崧被除去，我可是出過力的。」李昉不禁目瞪口呆。陶穀這種奇葩，也算是舉世罕見。後來趙匡胤陳橋兵變，黃袍加身後返回開封，在眾將簇擁下受禪。然而禪讓儀式的正式文告並未事先準備。這就尷尬了：一個沒有正式文告的儀式是不完美的，是要被後人笑話的。就在這緊要關頭，陶穀不慌不忙從懷裡拿出早就寫好的禪讓文告，得意洋洋地對趙匡胤說：「已成矣。」這才圓滿地解決了趙匡胤登基儀式上的難題。其實，陶穀並未參與兵變密謀，只是通過多年混跡官場的經驗，事先起草好了後周的禪讓詔書。他窺測風向、超人文筆、伺機等待飛黃騰達的心思，著實讓人佩服。

然後他沒有想到的是，儘管幫了趙匡胤一個大忙，但趙大佬心裡很鄙視他的為人，「太祖甚薄之」，並沒有重用他，只安排他做了個翰林虛職。像趙匡胤這樣聰明的大佬都知道，陶穀這種人今天可以沒有原則的逢迎你、諂媚你，明天就可以沒有原則的拋棄你、詆毀你，所以絕不可重用。陶穀曾經說：「吾頭骨法相非常，當戴貂蟬冠爾。」就是吹噓自己長得有異相，富貴非常，可以做很大很大的官。當時的人聽了他這話，都忍不住對他冷嘲熱諷。陶穀做翰林虛職做了一段時間，發現趙匡胤任用的宰相聲望文采都不如自己，心裡很不服氣，便找人向趙匡胤推薦自己，說自己堪當重任。趙匡胤一笑了之，故意說：「我聽說他寫的東西不過都是拷貝前人的文章，改一改詞語而已，這就像俗話說的依樣畫葫蘆耳，他哪裡有什麼真本事。」陶穀聽說了趙匡胤的這個話，很是不爽，忍不住牢騷滿腹地作了一首詩，題於翰林的牆壁上：「官職須由生處有，才能不管用時無。堪笑翰林陶學士，年年依樣畫葫蘆。」這就是「依葫蘆畫樣」這句話的來由。趙匡胤聽說後，對他更加不滿，「遂決意不用」，宣告了陶穀政治前途的完結。從歷史經驗來看，像陶穀這種人的結局，一般都是被主子利用完之後，會被毫不留情地拋棄。這也算活該吧。

我們還要看到，像陶穀這種「誣善」、「失其守」的人，還常常喜歡「作偽」，表面上會裝出義正辭嚴、冠冕堂皇的樣子，但只要被人抓住小尾巴，就會立刻顯出原形。就是孔子說的「不直」。因為內心「不直」，才故意在外表上顯得自己很「直」。

據《南唐近事》、《玉壺清話》等記載，後周顯德年間，陶穀曾接受朝命，以抄書為藉口出使南唐刺探國情歷時半年之久。陶穀自恃國勢強大，對南唐小國不屑一顧。訪問南唐時倨傲無禮，裝腔作勢，「辭色毅然不可犯」，讓南唐君臣很不爽。這有點像現在的某些大國，依仗軍事先進、經濟強大，對弱小國家不放在眼裡，一顆導彈直接就打到人家的國境內，想怎麼欺負人家就欺負人家。南唐大臣韓熙載——就是那個有名的《韓熙載夜宴圖》中的主人公——心裡很是不服氣，想打擊一下這個自大狂的氣焰。他打聽到陶穀比較好色，就秘密給陶穀設下了一個套：他先找了一位叫秦弱蘭(亦作「秦蒻蘭」或「秦篛蘭」)的絕色歌姬，假裝扮成驛卒的女兒，穿著破舊的衣服，事先安排在陶穀居住的驛館內打掃衛生，為陶穀做一些家政服務。陶穀「偶然」遇見了歌姬，果然「見之而喜，遂犯慎獨之戒」，與其幽會往來。神魂顛倒的陶穀還為歌姬寫下了著名的《春光好》（亦作《風光好》）：「好姻緣，惡姻緣，只得郵亭一夜眠，別神仙。琵琶撥盡相思調，知音少，再把鸞膠續斷弦，是何年?」第二天，南唐後主設宴招待陶穀，陶穀還是和以前一樣裝腔作勢、牛皮哄哄。這個時候主人招呼出歌姬秦弱蘭，讓她唱著這首《春光好》，敬陶穀的酒。搞得陶穀很不好意思，「大沮，即日北歸」，從原來的「辭色毅然不可犯」，變成了一句話都說不出來，並且趕緊溜之大吉——這就是典型的「失其守者其辭屈」。陶穀被陷美人計並贈詞故事，在當時就很快傳開來，成為了一個笑話。

宋代的江少虞曾評價說：「陶穀，自五代至國初，文翰為一時之冠，然其為人，傾險狠媢。」一個「險」，一個「狠」，一個「媢」，道盡陶穀無底線、昧良心、馬屁精的醜陋形象。

其實，一個人在說話的時候，他內心深處完全明白自己說的話是發自真心還是出於假意，所謂「作偽」也只能騙騙別人，但騙不了自己。《繫辭》說：「知幾其神乎？君子上交不諂，下交不瀆，其知幾乎？幾者，動之微，吉凶之先見者也。」君子對上交往而不諂媚，對下交往而不輕侮，因此在人說話的一刹那，心機一動，「誣善」也好，「失其守」也好，吉凶其實已經判定，即「情偽相感而利害生」。釋家所言的「不妄語」，往小處說，亦即是有不「誣善」、不「失其守」的因，才有不「辭遊」和不「辭屈」的果。《易經》能告人以吉凶，但按照儒家尤其是宋儒的觀點，吉凶其實並不單純隱藏在不可知的神靈那裡，也不可只企圖於不可知的神靈的庇佑，吉凶其實更在於人之才德、在於人與人之交往關係中的準則。人之心術不同，其言辭則不同，結果好壞也就不同。要知道，吉凶在個人作出行動、說出言語的那一刻，便已經呈現。

亂講話，有麻煩

《左傳・宣公六年》裡面記錄了件事，就是亂講話，讓自己完蛋的故事。原文是：

鄭公子曼滿與王子伯廖語，欲為卿。伯廖告人曰：「無德而貪，其在《周易》豐之離，弗過之矣。」間一歲，鄭人殺之。

翻譯過來就是說：

鄭公子曼滿跑過來對王子伯廖傳小話：「我想當國家大領導，呵呵。」春秋時的卿相當於今天的國家級幹部。大概他以為王子伯廖是自己的鐵哥們，可以隨便說說。沒想到，伯廖這傢夥不但沒有幫他保守秘密，轉過身來就對別人講：「這個傢夥，無德而貪，這在《周易》裡面，是豐卦變成離卦。過不了三年，他就會完蛋。」果然，隔了一年，鄭人就把鄭公子曼滿幹掉了。

伯廖之所以認為鄭公子曼滿要完蛋，主要有兩個原因：一是這個人「無德而貪」。沒有品行不說，還貪得無厭，怎麼可能做國級幹部？就算勉強做到了，又如何能保全其身？《周易》裡面說的元亨利貞，實乃講君子之事，所謂「君子體仁足以長人，嘉會足以合禮，利物足以和義，貞固足以幹事。君子行此四德，故曰元亨利貞。」鄭公子曼滿無此四德，必不足觀。

二是伯廖大概為鄭公子曼滿算了一卦，算出來的卦是《豐》之《離》。就是《豐》卦的上爻由陰變陽，變成《離》卦。我不曉得伯廖是用什麼方法算出來的卦象，猜想應該是大衍之數，因為那個時候火珠林和梅花易數還沒有流行。《豐》卦上爻的爻辭為：「豐其屋，蔀其家，窺其戶，闃其无人，三歲不覿，凶。」意思是：大佬他搞起了高樓廣廈，但家裡被陰影遮蔽著，偷偷看他這家，卻悄然無人跡，三年見不到什麼人，凶！所以伯廖根據這一卦象，伸出三個手指，判斷說：「三年，這傢夥就會完蛋！」結果居然被他蒙對了。

這個故事深刻地告訴了我們：第一個，千萬不要和人家亂講話，搞不好會出問題的。第二個，就算亂講話，也要看看對方是什麼人。有的人臉上對你笑嘻嘻，心裡對你陰森森，這樣的人尤其要注意。《繫辭》裡面講過：「亂之所生也，則言語以為階。君不密則失臣，臣不密則失身，幾事不密則害成。是以君子慎密而不出也。」亂為什麼會發生？都是從言語之間開始的。君主不注意保守機密，則會失去臣子；臣子不注意保守機密，則會讓自己處於危險，自身難保；做事情不注意保守機密，則容易危及結果，因此君子要謹慎地保守機密不要洩露。講的就是這個道理。我們看歷史書，古往今來的宮廷鬥爭，勝敗往往只在一瞬間，常常因為一個人的口風不密，而導致整個局勢發生改變。這就是為什麼歷來的政治人物都要強調「君子慎密而不出也」的原因。比如在明朝，宦官和大臣之間的鬥爭異常激烈，相互之間的勝敗往往就因為一點點消息的洩露，就會完全扭轉。所以搞得大臣也好、宦官也好，所有人都不得不十分注意「保密工作」。

另外一方面，中國人自古很重視言辭，所以才有「講話要有點藝術」這樣的說法。《繫辭》就說：「吉人之辭寡，躁人之辭多。」吉祥之人說話謹慎而少，急躁不安定之人亂講話。換而言之，就是不亂講話的人比較好，亂講話的人就比較麻煩。

作為普通人，隨便講話可能有時候也不會有大問題，但作為公眾人物或者作為政治家，說話就要注意謹慎了，講話不能亂講、講話要有藝術，都是從政的基本功。《論語》裡面講子張學干祿，孔子說：「多聞闕疑，慎言其餘，則寡尤；多見闕殆，慎行其餘，則寡悔。言寡尤，行寡悔，祿在其中矣。」就是告訴子張，怎麼才能當上領導呢？一個是要多聽，有疑惑的地方先擱置，有把握的地方說出來的時候也要謹慎，這樣就能少犯錯誤。二個是要多看，有疑惑的地方先擱置，有把握的地方去做的時候也要謹慎，這樣就能減少後悔。說話有過失的地方少、做事有後悔的地方少，官職俸祿就在其中了。套用時髦的話來講，就是將一個「公共領域」的幹部制度話題，轉化為「私人領域」的言行舉止問題。但不管轉化為什麼話題，講話一定要謹慎這個道理則是古今通用。

《左傳》記載了連稱、管至父的叛亂，從一定程度上講，這個叛亂就是因為齊襄公亂講話引起的。當時齊襄公派連城和管至父兩位大夫駐守葵丘，承諾說等瓜熟之時就把他們替換回來。這個感覺有點像派兩位大夫去條件比較艱苦的地方奉獻，等過一段時間就把他們調回來嗨皮一下。結果到了約定的時間，齊襄公沒有提及這事。連城和管至父打報告要求把他們調回來，齊襄公不同意。連城和管至父因此很不高興，與公孫無知一起聯合起來造反，把襄公幹掉了，立了公孫無知為國君。這就是政治人物亂講話惹出大麻煩的例子。我記得看過一部官場小說，裡面講到某官員在喝酒之後一時興起，提到自己的從政經驗，第一條就是管好自己的嘴巴。或許這從另一個角度也說明瞭「吉人之辭寡」。

至於「躁人之辭多」，《墨子》裡面有個很好的故事可以供參考：

子禽問曰：「多言有益乎？」墨子曰：「蝦蟆蛙蠅，日夜恒鳴，口乾舌擗，然而不聽。今觀晨雞，時夜而鳴，天下振動。多言何益？唯其言之時也。」

說那麼多有什麼用呢？說得太多，就跟蝦蟆蛙蠅一樣惹人煩；關鍵時候說一句，才會振聾發聵。

不多說了。

流自己的汗，吃自己的飯

教育家陶行知先生曾說過：「吃自己飯，流自己的汗，自己的事情自己幹。」傳說鄭板橋臨終前留給兒子的遺言，也是類似的話：「淌自己的汗，吃自己的飯，自己的事情自己幹，靠天靠地靠祖宗，不算是好漢。」不管是鄭板橋說的，還是陶行知先生說的，意思大體差不多，就是強調自力更生，自己養活自己，不要幻想依靠別人。如果把自己的人生寄託在別人身上，那是靠不住的。《頤》卦的大義，即是此意。

《頤》卦，上為艮卦、為山，下面為震卦、為雷，因此《象》辭講「山下有雷」。《彖》辭的解釋是：「養正則吉也。觀頤，觀其所養也。自求口實，觀其自養也。天地養萬物，聖人養賢以及萬民。頤之時，大矣哉。」大概意思就是說，只要是合乎正道的頤養（合乎時機的頤養、合乎制度的頤養、合乎道德的頤養），就是吉的。天地能貢獻它的能量，頤養萬物；聖人能貢獻他的力量，讓有品行的人和民眾都能無憂慮的生活、發揮作用。這就是《頤》卦的大道所在。

初九爻「舍爾靈龜，觀我朵頤，凶」。捨棄你珍貴的靈龜，來窺看我吃的肉塊，這個是不好的。就是講有的人啊，明明自己有很珍貴的東西，或者有很好的條件，偏偏不自知或者不自珍重，反而羨慕、覬覦他人的東西，其結果就是自己的好東西沒有利用好，別人的東西也拿不到，竹籃打水兩頭空。另外一層意思就是講捨棄自己非常寶貴的靈龜，覬覦別人的肉塊，徒羨別人的食物，但不能自我飽腹，這不但愚蠢，也很危險。從頤養的角度來講，就是自己不好好發揮自己的能力和條件，不想自力更生，而只想著覬覦別人的飯碗，這個是不行的。這使我想到某個傳說故事：有個求仙劍之人，看不起自家傳下來的笨功夫，四處拜師學藝。遊歷江湖多年，終於學到了一身本事回來。看到自家後代傳人還在一板一眼地練習吐納呼吸，似乎毫無進步，便更加看不上自家的法門了。一日仇家上門挑戰，他使出所有的法術，都被仇家輕易化解。這個時候，他家一個僕人站出來，使出家傳功夫，終將仇家擊退。僕人告訴他說：「你家傳下來的法門，踏踏實實練上一二十年，哪裡不如其他的流派？你卻捨了自己的精華，去學別人家的花拳繡腿。」這個故事講的就是「舍爾靈龜，觀我朵頤」的道理。

六二爻「顛頤拂經于丘頤，征凶」。這一爻按照高亨先生的解釋，是講一個人將（不正當而得到的）食物填進嘴裡，招致了在山坡之上被擊打腿脛之屈辱，這是不利於出行的徵兆。這說明不是正當得來的頤養，是有風險的。另外一種解釋，為什麼這一爻不好呢？是因為它自己不爭氣，不想自己好好養活自己，就想著求別人頤養，到處「求包養」。它顛倒頤養之道，違反了正常的道理，（是不好的）；向上求別人之養，此去必凶，（也是不好的）。這是一種解釋要結合爻象來看。按照《周易淺述》的觀點，它往下求初九爻之養，是顛倒了頤養的道理——這個世道哪有地位高的人求地位低的人包養的？除非是別有隱情，否則沒有這麼做的道理。反過來，它往上求上九爻（上九爻為「丘」）頤養，地位又不相匹配，屬於妄求於上，而不會有回應，因此是凶。就像有的人挖空心思要去巴結地位高高在上的人，妄求得到一些恩惠施捨，可能適得其反。

有個古代故事講，一個窮酸秀才想走捷徑出人頭地，偶爾聽別人說皇上迷信祥瑞，喜歡歌頌祥瑞的詞賦，便動足腦筋寫了一篇洋洋灑灑的祥瑞賦，想盡辦法遞交到了某大臣手中，請求大臣幫他遞交給皇上。但沒想到的是朝廷之中甲乙兩黨之爭劇烈，兩黨尤以是否認同祥瑞為分歧。皇上原本支持認同祥瑞的乙黨，可發現乙黨在朝廷中漸漸一支獨大，為平衡權力，便開始轉來支持甲黨。窮酸秀才的祥瑞賦這時被呈了上來。皇上正愁找不到機會來表達自己的意圖，這正是送上門的靶子。皇上即在祥瑞賦上做了一通嚴厲的批示，把這窮酸秀才罵了個狗血淋頭，說他枉自讀了這麼多聖賢書，卻不明聖賢的道理，還用這些無恥佞媚之言來蠱惑朝廷，須得狠狠懲治，以儆效尤。可憐的窮酸秀才不但沒有撈到好處，反而從此斷送了前程。這就是媚上求養的「征凶」。

六三爻「拂頤，征凶，十年勿用，无攸利」。違反了頤養之道，出行有凶，十年不能所用，得不到什麼好處。這裡強調的還是不要違反頤養的常理。

六四爻「顛頤，吉。虎視眈眈，其欲逐逐，无咎」。因為六四爻是陰爻，它去養初九爻，是以陰養陽，顛倒了頤養之理；不過因為六四爻在上，以上養下，故而算是吉的。所以這一爻的《象》辭說「顛頤之吉，上施光也」，在上能夠佈施養人，這是光明的，因此是吉的。

說到「顛頤」和「以陰養陽」，這裡想到了唐人傳奇《集異記》。此書記載了大詩人王維見玉真公主之事。後來，這個故事演變成大家津津樂道的玉真公主與王維的緋聞故事。書載王維在歧王府第一次見到玉真公主，玉真公主被他的「妙年潔白，風姿都美」迷住了，又聽他一曲《鬱輪袍》，更加傾倒，於是答應幫王維謀劃科舉應試，助其一舉登第。後人根據這個記載，演繹出玉真公主強行「包養」王維，大詩人成為玉真公主床上常客的故事，還說王維最後走向空門，就是因為這一段經歷給他留下了一生的心理陰影。其詩云「一生幾許傷心事，不向空門何處銷」，即說此事。這一個緋聞故事就很能說明「以陰養陽」的「顛頤」的道理。

六五爻「拂經，居貞吉，不可涉大川」。非正道之養，應安居其位不輕易妄動，不可涉大川。《周易淺述》認為六五爻以陰爻居尊位，不能養人，反而求上九爻之養，故而違背了頤養之正道。不過，「居尊位能夠順陽剛之德以為養，又艮體之中，故有靜安於正而得吉象。陰柔不可以大有作為，故又有不利涉大川之象」。

上九爻「由頤，厲，吉，利涉大川」。被人幫助頤養，雖然有風險，但還算吉的，有利於涉大川。高亨先生認為這是指君主對臣民輔助養之，則遇危險之事，可得臣民之支持，從而轉危為安，化險為夷，雖厲也吉。另有解釋認為，這裡指或依託上九爻來養人，或跟隨著上九爻養人，上九爻位高，需謹慎為好，這樣雖然有危險，也還能吉。

從《頤》卦的各爻辭來看，頤養之道大有講究。「求養者多不正，故多凶」，就是要求我們不要乞求別人的包養，乞求別人包養是靠不住的；「己得其養，然後可以及人也」，我們如果能自養自立，隨後還可以幫助別人，這就是「養人者多得正，故多吉」。

簡單歸納起來就是：自養者吉，養人者吉，求養者凶。也就是前面那句話說的：「留自己的汗，吃自己的飯。」這樣做人最心安，最自在。

每一次艱難前行都有收穫

有的人似乎天生運氣很好，生活總是順順當當。有的人卻很坎坷，總是需要不停地拼搏、奮鬥，而且也不一定能夠得到相應的回報。有人講這就是「命」，命好或者命不好嘛。不過中國人講「命」或「天命」的時候，既指客觀的自然，也指不可捉摸的神靈；既指先驗，也指經驗。故而中國人一方面相信「命」，相信人總是處於這個世界不可把握的偶然性之中；另一方面又相信人在這個偶然性的世界中，通過自身努力可以去調適、影響偶然，從而能夠在一定程度上擺脫偶然。這就是「改命」和「轉運」。

讀《蹇》卦，也可以發現這一點：不管信或不信「命」，通過自身的努力和堅持，總會得到命運的眷顧。

《蹇》上為坎卦，為水，為險；下為艮卦，為山，為止。所以《彖》辭講：「難也，險在前也，見險而能止，知矣哉！」即說《蹇》卦的含義是艱難，危險或者風險就在前面，但察覺到險況而能停止，這就是智慧。不過要注意，這裡的「停止」，並非指滯留不動、毫無作為，而是講不要發現了危險還不顧一切亂來，要根據實際情況考慮周全之後再前行。按高亨先生所說，即是告訴人們，當其時無冒險之必要，且冒險為必敗之道，則見險而止；當其時有冒險之必要，且冒險有成功之望，則見險而止，非也，所以才有「《蹇》之時用大矣哉」。這個有點像打仗，如果前方有危險，將帥則需要仔細謀劃前進的勝敗概率，如果勝利的把握較大，則遇險而上；如果勝利基本沒有希望，則見險而止。當然，也有一些例外，比如原本勝利的概率很小，但因為對方突發不利事件，比如統帥突然去世、後方突發內亂等等，那麼就有可能轉敗為勝。但這種偶然因素在實際的戰鬥中也必然需要考慮進去的，也屬於「以時為準」。明人講「啟期三樂，藏用五知」，春秋時候的隱士榮啟期雖然生活清貧，但對自己的人生感到很滿足快樂；宋代人李若拙以知時、知難、知命、知退、知足的豁達態度對待人生。《蹇》卦此處起碼已經包含了「知時」、「知難」、「知退」了。

《象》辭「山上有水，《蹇》，君子以反身修德」，就是講《蹇》卦的象如同山上有水，水要穿越層層疊疊之山石，繞過彎彎曲曲的山谷，其流淌之道路艱難。《蹇》卦以水比喻人之美德，象徵著君子身上的美德需要克服種種艱難始得光大。君子觀此卦象，即可明白反求諸己，以修其德。

佛家裡面有個講法，就是說每個人皆有佛性，每個人都可以成佛。但為什麼每個人都還不是佛呢？是因為人的佛性被各種障礙遮蔽著不能顯現，只有將這些障礙除去，方能成佛。就如同蒙上塵垢的銅鏡，惟有磨掉這些塵垢，才能顯現光明。當初釋迦牟尼佛菩提樹下證悟以後，便說：「奇哉奇哉，一切眾生皆具如來智慧德相，只因妄想執著，不能證得。」在《蹇》卦裡面講「君子反身修德」，也就是類似的道理。它同樣要求反求自身，通過努力，將藏在自己身上的美德顯露出來，才能成就自己。

初六爻「往蹇，來譽」。去的時候很艱難，回來的時候很安適。「譽」，通「與」，《論語・鄉黨》「與與如也」，就是徐徐安行之意。這裡講某人去的時候艱難而行，回來的時候徐徐安詳。為什麼去的時候顯得很艱難，回來去很安適呢？據說這一爻講的是商人出去做生意之事。古人做生意沒有現在這麼簡單便捷，除了怕買賣虧本，還怕路程難行、盜賊侵害，來去一次很不容易。因此商人出去的時候感覺有點風險，不知道能不能賺錢、能不能安全回來，比較擔憂，所以是「往蹇」；結果這次出門很順利，賺了錢，很開心，所以他回來時安適自在。

六二爻「王臣蹇蹇，匪躬之故」。大臣們的處境難上加難，不是他們自身的原因，而是環境所致。這講的是人處於一個不利的境遇中，但這種境遇不是自身的原因造成的，因此依然要堅持信念，克服艱難並繼續前行。當然，另外一種解釋認為，這是指大臣們都忠於職守，敢於犯顏直諫，不過自身安危，不為一己之私，而是想指出君主的過失，為國家興亡盡責；如此行事，常常會得罪君主，所以處境很艱難。

《漢書・循吏傳》記載，龔遂在昌邑王劉賀手下當差的時候，正直不阿，常常直言犯諫，搞得劉賀下不了臺。有時候他毫不客氣地直言劉賀的過失，搞得劉賀只好站起來捂住耳朵溜掉，說：「你也太不給人面子了。」後來劉賀被立為皇帝，但僅僅過了二十多天便被廢黜。前段時間考古學者挖掘出來的海昏侯墓就是這個劉賀的。因為他的群臣沒有盡到輔佐之責，被處斬者有二百多人。只有龔遂和中尉王吉因為多次勸諫而免除一死，處以髡刑、罰苦役。龔遂這境遇就是「王臣蹇蹇，匪躬之故」。

九三爻「往蹇來反」。去的時候艱難，回來的時候很喜悅而沉穩。「反」借為「反反」，喜悅美好、莊重沉穩的樣子。《詩經》「其未醉止，威儀反反」，即是此意。這是講某人出行之時，尚有艱難險阻在前，回來時克服了這些不利因素獲得勝利，故而有喜悅盛大之貌。不過，在日常生活中，有的人做事情喜歡吹牛皮，所以常常是「去的時候洋洋得意，回來的時候垂頭喪氣」；這個九三爻剛好相反，不喜歡吹牛皮，做事情之前，先把不利的因素考慮周全了，結果反而是好的，就是「去的時候垂頭喪氣，回來的時候洋洋得意」。

六四爻「往蹇來連」。去的時候很艱難，（因為成功了），回來的時候坐車回來。「連」，《集解》引虞翻：「連，輦也。」為「負車」的意思，富貴人所乘的人力拉小車。這就像剛開始出去做生意的人，錢沒有多少，實力也不強，做什麼都比較艱難。在大城市只能租地下室，平常擠地鐵，騎個共用單車。後來發達了，財大氣粗，買了個寶馬賓士開回家，「往蹇來連」了。

九五爻「大蹇朋來」。大困難，後來獲得很多錢財。在做生意之時遇到了極大的困難，比如資金鏈快斷了，銀行貸款到期了，生意夥伴撤資了，金融危機來了等等，反正最困難的事都遇到了，然後堅持過來了，獲得了很大的回報。這就是「大蹇朋來」。有個商界的朋友曾和我聊他的過往故事，說他剛到上海的時候，有一陣子困難得連盒飯都吃不起，騎著黃魚車在三十六七度的大夏天幫人去送貨，那個時候覺得人都快絕望了。後來挺過了這一段時間，事情慢慢順利起來，賺了不少錢。

上六爻「往蹇來碩，吉，利見大人」。去的時候很艱難，回來有大收穫。吉，利於見大人。《象》辭解釋這一爻為什麼「利見大人」呢？因為「以從貴也」，是跟從了貴人，追隨尊貴的君主去建功立業。

所以，《蹇》卦從頭到尾，都在講開始時比較艱難，但後來都大有收穫。《周易通義》講「《屯》卦說許多難事，主要記事；《蹇》卦說由難變不難之理，主要說理」，這就是講事物對立轉換的辯證關係。《蹇》卦講從艱難變為不難，它裡面有這樣的邏輯：一個是艱難前行，必定會有危險，對待危險要有智慧，要懂得「知險而能止」，不可以貿然而行，這就是「知矣哉」。但這個「知險而能止」並不是要求停滯不動，而是「以待時也」，要懂得時機的選擇，這樣才能由艱難轉為不艱難。二個是如果想要克服艱難、有所收穫，很重要的一點是要「反身修德」，就是要練好內功，才不怕別人的挑戰。這個世界變化太快，以至於很多時候我們都焦慮自己趕不上它的變化；不過按照《蹇》卦這裡的觀點，這個時候不用焦慮，「反身修德」、練好內功，終究會克服這些變化、困難。就是我們平常講的「風雨之後有彩虹」，要相信你的每一次艱難前行，必定能帶來收穫。

心無惡念，何困之有？

西元954年，也就是後周顯德元年，七十三歲的馮道在家中去世。這個自稱「長樂老」的癡頑老頭終究離開了亂哄哄的世界，去尋求自己真正的「長樂」了。他在亂世中歷經四朝十代君王，在宰相的位置上常常是搖搖晃晃卻從未真正倒下，故而世稱「十朝元老」。這一段神奇的人生給後世留下了截然不同的看法：有人對他恨之入骨，說他「忘君事讎，萬世罪人，無復可論者」；有人卻對他讚賞有加，稱讚說：「夫管仲降志辱身，非聖人不足以知其仁，求諸後世，狄仁傑、馮道庶幾焉。」有人寫詩諷刺他：「亡國降臣固位難，癡頑老子幾朝官。朝梁暮晉渾閒事，更捨殘骸與契丹。」這種刻薄的嘲諷，幾乎要將他在歷史上一筆抹殺了；有人卻為他辯解，認為他處於亂世不貪不橫，還盡力為百姓做實事，實屬難得，對他的評價不能太苛刻。

蘇轍在《歷代論》中曾說：「馮道以宰相事四姓九君，議者譏其反君事仇，無士君子之操。大義既虧，雖有善，不錄也。吾覽其行事而竊悲之，求之古人，猶有可得言者……雖為宰相，而權不在己，禍變之發，皆非其過也。明宗雖出於夷狄，而性本寬厚，道每以恭儉勸之，在位十年，民以少安。士生於五代，立於暴君驕將之間，日與虎兕為伍，棄之而去，食薇蕨、友麋鹿，易耳，而與自經於溝瀆何異？不幸而仕於朝，如馮道猶無以自免，議者誠少恕哉。」就是講：有人評價馮道大義有虧，所以對他持否定態度，這是不對的。馮道雖然身為宰相，但真正的權力不在他手中，國家發生動亂禍變，都不是他的過錯。而且他事君之時，以恭儉勸說君主，讓老百姓稍等安寧，這是很不容易的。蘇轍還以管仲事桓公、晏嬰事景公等為例，說明馮道事君的道義不虧，又以孔子答子貢「管仲相桓公，霸諸侯，一匡天下，民到於今受其賜」，證明聖人也會贊同馮道事君的選擇。蘇轍的這一見識，著實比譏諷者高明。中國雖有強調「忠君」的傳統，但也要看到強調「聞誅一夫紂矣，未聞弒君也」的傳統，認為君主的權力來自於「天授」，同時也應該順乎「民心」，假如君主的所作所為違背了「天命」，得不到「民心」，那麼君主的權力自然也不再具有合法性。《周易》講「湯武革命，順乎天應乎人」，就是講「忠」的基礎和前提是「順天應人」，將這種「忠」建立在「天授民與」的條件之中，並不贊成無條件地愚昧地效忠某一君某一帝。假如在「君」與「天授民與」之間發生了衝突，那麼「革命」或「棄」乃至「誅」都是符合天命和民心的，值得讚賞。

細思馮道的處境，其實整個就是一個《困》卦：困於亂世，困於身份，困於職責，困於處罰、困於俗世的褒貶，等等。儘管被這些因素所困，他能以「長樂老」自嘲，正又吻合了《困》卦彖辭所說的另一層含義：「險以說，困而不失其所，亨，其唯君子乎？」——在危險中還能愉悅，雖然所處困境但還能不失去其安身之所，所以還是亨通的，這大概只有君子才能做到吧。

《困》卦辭講：「亨，貞大人吉，无咎。有言不信。」亨通，如果是大人占卜的話，是吉的，沒有過失，你說的話別人不相信。（「有言不信」的另外一種解釋是：別人說的話，你不要相信。但這裡不取這一種解釋。）還是以馮道來說吧。如果占卜到這一卦，像他這樣的大人君子才會吉利，不會有過失。如果是宵小無恥之輩，就難說了。

「有言不信」，在亂世紛紛的情況下，不要多話，說了別人也不相信。顯德元年，後周世宗想要親征劉崇，馮道極力勸他不要出征。世宗說：昔日唐太宗平定天下，都是親自出征，我為什麼不能親自出征？馮道說：陛下不能和唐太宗相比。世宗又說：漢軍乃是烏合之眾，若遇我軍，如泰山壓卵。馮道又說：陛下不是泰山。世宗大怒，沒有聽從馮道的話，執意出征。這就是「有言不信」。古人如此，現在也如此。比如，我們和領導或者同事、合作夥伴談事情，可能是他們的判斷失誤，但他們堅持己見，聽不進去你的建議，這個時候你就非常無奈，「有言不信」嘛。

《象》辭說「澤无水，困，君子以致命遂志」，意思是《困》卦的上卦為澤，但水隱藏於下，象徵著湖澤中沒有水，因此為「困」。君子應臨危捨命來完成他的志願。面對困境的時候，有人會逃避，有人會變節，而有人依然會不顧危險堅持應該完成的使命。子張講：「士見危致命，見得思義，祭思敬，喪思哀，其可已矣。」見危致命、致命遂志，這是貫通下來的同一個思路。士遇到國家危難時會獻出生命：為什麼要先出自己的生命？因為作為「士」，他的個體生命和國家、民族的大生命是融為一體的，「士」不能蠅營狗苟，只想到他自己。這就是梁漱溟先生講的「廓然大公」。如果沒有這一層的志向、勇氣、擔當，那麼就不能稱之為「士」。如南宋文天祥，其時政局崩壞如此，自身尚處罷官之境，仍散盡家財充軍資抗元。戰敗後被俘至大都，元世祖親自勸降，許以高官，不從，於大都就義。這就是「君子以致命遂志」。

初六爻「臀困于株木，入于幽谷，三歲不覿」。臀部受杖刑，關在牢獄中，三年不見天日。「株木」，指刑杖；「幽谷」，指牢獄。這就是講一個人受困於刑獄處罰。

九二爻「困于酒食，朱紱方來。利用享祀，征凶。无咎」。困於酒醉飯飽，穿朱紅衣服的貴族剛剛到來，有利於祭祀，不利於出征，否則凶，最終沒有害處。這裡是被生活的享樂所困。經常應酬的朋友都知道，我們的酒桌文化實在厲害，一杯杯的酒敬過來敬過去，最後醉倒下一片，喝得第二天昏昏沉沉起不來，有的時候還喝到醫院打針。好像不喝多，就對不起朋友。這當然也是「困于酒食」了。

六三爻「困于石，據于蒺藜，入于其宮，不見其妻，凶」。困於亂石之中，又被蒺藜所圍困，手抓蒺藜的話會受傷。到了家裡，不見妻子，凶。這是講被自然環境所困，又為小人所陷害，最後有不幸的災禍。

九四爻「來徐徐，困于金車，吝，有終」。緩地到來，困於貴族之阻撓，極為困難，但最終還是有好結果的。這是講在社會中，被地位高的人所糾絆，讓其難以舒展自在。當年晉高祖想派大臣出使契丹，這是個有很大風險的差事，群臣都不願意去。當時正在政事堂辦事的馮道聽說此事，主動承擔了這個任務。書吏拿著他草擬的敕令去彙報的時候，忍不住都雙手顫抖，淚流滿面。大家都覺得他這一去大概回不來了。馮道在契丹滯留兩年後，才獲准歸國。這便是「困于金車」。後來契丹皇帝耶律德光攻入汴京，滅後晉。馮道再次見到了耶律德光。這個契丹的皇帝沒好氣地訓斥他：「你怎麼又來見我了？」馮道則回答：「無兵無城，怎敢不來？」耶律德光對馮道這種罵不還口、打不還手的態度很惱火，又訓斥：「你算個什麼糟老頭子？」馮道繼續沒有脾氣地回答：「我是個無才無德的癡頑老頭子。」以低姿態消掉了耶律德光的火氣。這是對個人羞辱的不計較；這種不計較的背後，是對天下蒼生的關切和憐憫。而當耶律德光問馮道：「天下百姓，如何可救？」這個時候馮道說了迴響至今的一句話：「此時的百姓，佛祖再世也救不得，只有皇帝您救得。」按理說，這是典型的馬屁，但這個馬屁不是為了自己，而是為了百姓。這就是功德，就是智慧。有人認為，此後中原百姓能不受侵害，都是馮道和趙延壽暗中庇護的結果。

九五爻「劓刖，困于赤紱，乃徐有說，利用祭祀」。危而不安，被貴族所困，慢慢得以解脫，利於祭祀。「劓刖」，本為割鼻、削腳之刑，依《集解》此處應為「臲卼」，即危而不安之貌。這和九四爻一樣，被社會地位高的人所困，可能最後不一定有實質的危險，但必定會影響人的生活，讓人心境不得寧靜。

上六爻「困于葛藟，于臲卼，曰動悔有悔，征吉」。困於有刺的蔓藤之中，栗栗不安，動則悔又悔，但小小的障礙不足以困阻很長時間，出行是吉的。

從《困》卦的整體意思來看，人困於刑獄（受制於社會的制度）、困於酒食（受制於生活的物質需求）、困於遭遇（受制於自然的災難）、困於貴人（受制於人為劃分的社會等級）、困於不安（受制於精神的不安），可以看出人的一生，都被各種不同因素的主客觀條件制約。人生其實大不自由、大不舒適。但是人依然不得不、也必須在這樣的一種困境中求得生活和發展，並且最終能安放自己的身心，則不能不以最大的勇氣、最大的努力去完成這一生的使命。在這一過程中，人唯有、也應當用最大的善念來對待自己、對待他人、對待世界，才會有最具善意的回報。

所以回到前面講到的，馮道能「險而說，困而不失其所」，和他用善念來面對困境的「立心」和「遂志」分不開的。《繫辭》裡面說《困》卦「窮而通」，講人所處窮困之境而依舊能夠通達順暢；又講「困以寡怨」，指人身處窮囧之境，但仍然多行善事，不做壞事，故而能夠少結仇怨。因此遍觀馮道的一生，切切實實做到了這點。他曾經寫過一首詩，即體現了這種思想：

莫為危時便愴神，前程往往有期因。
須知海嶽歸明主，未必乾坤陷吉人。
道德幾時曾去世，舟車何處不通津。
但教方寸無諸惡，狼虎叢中也立身。

假如一個人果真能用善念對待身邊的世界，又能合理處事處人，哪有什麼困境能困阻他一輩子呢？

長壽的江湖馬仔和小人的福氣

中國人講「壽，富，康寧，攸好德，考終命」五福，其中第一福就是「壽」。只有富、貴沒什麼了不起，你還得長壽。李賀《浩歌》裡面說：「王母桃花千遍紅，彭祖巫咸幾回死。」彭祖和巫咸都是傳說中長壽之人。彭祖這個人從堯帝起，歷夏朝、商朝，活了八百歲；巫咸是商朝大臣，相傳他是神仙人物，壽命自然也很長。普通人能活到一百歲，就很了不起了。對長壽的老人，大家都認為他有福氣。

在金庸小說裡面，寫了一些長壽之人，比如大宗師張三豐，桃花島主黃老邪，大理國前國王一燈法師，老頑童周伯通，以及知名的殘障練武之人柯鎮惡，等等。有人專門考證過他們具體活了多少歲，總體來說都超過九十歲到一百歲了。其實還有一個江湖小人物，他活到一百多歲，也是長壽之人。但因為是小人物嘛，幾乎沒有引起大家的注意。他叫壽南山，本來是大反派混元霹靂手成昆的一個小馬仔，雖然在江湖上混，但生性膽怯，常常畏陣脫逃，被同夥嘲笑為「萬壽無疆」。成昆都嫌棄他根骨太差、人品畏葸，只差他跑腿辦事，從來沒傳授過什麼武功。一次，他和同夥奉成昆之命派發英雄帖，在護國寺中遇到受傷的張無忌和趙敏，同夥都在殺張無忌的時候死於九陽神功的反作用力，他因為不敢下手，反而保住一命。為了不讓他返回少林聯繫成昆，趙敏哄騙他這一生必須居於南方，只要一見冰雪，立刻送命，叫他急速南行，住的地方越熱越好，倘若受了一點點風寒，有什麼傷風咳嗽，都能危及性命。壽南山信以為真，拜別二人後出廟便向南行。他完全聽信了趙敏的話，終身居於嶺南，小心保養，不敢傷風，直至明朝永樂年間方死。雖然沒有做到「萬壽無疆」，但有人研究出他最起碼活了百歲。這算是他因禍得福，樂享天年了。

這個壽南山的故事，使我想到了《繫辭》裡面講過的一段話：

> 小人不恥不仁，不畏不義，不見利不勸，不威不懲。小懲而大誡，此小人之福也。《易》曰：履校滅趾，无咎。此之謂也。

就是說：小人不以不仁為羞恥，不怕自己的行為不義，不看到利益不賣力，不見到威嚴不懲戒。他們要受到小小的懲戒才會警覺自己的過失，才會改正不良習氣。所以小小的懲戒對於小人來說是福氣。《周易》「履校滅趾，无咎」，講的就是這個道理。

「履校滅趾，无咎」來自《噬嗑》卦的初九爻。《噬嗑》卦本義講的是訴訟刑獄之卦。卦辭「亨，利用獄」，講的是利於訴訟。《彖》辭「頤中有物曰《噬嗑》。《噬嗑》而亨，剛柔分，動而明，雷電合而章。柔得中而上行，雖不當位，利用獄也」，講的也是利於刑獄。《象》辭「雷電，《噬嗑》。先王以明罰敕法」，講這一卦象徵著雷電，看到此象，先王要明察刑獄，正其法令。

初九爻「屨校滅趾，无咎」，足戴腳鐐，斬斷掉了腳趾頭，沒有大問題。這裡的意思就是講，犯了錯誤的人受到小小的懲罰，讓他有所反省，不至於繼續犯下更大的罪行，因此避免了未來更嚴重的懲罰，這是好事情。這就是《繫辭》說的「小人之福也」。比如壽南山，本來是江湖社團的反派小角色，如果繼續跟著社團大佬混，某一天必然會被正派人士幹掉，或者就算不被正派人士幹掉，也有可能在打打殺殺中不能全身而退。幸好被張無忌和趙敏小小的懲戒了一番，讓他有機會脫離社團，才能在嶺南安然度過一生。

我記得看過一個古代名臣的故事，忘記具體是哪一位名臣了。他一次外出被醉漢擋住了轎子無理辱罵起來，隨從都很氣憤，上去制服了醉漢，準備治他的罪。名臣大度地說：他不過是個喝醉酒的無知之人，放了他吧。表示自己不與他一般見識。過了半年，名臣偶爾聽說這個醉漢再一次因為喝醉而犯下大錯，被抓進牢裡判了重罪。名臣知道後很感慨，後悔地說：早知道如此，我當時就應該治他的罪，讓他知道自己的過失，也不至於到今天這一地步了。這也是「小懲而大誡，此小人之福也」的意思。

我記得小時候犯了小錯誤，被老師或者家長批評。批評完之後，老師或家長有時候會說：「響鼓不用重錘敲，剛才只是稍微批評了你一下，以後希望你不要犯類似的錯誤。」現在回過頭想想，這個「響鼓不用重錘敲」其實就是「小懲而大誡」。我至今感激在我小時候批評過我的老師和前輩，是他們的「小懲而大誡」，讓我受用終身。

當然，也有敲破了鼓也沒用的例子。

比如東晉梟雄桓玄要造反之前，跋扈無比，晉安帝派劉牢之去討伐他，就下詔訓斥桓玄（當然，晉安帝是個傻瓜，他下的這個詔其實應該是其他人以他的名義幹的），說：「豎子桓玄，……猶冀玄當洗濯胸腑，小懲大誡，而狼心弗革，悖慢愈甚，……是可忍也，孰不可懷！宜明九伐，以寧西夏。」這就是提醒桓玄：你小子注意點言行舉止，不給你一點顏色看看，你就不懂得收斂。後來桓玄兵敗被殺，寒門出生的劉裕逐步做大，晉安帝終究未能逃過一劫，還是被劉裕幹掉。當年晉安帝下詔想讓桓玄「小懲而大誡」，算是白費功夫了。

《周易》三卦的保健作用

徐醒民先生曾經寫過一篇文章，說清儒俞曲園《春在堂隨筆》中記載，俞曲園曾在舊書中發現一張紙，紙上寫有「讀易有得方」，也不知誰寫的。他讀後覺得很有道理，「誠用其方，則五藏皆受其益，洵為卻病延年之上劑」，實踐之後，發現對身體健康大有裨益。該方劑的核心內容是說：《周易》中《艮》、《損》、《頤》三卦，在醫學上都大有作用，每卦的象辭都隱含有保健效果。這種讀易方式倒也別致，超出了兩派六宗的範疇，應該可以算是「保健派」。按照徐醒民先生的意見，《易》之為書廣大悉備，醫方小道也是此經含義之一，例如占卜，可以作廟算，也可以走江湖，小大之用不拘，只看需用的時候而定，這才見得易的本色。所以具體到這一則筆記說到保健作用，從卦象大義來講，「保健派」這種講法也說得通。

在「保健派」看來，《周易》不僅能「治心」，更能實實在在的「治病」。如《艮》卦，《象》辭說「艮，止也，時止則止，時行則行，動靜不失其時，其道光明」，講的是人需要知道什麼該行動，什麼時候該停止，這樣才會有光明的道路。《象》辭說「君子以思不出其位」，《中庸》講：「君子素其位而行，不願乎其外。素富貴，行乎富貴；素貧賤，行乎貧賤；素夷狄，行乎夷狄；素患難，行乎患難。君子無入而不自得焉。」就是說君子能在各種境遇中安然處之，都可以保持其平常之心。《讀易有得方》認為此卦重點在「君子以思不出其位」，所以這一卦的保健作用在於治心。它認為，「心之官則思，多思傷心，受之以艮，則隨事順應，無入而不自得矣」。古人認為思考是由心而出，和現代科學知識不一樣，現代醫學知識告訴我們大腦才是負責思想的。這裡的意思是說，「心」負責一個人的思慮，多思則傷心，所以要學會不要多思多慮，要順其自然，這樣才能不得而得、自在逍遙。老一輩的人會根據自己的人生經驗，常常講：「有什麼好多想的？車到山前必有路。」勸人不要太焦慮，不要想得太多。

又如《損》卦，《象》辭說：「山下有澤，損。君子以懲忿窒欲。」孔穎達疏：「君子以法此損道懲止忿怒，窒塞情慾。」就是講君子要學會控制自己的無名之火，減少自己的欲求奢望。《讀易有得方》認為此卦重點就在「君子以懲忿窒欲」，這一卦的保健作用在於治肝治腎。為什麼呢？因為「多怒傷肝，多欲傷腎，懲之窒之則肝木不致妄動，而腎水亦易滋長矣」。在它看來，一個人惱怒過多，則會傷及肝臟，欲望過多，則會傷及腎臟，所以要控制情緒，少怒少欲；因為肝屬木，腎屬水，因此少怒少欲則肝木不至於妄動，腎水易於生長。再從《序卦》的道理來看，一個人如果損失自己的利益來幫助別人，到一定時候後必然會得到豐厚的回報，這就是「自損不已，必當受益」，所以《損》卦之後，就是《益》卦。

再如《頤》卦，《象》辭說：「君子以慎言語，節飲食。」有德行的君子說話嚴密謹慎，吃喝飲食節制，這樣才是避禍求福之道。「保健派」認為這裡的「君子以慎言語，節飲食」，指明了這一卦的保健作用在於治肺和治脾，因為「多言傷肺，多食傷脾，慎焉節焉，可以保肺而健脾矣」。《繫辭》「吉人之辭寡，躁人之辭多」，也是提醒人不要講太多話，尤其是沒有意義的話。孔夫子也很看不慣這種說話不著邊際、沒有實意的人，認為這種人「群居終日，言不及義，好行小慧，難矣哉」，拿他們沒有辦法。老人家也喜歡說「說話太多費力氣」，也就是講慎言語、養身心。從政的人更明白「慎言語」的重要性，西方的競選活動，那些競選人都專門有智囊團來研究分析怎麼演講、演講如何討好觀眾，什麼該講、什麼不該講，一套一套的很多。「多食傷脾」，事實證明暴飲暴食確實不利於健康，影響脾胃。所以少說話、克制飲食，有利於保肺健脾。中醫裡面講收斂身心，不要亂消耗精神體力，自然對身體有好處。比如年紀大的人平常打坐、練氣功，注重飲食營養，這也是「慎言語、節飲食」的表現。古人常講「臨別六字聽君取：節飲食，慎言語」，把它當做勸誡人的臨別忠言，可見這六個字的影響力。所以一言以蔽之，《頤》卦的含義是養，慎言語即為養心養德，節飲食即為養身物。從這個角度來講，無論什麼人，只要多思、多欲、多言、多食，對身體健康和道德修養都是不利的。

不過，相對而言，我覺得《艮》卦的養生含義更有趣。比如《艮》卦的原意為「止」，因為《艮》卦之前為《震》，為動，為不安寧，所謂的「利建侯而不寧」，要做大事業、有大動作，所以不能安寧；做大事業，總歸要動腦筋、費力氣，因為「沒有人能夠隨隨便便成功」，不得不努力拼搏。我們可以看到，那些創業的、做事業的人，沒有一個不努力奮鬥的，尤其是在創業之始——奮鬥是好聽的詞語，不好聽的詞語就是「折騰」，折騰來折騰去，有成功的，也有失敗的，總而言之，都是「震而不寧」。不過，《序卦》講「物不可終動，故受之以艮」，就是萬事萬物不能夠老是動個不停，如果總是動盪不安，那麼這個世界就沒有安穩的時候，萬事萬物也就不能安穩的生長。所以在適當的時候需要「止」，需要適當而可。我們現在的時代，尤其是年輕人最近表現出來的情況，就是「止」：前面動盪得太厲害了，折騰得太厲害了，所以現在很多年輕人要「躺平」了，想要「喪」了，要對這個世界說：對不起，你太狠了，我不跟你玩了。這就是「震」的後遺症。所以「動」與「不動」，「震」與「艮」，是緊隨而行的，才有個平衡在裡面。《艮》卦在這裡，就是「止」義：一陽在上，象山之止；重卦則為止之又止，不過它的互體裡面有坎、有震，坎是潛伏、危險，震是出動、不寧。在每個時代，如果有太大的動盪、太多的不安，人人都想割韭菜、或者人人都不想當韭菜，人人都壓力重重，而人人都不知道為什麼壓力重重，這個時候就應該靜下心來想一想，人生到底是為了什麼？為什麼不能「止」？

雖然我不完全認同「躺平」這一種狀態，但從這個角度來看當下年輕人的「躺平」，雖說也是一種恰恰吻合了《艮》卦的養生方式，也可以理解。

吹牛大王和「自我致戎」

小時候看過童話故事《吹牛大王歷險記》，對裡面那位吹牛不臉紅的男爵深感佩服：每次身臨絕境，他都能以出乎意料的方式脫險，實在讓人拍案叫絕。我那時候雖然還只是小學生，但也分辨得出它基本是在胡扯，在現實中當不得真。

在現實生活中有不少人和男爵一樣，也喜歡吹牛，但他們往往還希望別人當真。吹牛的時候，雖然他們自己未必臉紅，聽的人卻往往會臉紅。這就是人們常說的「只要你不尷尬，尷尬的就是別人」。周星馳的電影《功夫足球》裡面有個三師兄，落魄不堪，卻很嫌棄周星馳，不願意和他們一起踢球，說：「我一秒鐘幾十萬，跟你們去吃雜碎麵？」此牛皮吹得鏗鏘有力、自信無比，但掩飾不了他生活窘迫、人生失意的現狀。

人生失意窘迫還不要緊，關鍵是不願意承認，或者要用牛皮來掩飾，這就有些麻煩了。畢竟人不是生活在童話中，不可能像男爵那樣吹牛結束後還可以安然無恙，大部分人吹牛結束後或多或少都要為自己吹的牛付出代價。《解》卦六三爻，我覺得講的就是這個道理。

先談《解》卦，它大體說的是解放、解脫之意。上卦為震、為雷，下卦為坎、為水，所以《周易淺釋》說它「動於險外，出乎險也，故為患難解散之象。又震雷坎雨，陰陽交感，和暢解散，故為《解》」，就是說它總體來看是脫乎險境、和諧暢通的卦象。在這一卦的六爻，除了六三爻，其他五個爻都是好的。比如初六「无咎」，是沒有問題；九二「田獲三狐，得黃矢，貞吉」，是吉的；九四「解而拇，朋至斯孚」，解開腳、邁步走，因而得到錢財，是好的。有點像我們常說的「膽子再大一點，步子再快一點」，能夠在不斷前進中得到效益；六五「君子維有解，吉，有孚于小人」，戰俘願意歸順而成為奴隸，是吉的；上六「公用射隼于高墉之上，獲之，无不利」，也是吉的。卦辭說「有攸往，夙吉」，是勸人趕早不趕晚，早點去早有利益。彖辭又說「險以動，動而免乎險」，在險中行動，在行動中脫離險境。這是教人要選擇行動，離開險境而得到解放。「樹挪死，人挪活」，人要動起來才有機會。這些都是講如何得以解放、解脫，但惟有六三爻在這裡提出警告，要注意「貞吝」的不利情況。

六三爻「負且乘，致寇至，貞吝」，背著貴重的東西，大搖大擺地乘著車子，又不把東西安全地放在車上，不招致盜賊來打劫才怪。因此六三爻的象辭說：「負且乘，亦可醜也。自我致戎，又誰咎也？」背負著貴重東西乘車炫耀，生怕別人不知道你有值錢的東西在身上，這樣做顯得太low了，令人嗤之以鼻。自己顯擺招來盜賊打劫，又怪得了誰呢？《繫辭》在解釋這一爻時，說：「慢藏誨盜，冶容誨淫。《易》曰：負且乘，致寇至。盜之招也。」慢藏誨盜，就是講貴重的東西不好好藏起來，而是到處炫耀，肯定會引誘盜寇的覬覦；冶容誨淫，大概意思是講妖豔的裝扮容易招致壞人起淫邪之心，意思和前段時間有女性提出「我可以騷，你不可以擾」的口號正好相反。

總而言之，六三爻就是講因為顯擺、炫耀招來禍事，不可以怪別人，要怪只能怪自己。就像三師兄吹牛說自己一秒鐘幾十萬上下，嫌棄周星馳請他吃雜碎麵。還好周星馳知道他其實很落魄，換個不知底細的，聽到他一秒鐘幾十萬上下，起碼會向他借幾十萬用。如果借不到，可能就會搖身變成打劫的，三師兄就會「致寇至」了。

當然了，三師兄吹牛的損失至多是不能參加吃雜碎麵，還沒有什麼麻煩。但有的人吹牛或者就就差點讓自己完蛋，這就不划算了。

明代有本筆記小說《艾子後語》，有幾個故事就是關於吹牛的，很有意思。其中一個故事講艾子遇到一個喜歡吹牛皮的趙國方士，艾子開玩笑地問他：「先生你高壽？」方士神氣活現地回答：「我已經忘記自己幾歲了。我只記得小時候與小朋友們一起看伏羲畫八卦，看他長得蛇身人首，嚇得我回去生了一場病，還好伏羲用草藥把我治好了。還有女媧的時候。天地傾斜，我剛好住在中央平穩之處，所以沒有什麼大影響。神農氏種植稻穀之時，我早就開始修煉辟穀了，所以一粒米都沒有吃過。蚩尤用各種高端兵器打我，我都沒事，但我用一根手指頭就把他打得血流滿面，落荒而逃。倉頡不認識字，想來求教我，我覺得他太笨了，懶得理他。在慶都的堯母懷孕十四月生下堯，她邀請我出席湯餅會，我欣然出席。舜被他的父母虐待，在他鬱悶痛哭的時候，我親手為他擦眼淚，再三鼓勵他：風雨中，這點痛算什麼，擦乾淚，不要問為什麼……大禹治水經過我的門，我犒勞他，給他敬酒，他推辭沒有喝。孔甲送給我龍肉醬一塊，我不小心吃了一點，到了現在嘴巴裡還有腥臭味。成湯捕捉獵物的時候網開一面，我諷刺他一方面網開一面，一方面還是想吃野味，這也太虛偽了。夏桀這個暴君強迫我像牛一樣喝水，我堅強不屈，他就對我處於炮烙之刑，整整七個晝夜，我談笑自若、毫髮無損，他拿我沒轍，只得把我放了。後來叫姜太公的那個小朋友，釣到魚後，趁新鮮不時送給我品嘗，我不好意思不收，但懶得吃，拿去喂了山中的黃鶴。周穆王赴瑤池之宴，推讓我坐首席，徐偃王乘機出兵，穆天子忙乘著八駿馬車回去處理軍情。西王母留我一直到酒席結束。我因為喝桑落酒太多了，醉倒起不來，幸好有董雙成、萼綠華兩個仙女丫頭扶著我回家。從那個時候起，我一直處於醉的狀態，到現在還沒有完全醒，不知今日世上是什麼時候。」艾子聽了這一通牛皮，惹不起，趕緊溜。

方士的這個牛皮吹得可謂經典。中國神話傳說中大名鼎鼎的人物全都出現了，不但和他認識，而且還都很崇拜他、服氣他，比「我的朋友胡適之」這樣的牛皮不知要高出了多少等級。現在某些應酬場合，也常常會遇到某個喝多了人，說到某人人物時，會拍著胸口說：「某某啊，好兄弟，經常一起聚來著。」這就有點像趙國方士的風格了。

不久之後，趙王從馬上摔下來，摔傷了肋骨，醫生說要用千年的血來敷才能好。趙王便號召大家一起尋找千年血為他療傷。艾子趁機說：「我認識一個方士，他活了幾千年，他的血藥效應該很不錯哦。」趙王很高興，馬上派人去抓方士，準備殺掉。方士跪下哭著求饒，坦白說：「我的父母其實才五十歲，鄰居老太來拜壽，我喝多了一點，說了些醉話。」艾子最喜歡說謊，大王您千萬不要聽他的。」趙王聽了他的解釋，很不高興，但又無可奈何，訓斥了一通把他放了。方士的這一通牛皮，就是「負且乘，亦可醜也。自我致戎，又誰咎也」。

不過，《象》辭又說「君子以赦過宥罪」，意思是說：雖然百姓犯了法、有了過錯，但執政者需要反思一下，執政是否有所不妥，或者此事是不是情有可原？要根據實際情況給予犯錯者寬大處理。比如僅僅因為吹牛皮而失去了和朋友吃雜碎麵的機會，那就沒必要追究了。

我為什麼覺得盲派術有趣

「盲派算命術」，也叫作「盲人算命術」，據說這個流派的師徒之間只以他們自己才明白的玄奧口訣一代代地傳授，不對外公開，所以才叫作「盲派算命術」。在中國古老的大地上，很多盲人以此謀生糊口。後來因為種種原因，比如隨著國家的發展、經濟上的繁榮富強、社會保障制度的健全，很多盲人也能夠獲得基本的生活保障，不需要再靠算命為生了，加之資訊時代獲取材料的便捷性，於是這些口訣慢慢流傳了出來。

傳統的「算命術」有很多種，其中比較流行的是「看八字」。所謂的「八字」，就是用天干和地支來記錄一個人出生的年月日時，也就是年、月、日、時這四柱，每一柱由天干地支兩個字組成，加起來就是八個字，故稱之為「八字」。很多人認為，從這八個字中可以看出一個人的命運，預知一個人的未來。據說八字術最早起源於唐代的李虛中，不過李虛中只用年月日三柱來看命運，到了宋代的徐子平，則增加了時辰，開始用四柱八字來看命運，所以八字術有時候也被人稱之為「子平術」。八字術的基本原理，就是根據年月日時八個字的特點，尤其是根據日干即「日主」的五行，先尋找「用神」，再根據「用神」喜忌，尋求一種五行的平衡；同時根據「用神」的特點，在排出來的大運和流年中，根據當年的天干地支與「日主」和「用神」生剋關係，判斷當年的喜忌衰旺等趨勢。不過往往在尋找「用神」之時，由於每個算命師的分析不同、方法不同，以至於有不同「用神」，這就給相關的判斷帶來了不確定性。

「盲人算命術」其實也是八字算命的一種，也是用人的生辰八字來進行分析判斷。不過與其他的八字算命術相比較，「盲人算命術」有一個最大的特點：它基本不看日主的衰旺，甚至也基本不看「用神」，而是以「勢」和「功」來看一個人命運的可能性。就是說，它認為日主和「用神」並非決定性因素，而只是眾多參照物中的一個元素而已。

還有一個有趣的地方就是：盲派算命術將干支的交叉作用看得很重要，認為在這一種交叉作用中，一個人的命運才能完整的體現出來。這種交叉，相互之間能夠或綜合、或消長、或牽制或補充。總之，特定的人的命運在這種交叉作用中才能完整的表現出來，沒有這些交叉，就沒有這種特定的命運。離開了這種交叉作用，就談不上某一特定的命運。

綜合「盲人算命術」上面兩個特點，從某種意義上來說，它拋棄了主流算命術中以一個決定性因素來判斷命運的理論，並不認為單一的元素可以起到決定性的作用；它認為只有置於各種因素的相互作用之中，才可以談人的命運和未來。

比如，一個人的八字按照年月日時排下來是「壬辰、己酉、丙戌、辛卯」，按照傳統的八字算命術，首先要根據八字的情況來尋找「用神」。這個八字因為土旺，又是丙日所生，所以一般會選擇水或者金作為「用神」，然後通過「用神」來判斷各種情況。我們可以發現，在這裡「用神」和「日主」成為了關鍵性、決定性的因素。不過，按照盲人派算命術則不如此來看。依其理論，它主要看這八個字的各種關係是如何作用的、又是如何表現出來的。比如，這個八字的日柱與時柱的干支皆比合，因此日支戌土不再與月支酉金相穿，時支卯木不再與年支辰土相穿，印星卯木沒有制約之星，因此意味著母親長壽健康；印星卯木在干支交叉作用下與日主相合，意味著這人在母親面前受寵愛；配偶宮戌土與正財辛金相合，意味著丈夫能幹、事業有成，能夠賺錢，等等。可以明顯看出，盲人派算命術對一個人命運的判斷，重點在於分析由八個字所象徵意義的各種關係情況，而不是單純以「用神」、「日主」作為決定性因素。

盲人算命術之所以吸引我，或者說它最有趣味之處，我想就在這裡了：人之所以為人，不是獨立於各種關係之外的「超然」的人，而是身處在各種關係之中並與之發生聯繫，才成其為「真實的人」。

我想，如果將盲人算命術看作是一種對世界和人生的認識，則可以認為：一個人要意識到他個體的價值、意義和位置，不是獨立於現實世界之外，而就在與他人的一般交往之中，就在這個現實世界的生活之中，就在於他和世間生活的人群關係之中。在這一種現實關係裡面，只要他努力去完成自身的使命所在，便可以達到個體人格的完成，使得心靈得以慰藉，也可以達到社會理想的實現，這就是我們常常所說的「人道」。這一個「道」就在日常倫理之中，通過「倫常日用」而展現人生的意義和價值，這樣我們也就不需要捨棄世間和日常生活，不用否定自己生活的這個世界、拋棄自己生活的這個地方，而另外到一個世界去尋找靈魂的超越和理想世界，不需要皈依一個外在的人格神而獲得拯救。

我看到有一篇文章寫澳洲人許多事情寧願找陌生人，如律師、心理醫生或者計程車司機傾訴，也不願意和親人訴說，個人對獨立性、隱私性的強調和堅守，使得家庭成員的關係並不是一種「生命共同體」的關係，這與我們中國的習慣很不一樣。雖然這與每個民族和國家的社會制度、習慣和傳統有關，但它後面或許也正反映了某種特定的文化信仰，而這種特定的文化信仰與我們中國傳統的「情理」大不一樣。

同時，盲人算命術又特別重視干支交叉作用，甚至認為一個人的命運雖然在一定程度上是先天決定的，但它依然可以從與他人的交往之中（表現為日主與其他干支的交叉作用之中）來調整自己的命運和生活軌跡。這就給「先天命定」留下了緩和之處，或者說將原本的「命定」分為了「可能性命定」和「非命定」兩種情況，後者還可以改變前者。這有點像宋儒所講的「氣之命」和「道之命」。不過，後者又如何能改變前者呢？那就是「德行」。依靠個人的「善德」，便可以改變「可能性命定」。這種「德行」，需要、也必然在人際交往之中、在現實生活的層面中體現出來。

簡單來講，盲算命術的這種有趣，就是展現了「化神為人」的必然性和重要意義：人無需通過特定的神來解救自己、樹立自己，人本身就具有樹立自己意義的能力；儘管人面臨著必須面對的世界（命定），但他依然可以在這種必須面對的境遇中獲得自己的價值意義（改命轉運）。同時，人雖然「自身就是目的」，但人並非徹底孤獨的「原子性的個體」，而是在社會交往和日常倫理中建構出來的主體（八字的天干地支）。人生理想可以在社會關係和日常交往之中獲得，理想的人格的建立也就在這一個世界關係之中，就在於這個綜複雜的世間往來。人可以通過「善德」改變自己原定的「命運」，因此在某種意義上可以成為自己的主宰，將外在的「神」轉為內在的「人」。

沒有句號的世界和人生

《未濟》卦是《周易》中的最後一卦。慢慢把《周易》讀下來，到了這一卦，心裡面就會有很多的感慨。

第一個感慨就是：讀完一本有趣的書之後，心裡面充滿了收穫、喜悅，同時又戀戀不捨、惆悵，有點說不出的失落。這就是《未濟》卦的讀後第一個感觀。清代才子龔自珍在《己亥雜詩》裡面就說過類似的感慨：

未濟終焉心縹緲，百事翻從闕陷好。
吟到夕陽山外山，古今誰免餘情繞？

讀完了《未濟》卦，心裡面充滿了難以言說的感歎，世間的事情並非都是完美的，夕陽晚照，青山縹緲，滿懷惆悵，古往今來大概所有人都心同此理罷。

然而我們要看到這種不完美並非失望、無奈，它背後還隱藏著希望、進取。今日即將過去，夕陽即將落下，世界就要墮入黑暗，但要知道第二天必定會來臨，朝陽又將升起。這就是《未濟》卦的真諦：無論是這個宇宙還是人生，都不會輕易畫上句號。

佛家講我們這個世界是「娑婆世界」。娑婆亦即堪忍，就是充滿各種不完美，有著很多缺點，我們只能在這種有很多缺點的環境下生活，所以才叫「忍耐著」生活的世界。這個「堪忍」的世界，就是所謂的「五濁惡世」，都是不好的。但人沒有辦法，只能「堪忍」，借用米國小說家福克納的話來講，就是「Endurance」，大意是「苦熬」。但這個娑婆世界亦是修行的世界，是有利於讓人追求更好境界的世界，所以才是「百事翻從缺陷好」。福克納在演講詞中說「我拒絕認為人類已經走到了盡頭，人類能夠忍受苦難，也終將獲勝」，亦即是這個意思。

《未濟》卦第一個層面就是講，事物的成功和完美只是相對的，而「尚未成功」、「不完美」才是時刻伴隨著我們的。第二個層面就是講，萬事萬物永無止境，並沒有我們想像的「畫上句號」那麼簡單。

《未濟》卦辭：「未濟，亨，小狐汔濟，濡其尾，无攸利。」象徵事物沒有完成，但勉力而行，就能使其亨通。如同小狐狸渡河，近乎完成了，但被打濕了尾巴，則無所利。《未濟》之前的一卦為《既濟》，告訴人們目標總有達到的時刻。但在達到之前，就有尚未到達的時刻，這個時候勉力前行則亨通；但同時又要看到，這一時刻又如同小狐狸渡河，此刻要達到目的須老成決斷、首尾一致，否則就像小狐狸渡河打濕其尾巴，則無所利。我們看野生動物的紀錄片，裡面有小動物過河的場景，有的小動物遊到河中間又被湍急的河流嚇住了，重新遊回來，濕漉漉地返回岸上，大致就是這個形象。

《象》辭說：「火在水上，未濟。君子以慎辨物居方。」比如本來燒水，水壺應該在火的上面，但現在火在水的上面，難以將水燒開，這就是「未濟」，沒能達到預定的目標。這是提醒君子，一定要注意根據周邊的環境情況，謹慎地處置好各種事物它們應該在的位置。當然這也包括應該根據自己的身份地位合理安置好自己。比如水能制火，但也能滅火；火能制水，但也能燒乾水；水火能養人，但也能害人。水養育萬物，但太多了就是水災；火能幫助人，但火蔓延開了就是火災。一切事物都是如此。這就是君子要辨物居方的道理。

初六爻「濡其尾，吝」。小狐狸打濕了它的尾巴，有點遺憾。為什麼會有遺憾？正是因為不知道謹慎持重。就像我們年輕時候，覺得整個世界都是自己的。像有的電影展現的那樣，年輕時充滿了迷茫，但又無所畏懼。如電影《古惑仔》裡面那些年輕人，這個世界怕它什麼呢？了不起和兄弟一起拎著刀子打打殺殺，就有一條光明大道。可等過了許多年回過頭一看，才覺得自己年輕時揮霍了太多的青春，「飛沙風中轉」嘛，或多或少有些遺憾。這就有點「濡其尾，吝」了。就像李宗盛的歌詞裡面唱的：「越過山丘，雖然已白了頭，喋喋不休，時不我予的哀愁，還未如願見著不朽，就把自己先搞丟。」這個時候才發現，原來真正的人生並不像自己想像的那樣，年輕時候的打打殺殺，原來都是「小狐汔濟」。這個時候回過頭去看自己，原來自己站在河的那一邊，還沒有過河呢。

九二爻「曳其輪，貞吉」。向後拽著車輪，不讓它急行，是吉利的。這裡的意思是強調不急不緩、中正而行，才會吉祥。這就是講在人需要在合適的地方、合適的時候、以合適的方式前進。如果說第一爻象徵著人們二十多歲的年輕歲月，這個時候講的就是三十來歲的人，思想慢慢開始成熟，生活開始步入正軌，也算得上是「前浪」了，但還沒有被「後浪」拍在沙灘上。這個時候如果中正而行，則是貞吉的。就是現在人們常說的，這個時候處理得好自己的事業和生活，就會打出一手人生的好牌。年輕時候急躁、做事衝動，動不動就要提著刀子和人家單挑，就像一輛橫衝直撞的車子。這個時候稍微明白事理了，做事沒有那麼衝動了，就像把橫衝直撞的車子稍微拉了拉剎車，不讓它那麼無厘頭的行駛下去，所以是「貞吉」的。

就像魏晉南北朝時候的戴淵，年輕時候是個有名的古惑仔，劫人車船、搶人財物。後來在搶劫時遇到了陸機，陸機見他雖是一個劫匪，但氣定神閒、風度不俗，就勸說他：「看你堂堂大丈夫氣質，為什麼要做古惑仔呢？」這一言點醒夢中人，戴淵猛然醒悟，及時剎車，不再當古惑仔，人生於是一路開掛，做到征西大將軍。這就是「曳其輪，貞吉」。

接下來是六三爻「未濟，征凶，利涉大川」。事未成功，或者說準備工作沒有完成，就急於出去征伐他國、出去做大事業，是危險的。不過，如果能憑藉舟楫的力量，依靠乘舟坐船，則可以渡過大江大河。這個意思就是說做事匆忙、沒有準備就急於求成，是危險的；但如果憑藉著其他的工具、和他人的幫助力量，不冒然行事，則可以遠行獲得利益。

東晉時候桓溫為了樹立自己的威信，以便今後篡奪皇權，準備第三次北伐。他的參軍郗超力勸他不可貿然在春天行軍，應該等秋收之後，軍糧充足了再行師。但桓溫心裡念念不忘他的知名格言「大丈夫若不能名垂千古，不如遺臭萬年」，執意北進，結果大敗而歸。這就是「未濟，征凶」。同樣，現在很多人做事，或者是不自知，或者是好大喜功，或者是為了別的目的，也常常做出「未濟，征凶」的事情，等到後面出現問題了，才想起來要補救，那時候能不能做到「利涉大川」，那就很難說了。

九四爻「貞吉，悔亡，震用伐鬼方，三年有賞于大國」。占問吉利、沒有遺憾，周人去征伐鬼方之國，三年成功，並且從殷商大國那裡得到了獎賞。這裡的「震用伐鬼方」，有幾個不同的解釋：第一種解釋是，以雷霆萬鈞之勢去征伐鬼方。「震」為雷霆萬鈞，所謂迅雷不及掩耳之勢，形容征伐極為猛烈、迅速。另一種解釋是，高宗命令叫震的周人率兵討伐鬼方。這裡的「震」為人名。第三種解釋是，高宗命令周、震兩個小國家去討伐鬼方。這些說法可能都有道理。我們這裡採取「周人征伐鬼方」這個解釋。高亨先生認為這裡的震，大概為周君或周臣，而且這個人大概和殷高宗武丁同時代。因為《竹書紀年》記載說，「武丁三十二年伐鬼方，次於荊，三十四年王師克鬼方」。當時商朝鼎盛時，征伐周邊小國，鬼方之國便屬於其中。根據爻辭，當時殷商征伐鬼方大概很艱難，打了三年的仗，才獲取勝利。

六五爻「貞吉，无悔，君子之光，有孚，吉」。占卜吉利，沒有悔恨，此乃君子的光芒、榮耀；因為君子誠信，才有此光芒榮耀，這是吉祥的。這裡主要強調君子為什麼會有光芒，是因為他的誠信，因而才是吉祥的，才顯示出讓人敬仰的光芒。換成我們今天喜歡說的一個詞來講，就是君子很有「氣場」，「自帶光環」。說到這裡，看到我們身邊的娛樂新聞常常說：某某明星很有氣場，很有光芒。他這個光芒和《周易》這裡的光芒絕不一樣。《周易》講的光芒，是由君子之誠信由內而出，即是古人所謂正心誠意而至人心悅誠服。有誠意，一心不亂、一心不惑，不隨心轉，自然做得到「富貴於我如浮雲，貧賤於我如浮雲」，居廟堂如此自信、居陋室亦如此自信，這才是真正的光芒。某些明星的光芒，大多數由公司助理、保鏢、粉絲、消費市場等形成，一旦剝奪這些，所謂的氣場哪裡還能得到？他這個氣場就像古人說的「鏡花水月」，不但是浮誇的，也全然是虛妄的。

上九爻「有孚于飲酒，无咎，濡其首，有孚失是」。這句話也有很多種解釋。我們取其中一個，大意是說：有誠信而飲酒，沒有什麼壞處。比如大家都是至交好友，平時相互信任、相互幫助，有時候聚在一起飲酒相談、交流心得，自然不會有什麼壞處；但如果縱酒過度，沒有節制，比如觥籌交錯和手忙腳亂之間，酒水灑掉，不小心弄得頭上身上濕淋淋的，就算大家都是好友，聚會也算是誠心誠意，但失去了應有的禮儀，也是不對的。這個說法其實也比較好理解。比如好朋友相聚一起吃飯，大家喝點酒，融洽一下氛圍挺好，但如果喝得沒有節制，尤其是像一些純屬應酬性質的飯局，相互摟著肩頭稱兄道弟，拼命表現講義氣、友誼天長地久，喝的醉醺醺的，有的人站也站不穩，酒杯也拿不住，身上、頭上、桌子上，到處都是打翻的酒水，一片狼藉。此刻就算你有誠意，內心的感情是真誠的，也不足為取，醉醺醺的，說的話都顛三倒四、語無倫次。第二天早上醒過來一想：昨天晚上我喝了酒說了什麼了？全記不得了。即便有誠信，這個誠信也要打幾分折扣。這就是「濡其首，有孚失是。」

從下到上看完所有的爻辭，這個時候可以發現《未濟》卦最有意思的地方出現了：

初六爻，濡其尾，是未濟。沒有成功，不圓滿。

九二爻，曳其輪，是既濟。成功了，圓滿了。

六三爻，先是「未濟」，然後又「既濟」。先是不圓滿，然後圓滿。

九四爻，伐鬼方，「既濟」。是圓滿。

六五爻，君子之光有孚，是「既濟」，圓滿。

上九爻，有孚失是，又是「未濟」。又不圓滿了。

《未濟》卦的整個變化，就是從未濟、既濟、既濟、未濟，從不圓滿到圓滿，又從圓滿到不圓滿。這個說明瞭什麼？說明整個世界、整個人生，都是不斷地圓滿、不圓滿、不圓滿、圓滿，完結、未完結、完結、未完結……都在這樣的情況中前進。事物的變化總是無窮無盡，它不會停留在一個終極狀態上，就某一件事來講可能是結束了，但從整個事物的變化來講，它又沒有終結，仍然在變化持續中。《未濟》卦真正的含義也就是像卦名所提醒的那樣：沒有完成，沒有結束。

我們一般認為，事物從開始到結束是正常的，所以照我們的想法，《周易》從「乾」「坤」開始，最後應該是「既濟」卦結束，這樣才符合邏輯。哪想到《周易》竟然以「未濟」結束。這就有點像有人和我們開了個玩笑：我們興致勃勃地做一件事，以為差不多了，準備洗洗睡了，哪想到他忽然告訴我們，別偷懶，趕緊的，事情剛剛來了。或者還有點像這樣的情況：早上起來，經過一天的勞作，到了晚上，這一天就結束了。但真結束了嗎？其實沒有，換個概念來說，一天其實剛剛又開始了。再換個例子來講：宇宙有沒有盡頭？儘管今天外太空的探索已經很了不起了，但根據衛星傳回來的信號，我們還沒有看到宇宙的邊際。這就像《未濟》卦：剛剛看到太陽系的情況，銀河系又來了；銀河系還沒有看清楚，更大的星系又來了。時間和空間，永遠是在不可預知的前進，沒有邊際。人生亦如此。這就是《未濟》的真實含義。就像一些電視劇裡面的主人公，當你以為你的人生已經定型了，誰知道一個轉折出現，又開始了不同的人生經歷。再換個角度來看，一般我們總以為每一種事物從出生到死亡，是它的開始和結束。但從《未濟》卦而言，事情並沒有這麼簡單：或許這一段短暫的生命週期，是另一個更加漫長的生命週期的開端，在漫長的未來中，它不知道會發生多少次的變化。所以《序卦》才會說：「物不可窮也，故受之以《未濟》」。事物是不可能窮盡的，無論是宇宙還是我們的人生，所以最後才以「未濟」卦來結束，而這個結束，也其實就是表明了永遠沒有結束的時刻。

清人詩云：

何有乎日月之循環，宇宙之始終。
而況人世之得失窮通，一一歸虛空。

天地無窮、宇宙浩渺，日月循環、萬物更替，哪裡看得到開始與結束？人世間小小的一段歷程，那些所有的得意、失落、無奈、榮耀，最後還不是融化在這個無窮無盡的時空週期之中？所以我們是平凡人也好，是高門權貴也好，都不要太過於在意自己這一個極微小的世界。「縱浪大化中，不喜亦不懼，應盡便須盡，無復獨多慮」，在圓滿和不圓滿、完結與未完結、《既濟》與《未濟》這樣一個博大無邊的循環中，我們都應該、也能夠找到自己的安身立命之處，坦蕩而自在地生活，這才是關鍵所在。

不知不覺中，一切都安排妥當了

《易傳》十篇，各有各的意味，每一篇都值得深入探討。如《序卦》一篇，孔穎達認為是「各序其相次之義」。它娓娓道來，揭示六十四卦次序，又對各卦貫通呼應之義進行了簡要概述，文字簡約，也較容易理解。不過需要注意的是，《序卦》未必都按照《易》的本意來進行解說，主要依卦名為說，有時只取卦的某一側面來進行講解。所以韓康伯說它是「因卦之次，託象以明義」，蘇東坡則講「《序卦傳》之論《易》，或直取其名而不本其卦者多矣」。

我們讀《序卦》，按照它的解釋一卦接一卦的讀下來，感覺就像聽一個睿智的老人在聊天，很多深奧的道理被他娓娓道來，顯得如此親切、如此貼近自己的生活，身邊很多原本不理解、不察覺的現象被他這樣一講，讓人豁然開朗。這種睿智的老人在中國古老的大地上很多地方都有，他們歷經風霜，對人生和世界有著自己的認識，這種認識不是建立在某種理論基礎之上，而是建立在自己的生活經歷之上。這種由生活積澱下來的睿智，雖不能形成什麼體系，卻足以讓人受到啟發。今日常講「人民群眾是最有智慧的」，就隱含著這種道理。

《序卦》開篇名義，說：

「有天地，然後萬物生焉。」

就是說有了我們的這個天地，現代人稱之為宇宙之後，才出現了萬事萬物。宇宙究竟是如何出現的，有很多種解釋，如有的科學家認為是起源於一個單獨的無維度的點，大爆炸之後形成了今日的宇宙；而宗教徒認為宇宙起源於他們所信仰的上帝或神靈，是上帝或神靈創造了這個宇宙。中國神話則講盤古開天闢地，從而有了這個世界。不管這個宇宙是如何形成的，總之在它形成之後，宇宙間的萬物才開始生長、發展。天地乃是由乾天坤地而來，但《序卦》這裡為什麼不直接講乾坤呢？按照俞琰的觀點，是因為「天地乃乾坤之形體，乾坤乃天地之性情，不言乾坤，而言天地，以見乾坤為易之蘊」。

「盈天地之間者唯萬物，故受之以《屯》。《屯》者，盈也。」

古人認為天地之間充盈了萬物，不過萬物盈滿在這天地之間是自然自發的狀態，這種盈滿而自然自發的狀態，就以《屯》卦來表達。古人不知道物質的構成有原子、分子、質子、中子這些東西，但根據古人表達的意思，看得出他們認為充盈在天地之間的萬物也包含了現代人所說的原子、分子等物質。天地之間充盈了這些元素，萬物之多，不可勝數。借用釋家的話，就是「遍復三千大千世界」。古詩說「大鈞播萬物，無言自功成」，便是這個道理：天地創始，萬物生髮，自然而然就創造了我們現在這個世界、形成了當下這個社會，一切都是那麼精妙的安排。

「物生必蒙，故受之以《蒙》。」

萬物處於自然自發的狀態，肯定是蒙昧的。拿人來做比喻，就像小孩子剛剛出生，還沒有後天給予的規範，還沒有進學校、沒有被社會各種習俗制約，就是還沒有開竅的時候，肯定是「懵懵懂懂」的，這就是「物生必蒙」，就是「蒙也，物之稚也」。我們的幼稚園，有的地方叫「幼稚園」，取義就是《蒙》卦的「物之稚也」。所有幼小的事物，不管是動物還是植物，都需要養育。《蒙》卦除了養育，還有教養的含義。我們今天講「啟蒙教育」，可能大多時候是依照西方的概念而言，與《蒙》卦之意並不相同。但不管是西方的「啟蒙」，還是《蒙》卦的「物之稚也」，都意味著需要將人從「從自我導致的不成熟狀態中覺醒」。

「物稚不可不養也，故受之以《需》。飲食必有訟，故受之以《訟》。」

物質基礎是上層建築的基礎，倉廩實才能知禮節。所以緊接著《蒙》卦而來的就是《需》卦。「需」在這裡的含義是滋養，是「飲食之道」。孔夫子說「飲食男女，人之大欲存焉」，講的就是獲取物質是人的原始動力。不過因為大家都需要「飲食」，需要獲取生活的物質資源，但大自然的資源是有限的，為了有限的資源，包括人類在內的各物種之間往往會發生爭執、矛盾。不但動物如此，植物也如此，在熱帶雨林中，為了獲得更多的陽光雨露，樹木都會儘量往上生長。不但如此，還有植物間的絞殺現象，一種植物會為了獲得生長的養分而絞殺另一種植物。有了矛盾，就會發生爭訟，這就是「飲食必有訟，故受之以《訟》」。

「訟必有眾起，故受之以《師》。」

如果在發生矛盾和爭執之後，大家都控制不住，就有可能進一步激化局面，變成鬥爭、戰鬥了，這時就是《師》卦，要聚集人來鬥爭了。所以「師」隱含著眾人積聚的意思。宋人有詩「出師自古尚張惶」，自古以來行軍打仗都很「張惶」，一方面聲勢浩大，一方面也很麻煩。聲勢浩大也好、麻煩也好，鬥爭總歸讓人不得半點消停。

上面的《訟》和《師》二卦，按照《序卦》的解釋，就好比說：兩家人都想過好日子，都想擴大自家的田地、要開拓門前的道路、要挖水井取水，但資源就那麼一點點，沒法都照顧到，所以兩家人就有了矛盾，吵架了、打架了，鬧得不可開交。按照目前的國際環境，為什麼會發生這麼多的爭訟和局部戰爭？說到底都是為了爭奪自然資源，為了讓自己過得好一點。提倡命運共同體也好、提倡只有一個地球也好，呼籲環保也好、綠色發展也好、削減核武也好，就是要人類知道自然資源就這麼一點、大家都住在這麼一個星球上，如果不能妥善處理好共同發展的道路，人類的明天也就大有問題。

「眾必有所比，故受之以《比》。比必有所畜也，故受之以《小畜》。」

因為人們在一起，一定會根據各自的性格脾氣，根據做事分工，成為不同的團體，即今天所講的各類組織。軍隊也好、群眾團體也好，就是大家根據不同的組織原則「比輔」在一起。這麼多人聚集在一起，就是「蓄積」。這種「蓄積」，應當包含兩方面的意思，一個是人群的蓄積，一個是物質的蓄積。有人認為，《小蓄》是秋天之卦，言外之意是秋天到了，人們將收穫的糧食儲存起來準備過冬，《小畜》卦就是講「倉廩實」的一卦。此備一說。

「物畜然後有禮，故受之以《履》。」

這個「禮」不是禮貌，而是禮制、禮法，是規矩。因為大家聚在一起，沒有規範則要亂套，所以一定要有規矩。《履》卦，即代表禮制。履是鞋子，代表走路，有一種觀點認為禮儀需要人去踐行、實施，因此以履代禮。

「履而泰，然後安，故受之以《泰》。《泰》者，通也。」

小至一個人、一個家庭，大至一個國家、一個民族，若能夠依禮法而行，必定達到安然通泰的境界，所以接下來的就是《泰》卦。《泰》卦就是表達通泰亨通的意思。《論語》裡面，顏淵問孔子什麼是「仁」，孔子說「克己復禮」，顏淵進一步問如何理解這話，孔子回答說：「非禮勿視，非禮勿聽，非禮勿言，非禮勿動。」即是講不符合禮制的行為言語，都不要去做，這樣最終就能達到「仁」的境界。孔子這裡將外在的禮制轉化為內在的要求，將約束自己行為作為個體自主選擇的內在的道德要求（克己復禮），以此獲得通往超道德的人生境界

(仁)。我們若能達到這種人生境界，則我們的生命必然是「通泰而安」的。

「物不可以終通，故受之以《否》。」

任何一個事物，不可能永遠是通泰的；因為事物不可能永遠通泰，所以必然會有「閉塞不通」的時候，此時就是《否》卦。我們民族的歷史很長，民族的歷史觀和智慧也建立漫長的歷史歷程之上，因此我們看待任何事物，都會從漫長的歷史經驗來分析。西方有學者提出「歷史的終結」，認為人類的政治發展到今天，西方國家實行的政治制度便是典範，概是「人類意識形態發展的終點」和「人類最後一種統治形式」，並因此構成了「歷史的終結」。而以「物不可以終通」的觀點來看，這種「歷史的終結」未免也說的太絕對。況且從中國漫長的歷史來看，西方政治制度不過幾百年的實踐經驗，哪裡夠的上說得「終結」這個詞？

「物不可以終否，故受之以《同人》；與人同者，物必歸焉，故受之以《大有》。」

萬物總不會永遠是閉塞不通的。就像前段時間國際上有一種宣揚著「脫鉤世界」的理論，但事實上這不可能。要把國家間的經貿往來封堵住、閉塞起來，事實上在全球化的時代很難做到。有人認為今後可能是「非全球化時代」，或者「去全球化時代」，可能會同原來的全球化進程不一樣；但人類社會走到了今天，就算再「反全球化」，也只是暫時的。人類歷史一路下來，民族與民族之間、國家與國家之間，主潮流是交流與融合，就算有戰爭和災難，過去之後依然是交流與融合。從這個角度來講，根本不用擔心「脫鉤論」和「去全球化」。中國人講「天下大勢合久必分，分久必合」，有人批評這是中國歷史觀中僵化的循環論，但放在長遠的歷史進程中來看，事實上就是如此。比如歐盟，多個國家千辛萬苦的組建了，現在英國卻脫歐了，接下來可能還會有繼續脫歐的國家。但從更加長遠的時期來看，必然還會有重新的融合。所以真正的脫鉤不可能，回過頭來，還是要加強交流溝通。

《序卦》這裡講閉塞不通了，走不下去了怎麼辦？那就必須要想辦法走出來，與人溝通、與人協調，要和同於人，才有可能擺脫困境，所以這裡就是《同人》卦。既然要和同於人，那麼外物必然來歸附。外物紛紛來歸附，就能蓄集了眾多的人才、豐足的物質，這就是象徵著歸附依順、收穫滿滿的《大有》卦。

「有大者不可以盈，故受之以《謙》。有大而能謙，必豫，故受之以《豫》。」

有了大收穫、大成就，不可以驕傲自滿，所以隨之來的就是《謙》卦，提醒人們要注意謙虛謹慎，「驕傲使人落後，謙虛使人進步」。一個人有成就又虛懷若谷，必定是愉悅自在的人，所以這個時候接著來的是代表著愉悅的《豫》卦。

「豫必有隨，故受之以《隨》。以喜隨人者必有事，故受之以《蠱》。《蠱》者，事也。」

一個和悅、有趣的人，必然有很多的粉絲，在生活中，我們都喜歡和這樣的人相處，這種人彷彿自帶光環，有著很大的吸引力，讓人忍不住要追隨他。梁任公在《學問之趣味》裡面講：「我是個主張趣味主義的人，倘若用化學劃分『梁啟超』這件東西，把裡頭所含一種元素名叫『趣味』的抽出來，只怕所剩下的僅有個0了。我以為凡人必須常常生活於趣味之中，生活才有價值，若哭喪著臉挨過幾十年，那麼，生活便成沙漠，要他何用？」如此看來，梁任公有很多粉絲，大概與他的有趣也有很大關係吧。

有了跟隨的人，有了大量的粉絲，振臂一呼萬人回應。人做到這個份上，這個時候真的了不起。但總不能啥事也不做吧？否則如何對得起熱情的粉絲？因此要振奮而起，做某項事業。做事業必須要剷除弊端，所以緊接著的就是整弊治亂的《蠱》卦。《蠱》卦有著整治收拾、處理事務的意思。

「有事而後可大，故受之以《臨》。《臨》者，大也。」

整弊治亂而後便可大興事業，此時就需要有領導者從宏觀籌謀，監臨全域，這個時候就是《臨》卦。《臨》卦含有功業盛大且由上而下的監臨之意。我們平常到吃飯的地方、娛樂的地方，服務員都會說「歡迎光臨」。開個玩笑，這個「光臨」，頗得《臨》卦這個古意。光，即是廣大；臨，即是監臨。因為他們覺得自己的事業做得很不錯，所以歡迎我們去監臨他們的大事業。

「物大然後可觀，故受之以《觀》。」

事物盛大之後值得人們觀瞻，因此接著就是意味著觀瞻、敬仰的《觀》卦。我們說大有可觀、參觀訪問，都是要「觀」，就是要好好的看、好好的想、好好的參照。《觀》卦有一爻說「觀國之光，利用賓于王」，就是說作為貴賓，你要去參訪、觀察、學習進步國家的光芒、偉大之處，則有利於自己改進治理能力。《左傳·莊公二十二年》裡面記載陳厲公請周史為兒子完占筮，周史筮得《觀》之《否》，即「觀國之光，利用賓于王」之爻。周史解釋說：「這個小娃娃不得了，以後他會搞出一個國家出來。不過他的國家應該不在這裡，是在異國；這個國家也不是在他這一生成立的，而是在他的後代身上。若在異國，必定是姜姓。」後來陳完避難逃到齊國，在當地慢慢發展壯大，幾代之後，他的子孫果真取代姜氏統治了齊國。

「可觀而後有所合，故受之以《噬嗑》。嗑者，合也。」

因為大有可觀而受人瞻仰，因此必然會與人溝通，融合、合作，因此這個時候就是《噬嗑》卦。嗑即是合的意思。不過，任何人事都不可以隨隨便便的合作，任何器物也不可能任意交合，就像甲乙雙方進行合作，總需要一些文字條款。因此《序卦》接下來就說：

「物不可苟合而已，故受之以《賁》。《賁》者，飾也。」

這個時候象徵文飾的《賁》卦就出現了。

「致飾然後亨則盡矣，故受之以《剝》。《剝》者，剝也。」

過分地追求文飾，順利的道路反倒會被堵塞，本來亨通的進程便完結了。這個時候就是《剝》卦。比如一個人寫文章，過於在文字上進行雕琢，把文字功夫做到極處，為一個標點符號也要反覆考慮，卻把自己的真情實感、生活體驗放在了不重要的位置，這樣的文章必定是「感發力不強」。古人就認為過分講究文藻、表面文章做得漂亮但違背了自己的本性，並不是好現象。孔夫子說：「質勝文則野，文勝質則史。文質彬彬，然後君子。」認為過於質樸、遜於文采就難免顯得粗野，而過於追求文采、遜於質樸又難免流於虛浮，只有文采和質樸完美地結合在一起，這才能成為君子。前面一種人，我們常常批評是「粗野」；後面一種人，我們則常常斥為「假的很」。粗野和虛假，都討人厭。

「物不可以終盡，剝窮上反下，故受之以《復》。」

然而事物剝落窮盡到了極點，剝落到了極點便會反復於下，開始慢慢恢復，因此《復》卦就出現了。宋人詩云「陰雲剝落天日明」，就有點這個意思：陰雲開始彌漫天際，然後慢慢地剝落散開，到了最後太陽就出來了，照耀天空，一片明亮。

「復則不妄矣，故受之以《无妄》。有无妄然後可畜，故受之以《大畜》。」

的《復》卦還有回到正道的意思，要回到正道，就不能肆意妄為，所以此時就是象徵不妄為的《无妄》卦。因為不妄為，穩妥行事，因而財務可以逐步積蓄，由少而多、由小而大，所以接著是象徵「大有積蓄」的《大畜》卦。也有人認為，這裡所蓄積的不是別的東西，而是美德。所謂「小畜以財，大畜以德」，前者指物質財富，後者指精神財富。古諺「富潤屋，德潤身」，賢人志士更看重精神財富，錢財再多，畢竟有用光的時候，惟有精神財富才是最寶貴的。无妄才能蓄積美德，所以所蓄之物是美德而非其他。

「物畜然後可養，故受之以《頤》。《頤》者，養也。不養則不可動，故受之以《大過》。」

財物慢慢蓄積起來，有了厚實的物質基礎，然後就可以用以頤養，所以《頤》卦就是頤養之意。我們講「頤養天年」，即是此意。以前生活條件不好，人們往往擔心沒有足夠的錢財養老，現在經濟發展上去了，又遇到了老齡化時代，養老院床位不夠，人們擔心的是沒有地方養老。因此「頤養」的問題，在當代依然值得深入探討。邵康節先生說：「時時醇酒飲些些，頤養天和以代茶。」不管怎麼樣，日子還是需要閒適的度過。有充足過厚的頤養為基礎，然後可以興動以應大事。但是興舉大事則有可能出現太過的程度，就像程頤所說：「凡物養而後能成，成則能動，動則有過。」所以《頤》之後接著就是《大過》。

「物不可以終過，故受之以《坎》。《坎》者，陷也。陷必有所麗，故受之以《離》。《離》者，麗也。」

萬事萬物總不會永遠處於過甚之狀態，過甚必有險，因此接著是象徵著危險的《坎》卦。另外，《坎》卦還有陷落之意，所以「陷必有所麗，故受之以《離》。《離》者，麗也」，因為陷落下去，需要有所攀附才能脫離險境，所以接著是《離》卦。《離》卦在這裡就是附著的意思。打一個比方，就好比如一個人落到洞穴中，或者不小心陷入了沼澤中，這個時候就需要有一個能攀附的東西，如繩子或者樹枝，借助這一個東西才能離開困境。這就是《坎》和《離》相隨出現的原因。

從《序卦》上經可以看出，各卦相隨而來，有的是「相因」，就是事物的規律相伴隨而來，朝著某一個方向發展；有的是「相反」，就是事物發展到了極致，朝著反向發展。不管「相因」還是「相反」，都可以看出其實在不知不覺之中，人事之規律已經安排妥當，在它的發展路徑中前進。而我們今日講「把握機會」，其實就是講要敏銳地察覺這種發展路徑，在「相因」和「相反」的不同趨勢中，找到合適的應對方法。

「道」就在日常生活中

《序卦》上經到《坎》《離》而止，下經從《咸》《恆》開始。上經講有天地之後，萬物充盈天地之間，然後要啟蒙、滋養，等等。這是側重講事物發展的規律。而下經則講，有了天地萬物之後，便有了男女之別；有了男女，便有了夫婦；有了夫婦，便有了父母子女，便有了君臣；有了君臣，便有了上下之名號、禮義之規範。這是側重從社會倫理的角度來談問題。

「夫婦之道，不可以不久也，故受之以《恆》。《恆》者，久也。」

男女之間因為「交感」而成為夫婦。現在的男女談戀愛，都要對另一方有「感覺」，才可能成功。這個「感覺」，就是《咸》卦的「交感」之意。但是僅僅靠「感覺」來維持夫婦的關係，未必靠得住。這一段時間「感覺」好，過一段時間未必好；或者遇到一個更中意的人，「感覺」會轉移。宋人有詞說：

雙槳浪花平，夾岸青山鎖。
你自歸家我自歸，說著如何過。
我斷不思量，你莫思量我。

將你從前與我心，付與他人可。

一對戀人，不管以前有多甜蜜，要是某人變了心，忽然就不一樣了，比陌路人還要冷淡。上個世紀60、70年代歐美有很多反映婚姻家庭的小說，大多講述了人們在日復一日的上班下班、穿衣吃飯中喪失了激情，最後婚姻疲憊、家庭破碎。當前我們進入小康社會之後，婚戀關係與以往也有了較大變化，夫婦之間的感情也因為外在的誘惑而容易發生變化。故而夫婦之道，除了最初的「感覺」，更要想辦法使之持久，用當下流行的話語來講就是「婚姻也需要用心照顧」。所以接著就是象徵恒久的《恒》卦。

「物不可以久居其所，故受之以《遯》。《遯》者，退也。」

但凡是事物都不可能長久不動居於某處，也不可能一成不變地停滯，因此它必定會有所退避，按照人事來講，官場曾流行一句話：「不進步就是退步。」大致也有點這個意思。所以這個時候就是象徵著退隱、躲避的《遯》卦。

「物不可以終遯，故受之以《大壯》。物不可以終壯，故受之以《晉》。《晉》者，進也。」

事物不可能永遠都在隱退、躲避，人也不可能總是躲避不前進，必定會重新振作強盛起來，這個時候就是象徵強盛的《大壯》卦。比如東晉赫赫有名的謝安，一直隱居東山不出，與王羲之等悠遊度日。後來其弟謝萬因出兵北伐戰敗被免官，謝家在朝廷的權勢受到極大威脅，有逐步沒落的情形，謝安便不再避居東山，應徵擔任桓溫之司馬。謝安出山之後，周旋於東晉政權中心，後來在淝水之戰中作為東晉軍隊的總指揮，以八萬兵力打敗了號稱百萬的前秦軍隊，使得晉室轉危為安，功名達到極致。這就是「物不可以終遯，故受之以《大壯》」。既然強盛，便必然要有所進取，接著就是象徵進取的《晉》卦。

「晉必有所傷，故受之以《明夷》。夷者，傷也。傷於外者必反其家，故受之以《家人》。」

前進和發展總不會一帆風順，「前進的道路是曲折的」，在這個進程中必定會遇到困難、阻礙乃至於傷害。《明夷》六五爻「箕子之明夷」，所講之事就是箕子被商紂王囚禁起來並當作奴隸一樣羞辱。本來箕子是紂王叔父，貴為太師，但因為屢次諫勸紂王而不成，眼見國勢一天天淪落，只能披髮佯狂，鼓琴以自悲。紂王將其囚禁羞辱，這還只是身體上的，內心看不到希望的悲痛不但難以對人訴說，更難以排解。夷就是傷的意思，在外受到了傷害，總會回到家中尋求家人的安慰。我們常說「家庭是生活的港灣」，一個人在外面打拼、奮鬥，有挫折、有悲傷、有傷害，這時候最想得到的就是家人的溫暖。這就是「傷於外者必反其家」。

「家道窮必乖，故受之以《睽》。《睽》者，乖也。乖必有難，故受之以《蹇》。

《蹇》者，難也。」

但每一個家庭都有它的難處，當代核心小家庭還比較好辦，古時候的一大家子住在一起，那就是個微型的社會，各種情況、各種麻煩，層出不窮。像《紅樓夢》、《金瓶梅》，還有巴金的《家》這樣的小說，講的就是大家族裡面的各種故事，管理這樣一個大家族不但需要很多的精力，也需要很大的智慧。如果家道淪落、陷於困境，必然會出現很多乖睽之事。老話講「貧賤夫妻百事哀」，這種「哀」不僅僅是貧窮帶來的物質壓力，更在於它帶來人生的悲觀、絕望，以及對善、美、真等觀念的衝擊和扭曲。在這種種壓力和扭曲之下，必然給人帶來種種蹇難，這就是「乖必有難」。

「物不可以終難，故受之以《解》。《解》者，緩也。緩必有所失，故受之以《損》。」

事物都不可能總受到蹇難，也不會總是在窘迫的困境中，總會有舒緩、解放的一天。比如改革開放之後，有不少窮人家的孩子通過讀大學、做生意，從農村走出來，經過努力，不但自己的生活得到了提高，甚至整個家庭乃至家族都因此而得到興盛。福克納在他的小說中經常提及的一個詞就是「忍受」（endurance），或者稱之為「熬」，人生就是在這樣的endurance中度過。我們可以把這個endurance看作類似有「蹇難」的含義在裡面。但福克納的這個

endurance，隱藏在後面的是：它在西方宗教觀念中是人生而必須承受的原罪，當經受住這種考驗之後，就可以得到拯救。中國儒家沒有這種宗教觀，但認為在經受磨難之後，接下來必定會有舒緩而愉悅的境地出現。這就是「紓解」，就是《解》卦。《說文》裡面講「判也，從刀判牛角」，《康熙字典》說「險難解釋，物情舒緩，故為解也」，包括我們常說的「化解」，其實就是這個「解」，意思就是使得險難舒緩，所以是「難之散也」。

「緩必有所失」，可以有兩種解釋，大概都可以成立：一種，是從原來蹇難的境地中解脫出來，然後過於舒緩，完全鬆懈下來，什麼都不管，所以必然有所損失。一種，是從原來蹇難的境地中解脫出來，這種解脫需要付出人力物力，不能不有所損失，不管是努力拼搏也好、用財物換取也好，都是一種損耗，所以是「緩必有所失」。這個時候就是象徵著損失、減損的《損》卦。我們知道股市裡面有個用語叫「止損」，就是指當某一個投資的股票虧損到一個數額，不及時止住可能就會有更大的損失，這個時候就要當機立斷出局，把損失控制在較小的範圍內。這就是從股市危險狀態中「解脫」出來的必要的「損失」，也算是《解》卦之後的《損》卦。

「損而不已必益，故受之以《益》。益而不已必決，故受之以《夬》。《夬》者，決也。」

損失到了一定程度，必然就會有所增益。就像上面說的，股市止損之後，把損失控制到一定程度，接著看準了投資的方向，必然就會有所收益。因為有了收益，錢越來越多，怎麼辦？於是繼續想辦法賺更多的錢。不過我們都知道，資本都是貪婪了——其實不是資本貪婪，而是控制資本的人貪婪。可以想見，那麼多的錢被資本者控制，先不要說資本者人品之好壞、行事之正邪，只要稍微不注意，單單那些巨量資本必定會流向所有可能賺錢的領域，但有的領域不應當是以賺錢為目的的，起碼主要的目的不應當是賺錢，比如我們常講的一些良心行業。只要貪婪的資本一旦湧進這些行業，後果必定難以預料，必然會帶來負面的影響。此刻就需要「決斷」，反對壟斷也好、禁止不當競爭也好，就是要將盈滿肆意的資本控制在一個合理的範圍。這種「決斷」就是《夬》卦之意。

「決必有所遇，故受之以《姤》。《姤》者，遇也。物相遇而後聚，故受之以《萃》。《萃》者，聚也。」

決斷之後行事，必然會經歷很多事、遇到很多人，這就是象徵相遇的《姤》卦。人們由於種種原因相遇，不管是「天下熙熙，皆為利來」的利益相遇，還是「君子以朋友講習」的學友相遇，總之都要聚集在一起，這就是象徵相遇而相聚的《姤》卦。這個時候的聚集與《師》卦的聚集性質不一樣。後者是因為某種目的而號召、呼籲人們在一起，然後去完成一件任務；

前者則主要指向因為相遇在一起而自然形成的聚集形態。《師》如同強勢的、必須的聚集，《萃》如同隨意的、自然的聚集。

「聚而上者謂之升，故受之以《升》。升而不已必困，故受之以《困》。困乎上者必反下，故受之以《井》。」

彙聚在一起，然後能一起進步、升遷，或者說能獲得更大的成就，能有更大的發展空間，就是象徵上升的《升》卦。比如那些創業的互聯網公司，很多時候幾個人拿到一筆投資，在一起做事業，做著做著，忽然就成功了，專利有了，市場有了，上市也成功了。這就是「升」卦的意味。然後不斷的上升、再不斷的上升，上升到一定程度，忽然發現：糟糕，升到一個極限了，前面是窮途末路了。這個時候就是「升而不已必困」。開悟的人是「行到水窮處，坐看雲起時」，一般人是「行到水窮處，愁眉苦臉來」，陷入窮困之境，總歸會不開心。這個時候就不會和原來一樣，只想到一味的追求上升、發展空間，而是覺得：身心安穩的平淡生活也很不錯啊。於是反過頭來，覺得人生要從安穩日子開始。古時候有人家戶的地方，必定會有水井提供生活的水源，這個時候就是象徵著返回來安居過日子的《井》卦。

「井道不可不革，故受之以《革》。革物者莫若鼎，故受之以《鼎》。主器者莫若長子，故受之以《震》。《震》者，動也。」

小時候住在山區的小鎮上，鎮子裡有個水井，大家的日常用水都依靠它。到一定的時間，水井就需要浚通，浚通之後，水流更加清澈和暢快。這就是「井道不可不革」。這個「革」，就是革新、變革、革命之革，意味著變化、創新的《革》卦。此卦的《象》辭說：「天地革，而四時成。湯武革命，順乎天而應乎人。革之時大矣哉！」就是講，從自然規律而言，《革》卦的意義是成就了四季的變革；從社會規律而言，它成就時代的變革，比如商湯、周武的革命，就是順應了時代要求和人心向背。有時候這種變革是很劇烈的，整個時代的人們都會捲入其中，整個社會都會發生巨大的變化。這種劇烈的變化，古人用一種形象來描述，就像用鼎器來烹飪，使食物由生到熟，這就是《鼎》卦。我們常說的「鼎革之變」，比如改朝換代、百年未有之大變局，即是此意。古人講「鼎」有獲取政權、統治管理之意，如「問鼎」、「主鼎」、「鼎國」等，唐代劉知幾說：「論逆臣則呼為問鼎，稱巨寇則目以長鯨。」元代楊維楨說：「東風一信江上發，從此鼎國曹孫劉。」古代家族一般都是長子繼承父輩之權益，所以主器者為長子，所以接著就是象徵長子的《震》卦。《震》卦又有震動的意思。

「物不可以終動，止之，故受之以《艮》。《艮》者，止也。物不可以終止，故受之以《漸》。《漸》者，進也。」

《震》卦代表著震動、動盪，是鼎革之變後的震動及餘波，但世間往往是「動極思靜」，人心也往往是「亂而思安」，因此不可能一直動盪下去，總需要安頓下來的時候，這個時候就是象徵著停止、安頓的《艮》卦。停止下來，不是說不要發展、不要前進，就這樣「躺平」算了，而是說經過合理的調停，要繼續往前發展。這個時候就是象徵著逐步前進的《漸》卦。這一卦的爻辭講鴻漸于岸、鴻漸于磐、鴻漸于木、鴻漸于陵、鴻漸于陸等情況，講大雁從河岸邊慢慢飛到山旁大石上、再飛到樹上、山陵之上，表示事物在前進的道路上，需要有循序漸進的態度和過程。

「進必有所歸，故受之以《歸妹》。得其所歸者必大，故受之以《豐》。《豐》者，大也。」

國外文學流派「垮掉的一代」有部代表作《在路上》，講幾個年輕人反抗權威、反抗傳統，他們流浪在路上，用他們荒誕不經的生活狀態，反映了二戰後人們普遍的精神空虛。但這種「在路上」到底能持續多久呢？最終如何才能安放自我呢？這些人最後的散場，也算暗示了「在路上」只能是反叛一時的狀態，而不能夠成為持續的常態。在《序卦》這裡，大雁不可能一直遠翔不歸來，人也不可能永遠在路上，前進之後一定有所歸依，所以接著是象徵女孩子出嫁的《歸妹》卦。古人把女孩子出嫁叫作「歸」，《詩經》描繪女孩子出嫁「桃之夭夭，灼灼其華。之子于歸，宜其室家」，展現了一幅喜悅、溫暖的婚嫁情景。其中「之子于歸」就是嫁女孩子。出嫁之後，一個家庭的人口會增加，家庭必然會壯大，這個時候就是象徵著壯大的《豐》卦；從另一個角度來看，人有歸宿，安居樂業，必定會發展壯大，這也如象徵壯大的《豐》卦。

「窮大者必失其所居，故受之以《旅》。旅而無所容，故受之以《巽》。《巽》者，入也。」

盛大之後，如果窮奢極侈，必定會喪失其安居樂業之所。我們看現在很多曾經的富翁，剛開始的時候事業也做得很大，發展很順利，但隨著極速的擴張，同時公司或多或少會伴隨著官僚主義、奢靡主義興起，此風一旦沒有控制住，很有可能公司由此敗落，富翁也會變得落魄，沒有安居之所，只能四處寄居，這就是「窮大者必失其所居」。這個時候就是象徵著行旅不定的《旅》卦。一個人落魄，無處容身，只能四處尋找能夠接納自己的人。一旦遇到願意接納自己的人，當然會聽人家的話，服從人家的安排，俗話說「在人屋簷下，怎敢不低頭」。這個時候就是象徵順從的《巽》卦。《巽》卦含有被接納的意思，所以說，「《巽》者，入也」。

「入而後說之，故受之以《兌》。《兌》者，說也。說而後散之，故受之以《渙》。《渙》者，離也。」

一個人在歷經磨難、落魄之時，能夠被人接納、收容，心情當然是喜悅的。所以這個時候是象徵著喜悅的《兌》卦。一個人充滿喜悅，這樣的心情也會多多少少傳達給別人，這個時候就是有擴散、散發之意的《渙》卦。《象》辭說「風行水上」，風從水上吹過，將水波拂動，一圈圈波紋散開。這種形態，把一個人喜悅的心情傳達給別人形象地表現了出來。不過，「渙者，離也」，就是講《渙》卦還有離散之意。

「物不可以終離，故受之以《節》。節而信之，故受之以《中孚》。有信者必行之，故受之以《小過》。」

再好的心情，不可能總是持續，也不可能總是與別人分享。每次見到老朋友，也不管人家有沒有空、高興不高興，拉住人家就說：「大哥，前次那件事，我再告訴你一次，你再陪著我樂呵樂呵。」就怕你說得興起，人家聽得火起。還有的人在臺上講話發言，從秦始皇到亞歷山大，從華爾街到人工智慧，散亂不堪，但就不知道他究竟想說什麼，浪費自己的時間，也浪費別人的時間。所以凡事要有所節制，不能過於離散。這個時候就是象徵節制的《節》卦。人有所節制、嚴格要求自己，必然會有誠信、講信用，所以接著就是象徵內心誠信的《中孚》卦。一個人講誠信、堅守自己的內心準則，為人做事必然有原則，言必行行必果，這個是優點。但值得注意的是，有時候這種殺伐果斷、決意推進事業的行為，可能會有些過頭，會留下一些小遺憾或者小失誤，所以接著是象徵小有過越的《小過》卦。此卦的《象》辭說：「君子以行過乎恭，喪過乎哀，用過乎儉」，就是講即便是善行好事，也需要注意不能太過度，否則就走向另一面了。

「有過物者必濟，故受之以《既濟》。物不可窮也，故受之以《未濟》終焉。」

能夠改正小錯誤，必然能夠越過阻礙完成任務而獲得成功，所以接著是象徵事情已經完成的《既濟》卦。《雜卦》講「既濟，定也」，也是完成的意思。但事物的發展不可能完全窮盡，因此接著是象徵事物沒有完成、沒有止境的《未濟》卦，以此卦來作為《周易》的最後一卦，表示自然和人道的周而復始——人事更替沒有止境，自然更替沒有止境，宇宙人生都在廣袤無垠的「未濟」中流淌不止，生生不息。

讀完《序卦》的文字，我們會覺得它沒有什麼很深奧的說辭，說的很簡單啊，就是我們平常生活中的道理，不過就是在這種簡單和平常中，才深刻地反映了中國傳統文化「道在日常倫用中」。中國人沒有如同西方基督教那樣，有一個彼岸天堂和上帝，人需要通過上帝的拯救洗刷原罪之後，才能從這一個世界到達彼岸的天堂獲得永生。人只有、也必須在這一個世界中完成人之所以成為人的使命，所以才有「天行健，君子自強不息」，才有「君子以致命遂志」，才有「樂天知命，故不憂」，在這些出發於此世界又落實於此世界的思想脈絡中，實現著、建立著人的主體性。借用李澤厚先生在《情本體、兩種道德和「立命」》訪談中的觀點：儒家賦予天地以情，也因為「天道」、「人道」只是一個「道」，「天道」沒有人格神的明確諭示，它只呈現在「善人」的行為活動，即「人道」中。我們可以發現，這種「天道」體現在「人道」行為活動中的旨趣，亦是《序卦》呈現的內容和主旨。

最後用一首詩來結束這個話題，據說是呂洞賓寫的，從中也可以看到在這種「天道」和「人道」之間，人即便要追求超越這個世界之外的「天堂」，也離不開他對這個世俗生活所採取的態度和行為；如何處理好這個世界的行為活動，是達到另一個世界所需要的最基本條件，或許，這也算是某種儒道合一吧：

世上何人會此言，休將名利掛心田。
等閒倒盡十分酒，遇興高歌一百篇。
物外煙霞為伴侶，壺中日月任蟬娟。
他時功滿歸何處？直駕雲車入洞天。

後記

這些文字大多是和朋友閒聊之後記下來的，三、四年持續下來，零零碎碎的積累，也有十幾萬字了，倒有一點點「積小以高大」的味道。我最初的意圖不是易學研究，易學研究大有人在，所以儘量不與學術論文體沾邊，以免有僭越之嫌。在具體的講解上，主要依卦爻辭，多據朱熹夫子、高亨先生、周振甫先生等解釋，其他前聖時賢的高論自然很好，只因不是做專門的論文，也就不必一一參考。又很少用到象數的觀點，主要是象數較為繁雜，說起來比較麻煩，況且又未必說得清楚。另外，八八六十四卦和十翼沒有全部涉及到，順序也沒有按照卦序，只對感興趣的部分內容寫了點雜想，不是對《周易》完整的解讀和分析。如果有人要真正系統地瞭解《周易》，那是不能以此為準的。相關教材和書籍很多，可以參考閱讀。這點要講清楚，以免誤會。

二零二一年十二月二十四日

心一堂術數古籍珍本叢刊　第一輯書目

占筮類			
1	擲地金聲搜精秘訣	心一堂編	沈氏研易樓藏稀見易占秘鈔本
2	卜易拆字秘傳百日通	心一堂編	
3	易占陽宅六十四卦秘斷	心一堂編	火珠林占陽宅風水秘鈔本
星命類			
4	斗數宣微	【民國】王裁珊	民初最重要斗數著述之一；未刪改本
5	斗數觀測錄	【民國】王裁珊	失傳民初斗數重要著作
6	《地星會源》《斗數綱要》合刊	心一堂編	失傳的第三種飛星斗數
7	《斗數秘鈔》《紫微斗數之捷徑》合刊	心一堂編	珍稀「紫微斗數」舊鈔秘本
8	斗數演例	心一堂編	
9	紫微斗數全書（清初刻原本）	題【宋】陳希夷	斗數全書本來面目；有別於錯誤極多的坊本
10－12	鐵板神數（清刻足本）——附秘鈔密碼表	題【宋】邵雍	無錯漏原版 秘鈔密碼表　首次公開！
13－15	蠢子數纏度	題【宋】邵雍	蠢子數連密碼表 打破數百年秘傳　首次公開！
16－19	皇極數	題【宋】邵雍	清鈔孤本附起例及完整密碼表 研究神數必讀！
20－21	邵夫子先天神數	題【宋】邵雍	附手鈔密碼表 研究神數必讀！
22	八刻分經定數（密碼表）	題【宋】邵雍	皇極數另一版本；附手鈔密碼表
23	新命理探原	【民國】袁樹珊	子平命理必讀教科書！
24－25	袁氏命譜	【民國】袁樹珊	
26	韋氏命學講義	【民國】韋千里	民初二大命理家南袁北韋
27	千里命稿	【民國】韋千里	
28	精選命理約言	【民國】韋千里	北韋之命理經典
29	滴天髓闡微——附李雨田命理初學捷徑	【民國】袁樹珊、李雨田	命理經典未刪改足本
30	段氏白話命學綱要	【民國】段方	民初命理經典最淺白易懂
31	命理用神精華	【民國】王心田	學命理者之寶鏡

心一堂術數古籍珍本叢刊　第一輯書目

32	命學探驪集	【民國】張巢雲	發前人所未發 稀見民初子平命理著作
33	澹園命談	【民國】高澹園	
34	算命一讀通——鴻福齊天	【民國】不空居士、覺先居士合纂	
35	子平玄理	【民國】施惕君	
36	星命風水秘傳百日通	心一堂編	
37	命理大四字金前定	題【晉】鬼谷子王詡	源自元代算命術
38	命理斷語義理源深	心一堂編	稀見清代批命斷語及活套
39－40	文武星案	【明】陸位	失傳四百年《張果星宗》姊妹篇 千多星盤命例　研究命學必備
相術類			
41	新相人學講義	【民國】楊叔和	失傳民初白話文相術書
42	手相學淺說	【民國】黃龍	民初中西結合手相學經典
43	大清相法	心一堂編	重現失傳經典相書
44	相法易知	心一堂編	
45	相法秘傳百日通	心一堂編	
堪輿類			
46	靈城精義箋	【清】沈竹礽	沈氏玄空遺珍 玄空風水必讀
47	地理辨正抉要	【清】沈竹礽	
48	《玄空古義四種通釋》《地理疑義答問》合刊	沈瓞民	
49	《沈氏玄空吹虀室雜存》《玄空捷訣》合刊	【民國】申聽禪	
50	漢鏡齋堪輿小識	【民國】查國珍、沈瓞民	
51	堪輿一覽	【清】孫竹田	失傳已久的無常派玄空經典
52	章仲山挨星秘訣（修定版）	【清】章仲山	章仲山無常派玄空珍秘 門內秘本首次公開 沈竹礽等大師尋覓一生未得之珍本！
53	臨穴指南	【清】章仲山	
54	章仲山宅案附無常派玄空秘要	心一堂編	
55	地理辨正補	【清】朱小鶴	玄空六派蘇州派代表作
56	陽宅覺元氏新書	【清】元祝垚	簡易・有效・神驗之玄空陽宅法
57	地學鐵骨秘　附　吳師青藏命理大易數	【民國】吳師青	釋玄空廣東派地學之秘
58－61	四秘全書十二種（清刻原本）	【清】尹一勺	玄空湘楚派經典本來面目 有別於錯誤極多的坊本

62	地理辨正補註　附 元空秘旨　天元五歌　玄空精髓　心法秘訣等數種合刊	【民國】胡仲言	貫通易理、巒頭、三元、三合、天星、中醫
63	地理辨正自解	【清】李思白	公開玄空家「分率尺、工部尺、量天尺」之秘
64	許氏地理辨正釋義	【民國】許錦灝	民國易學名家黃元炳力薦
65	地理辨正天玉經內傳要訣圖解	【清】程懷榮	秘訣一語道破，圖文并茂
66	謝氏地理書	【民國】謝復	玄空體用兼備、深入淺出
67	論山水元運易理斷驗、三元氣運說附紫白訣等五種合刊	【宋】吳景鸞等	失傳古本《玄空秘旨》《紫白訣》
68	星卦奧義圖訣	【清】施安仁	三元玄空門內秘笈　清鈔孤本 過去均為必須守秘不能公開秘密 與今天流行飛星法不同
69	三元地學秘傳	【清】何文源	
70	三元玄空挨星四十八局圖說	心一堂編	
71	三元挨星秘訣仙傳	心一堂編	
72	三元地理正傳	心一堂編	
73	三元天心正運	心一堂編	
74	元空紫白陽宅秘旨	心一堂編	
75	玄空挨星秘圖　附 堪輿指迷	心一堂編	
76	姚氏地理辨正圖說　附 地理九星并挨星真訣全圖　秘傳河圖精義等數種合刊	【清】姚文田等	蓮池心法　玄空六法 門內秘鈔本首次公開
77	元空法鑑批點本——附 法鑑口授訣要、秘傳玄空三鑑奧義匯鈔　合刊	【清】曾懷玉等	
78	元空法鑑心法	【清】曾懷玉等	
79	曾懷玉增批蔣徒傳天玉經補註【新修訂版原（彩）色本】	【清】項木林、曾懷玉	
80	地理學新義	【民國】俞仁宇撰	揭開連城派風水之秘
81	地理辨正揭隱（足本）　附連城派秘鈔口訣	【民國】王邈達	
82	趙連城傳地理秘訣附雪庵和尚字字金	【明】趙連城	
83	趙連城秘傳楊公地理真訣	【明】趙連城	
84	地理法門全書	仗溪子、芝罘子	巒頭風水，內容簡核、深入淺出
85	地理方外別傳	【清】熙齋上人	巒頭形勢、「望氣」「鑑神」
86	地理輯要	【清】余鵬	集地理經典之精要
87	地理秘珍	【清】錫九氏	巒頭、三合天星，圖文並茂
88	《羅經舉要》附《附三合天機秘訣》	【清】賈長吉	清鈔孤本羅經、三合訣法圖解
89-90	嚴陵張九儀增釋地理琢玉斧巒	【清】張九儀	清初三合風水名家張九儀經典清刻原本！

心一堂術數古籍珍本叢刊　第一輯書目

91	地學形勢摘要	心一堂編	形家秘鈔珍本
92	《平洋地理入門》《巒頭圖解》合刊	【清】盧崇台	平洋水法、形家秘本
93	《鑒水極玄經》《秘授水法》合刊	【唐】司馬頭陀、【清】鮑湘襟	千古之秘，不可妄傳匪人
94	平洋地理闡秘	心一堂編	雲間三元平洋形法秘鈔珍本
95	地經圖說	【清】余九皋	形勢理氣、精繪圖文
96	司馬頭陀地鉗	【唐】司馬頭陀	流傳極稀《地鉗》
97	欽天監地理醒世切要辨論	【清】欽天監	公開清代皇室御用風水真本
三式類			
98－99	大六壬尋源二種	【清】張純照	六壬入門、占課指南
100	六壬教科六壬鑰	【民國】蔣問天	由淺入深，首尾悉備
101	壬課總訣	心一堂編	過去術家不外傳的珍稀六壬術秘鈔本
102	六壬秘斷	心一堂編	
103	大六壬類闡	心一堂編	
104	六壬秘笈——韋千里占卜講義	【民國】韋千里	六壬入門必備
105	壬學述古	【民國】曹仁麟	依法占之，「無不神驗」
106	奇門揭要	心一堂編	集「法奇門」、「術奇門」精要
107	奇門行軍要略	【清】劉文瀾	條理清晰、簡明易用
108	奇門大宗直旨	劉毗	天下孤本　首次公開
109	奇門三奇干支神應	馮繼明	虛白廬藏本《秘藏遁甲天機》
110	奇門仙機	題【漢】張子房	奇門不傳之秘　應驗如神
111	奇門心法秘纂	題【漢】韓信（淮陰侯）	
112	奇門廬中闡秘	題【三國】諸葛武侯註	
選擇類			
113－114	儀度六壬選日要訣	【清】張九儀	清初三合風水名家張九儀擇日秘傳
115	天元選擇辨正	【清】一園主人	釋蔣大鴻天元選擇法
其他類			
116	述卜筮星相學	【民國】袁樹珊	民初二大命理家南袁北韋
117－120	中國歷代卜人傳	【民國】袁樹珊	南袁之術數經典

心一堂術數古籍珍本叢刊 第二輯書目

占筮類			
121	卜易指南（二種）	【清】張孝宜	民國經典，補《增刪卜易》之不足
122	未來先知秘術——文王神課	【民國】張了凡	內容淺白、言簡意賅、條理分明
星命類			
123	人的運氣	汪季高（雙桐館主）	五六十年香港報章專欄結集！
124	命理尋源		
125	訂正滴天髓徵義	【民國】徐樂吾	民國三大子平命理家徐樂吾必讀經典！
126	滴天髓補註 附 子平一得		
127	窮通寶鑑評註 附 增補月談賦 四書子平		
128	古今名人命鑑		
129-130	紫微斗數捷覽（明刊孤本）[原(彩)色本] 附 點校本 （上）（下）	馮一、心一堂術數古籍整理編校小組 整理	明刊孤本 首次公開！
131	命學金聲	【民國】黃雲樵	民國名人八字、六壬奇門推命
132	命數叢譚	【民國】張雲溪	子平斗數共通、百多民國名人命例
133	定命錄	【民國】張一蟠	民國名人八十三命例詳細生平
134	《子平命術要訣》《知命篇》合刊	【民國】鄒文耀、【民國】胡仲言 撰	《子平命術要訣》科學命理；《知命篇》易理皇極、命理地理、奇門六壬互通
135	科學方式命理學	閻德潤博士	匯通八字、中醫、科學原理！
136	八字提要	韋千里	民國三大子平命理家韋千里必讀經典！
137	子平實驗錄	【民國】孟耐園	作者四十多年經驗 占卜奇靈 名震全國！
138	民國偉人星命錄	【民國】囂囂子	幾乎包括所民初總統及國務總理八字！
139	千里命鈔	韋千里	失傳民初三大命理家-韋千里 代表作
140	斗數命理新篇	張開卷	現代流行的「紫微斗數」內容及形式上深受本書影響
141	哲理電氣命數學——子平部	【民國】彭仕勛	命局按三等九級格局、不同術數互通借用
142	《人鑑——命理存驗‧命理擷要》（原版足本）附《林庚白家傳》	【民國】林庚白	傳統子平學修正及革新、大量名人名例
143	《命學苑苑刊——新命》（第一集）附《名造評案》《名造類編》等	【民國】林庚白、張一蟠等撰	史上首個以「唯物史觀」來革新子平命學結集
相術類			
144	中西相人探原	【民國】袁樹珊	按人生百歲，所行部位，分類詳載
145	新相術	【美國】字拉克福原著、【民國】沈有乾編譯	通過觀察人的面相身形、色澤舉止等，得知性情、能力、習慣、優缺點等
146	骨相學	【民國】風萍生編著	結合醫學中生理及心理學，影響近代西、日、中相術深遠
147	人心觀破術 附運命與天稟	【日本】管原如庵、加藤孤雁原著，【民國】唐真如譯	觀破人心、運命與天稟的奧妙

心一堂術數古籍珍本叢刊　第二輯書目

148	《人相學之新研究》《看相偶述》合刊	盧毅安	集中外大成，無不奇驗；影響近代香港相術名著
149	冰鑑集	【民國】碧湖鷗客	各家相法精華、相術捷徑、圖文並茂附名人照片
150	《現代人相百面觀》《相人新法》合刊	【民國】吳道子輯	失傳民初相學經典二種 重現人間！
151	性相論	【民國】余晉龢	民初北平公安局專論相學與犯罪專著（犯罪學生物學派）
152	《相法講義》《相理秘旨》合刊	韋千里、孟瘦梅	命理學大家韋千里經典、傳統相術秘籍精華
153	《掌形哲學》附《世界名人掌形》《小傳》	【民國】余萍客	圖文并茂、附歐美名人掌形圖及生平簡介
154	觀察術	【民國】吳貴長	可補充傳統相術之不足
堪輿類			
155	羅經消納正宗	【明】沈昇撰、【明】史自成、丁孟章合纂	失傳四庫存目珍稀風水古籍
156	風水正原	【清】余天藻	●積德為求地之本，形家必讀！
157	安溪地話（風水正原二集）		●純宗形家，與清代欽天監地理風水主張大致相同
158	《蔣子挨星圖》附《玉鑰匙》	【清】蔣大鴻等	窺知無常派章仲山一脈真傳奧秘
159	樓宇寶鑑	吳師青	陽宅風水必讀、現代城市樓宇風水看法改革
160	《香港山脈形勢論》《如何應用日景羅經》合刊		香港風水山脈形勢專著
161	三元真諦稿本——讀地理辨正指南	【民國】王元極	被譽為蔣大鴻、章仲山後第一人，內容直接了當，盡揭三元玄空家之秘
162	三元陽宅萃篇		
163	王元極增批地理冰海　附批點原本地理冰海	【清】高守中【民國】王元極	
164	地理辨正發微	【清】唐南雅	極之清楚明白，披肝露膽
165-167	增廣沈氏玄空學　附　仲山宅斷秘繪稿本三種、自得齋地理叢說稿鈔本（上）（中）（下）	【清】沈竹礽	玄空必讀經典！附《仲山宅斷》幾種鈔本及批點本，畫龍點睛、披肝露膽，道中刊印本未點破的秘訣
168-169	巒頭指迷（上）（下）	【清】尹貞夫原著、【民國】何廷珊增訂、批注	圖文并茂：龍、砂、穴、水、星辰九十九變 洩漏天機：蔣大鴻、賴布衣挨星秘訣及用法
170-171	三元地理真傳（兩種）（上）（下）	【清】趙文鳴	蔣大鴻嫡派真傳張仲馨一脈二十種家傳秘本、宅墓案例三十八圖，並附天星擇日
172	三元宅墓圖　附　家傳秘冊		
173	宅運撮要	【民國】尤惜陰（演本法師）、榮柏雲	撮三集《宅運新案》之精要
174	章仲山秘傳玄空斷驗筆記　附　章仲山斷宅圖註	【清】章仲山傳、【清】唐鷺亭纂	無常派玄空不外傳秘中秘！二宅實例有斷驗及改造內容
175	汪氏地理辨正發微　附　地理辨正真本	【清】蔣大鴻、姜垚原著、【清】汪云吾發微	蔣大鴻嫡派張仲馨一脈三元理、法、訣具體泄露三百年來最佳《地理辦正》註解！石破天驚！
176	蔣大鴻家傳歸厚錄汪氏圖解	【清】蔣大鴻、【清】汪云吾圖解	
177	蔣大鴻嫡傳三元地理秘書十一種批注	【清】蔣大鴻原著、【清】汪云吾、【清】劉樂山註	

178	《星氣(卦)通義(蔣大鴻秘本四十八局圖并打劫法)》《天驚秘訣》合刊	題【清】蔣大鴻 著	江西興國真傳三元風水秘本
179	蔣大鴻嫡傳天心相宅秘訣全圖附陽宅指南等秘書五種	【清】蔣大鴻編訂、【清】汪云吾、劉樂山註	蔣大鴻徒張仲馨秘傳陽宅風水「教科書」！
180	家傳三元地理秘書十三種		真天宮之秘　千金不易之寶
181	章仲山門內秘傳《堪輿奇書》附《天心正運》	【清】章仲山傳、【清】華湛恩	直洩無常派章仲山玄空風水不傳之秘
182	《挨星金口訣》、《王元極增批補圖七十二葬法訂本》合刊	[民國]王元極	秘中秘——玄空挨星真訣公開！字字千金！
183-184	《家傳三元古今名墓圖集附謝氏水鉗》《蔣氏三元名墓圖集》合刊(上)(下)	(清)孫景堂，劉樂山，張稼夫	蔣大鴻嫡傳風水宅案、幕講師、蔣大鴻、姜垚等名家多個實例，破禁公開！
185-186	《山洋指迷》足本兩種　附《尋龍歌》(上)(下)	【明】周景一	風水巒頭形家必讀《山洋指迷》足本！
187-196	蔣大鴻嫡傳水龍經注解　附　虛白廬藏珍本水龍經四種(1-10)	【清】蔣大鴻編訂、【清】楊臥雲、汪云吾、劉樂山註	蔣大鴻嫡傳一脈授徒秘笈　希世之寶 千年以來，師師相授之秘旨，破禁公開！ 完整了解蔣氏嫡派真傳一脈三元理、法、訣！ 附已知最古《水龍經》鈔本等五種稀見《水龍經》
197	批注地理辨正直解	【清】章仲山	無常派玄空必讀經典未刪改本！
198	《天元五歌闡義》附《元空秘旨》(清刻原本)		
199	心眼指要(清刻原本)		
200	華氏天心正運	【清】華湛恩	
201-202	批注地理辨正再辨直解合編(上)(下)	【清】蔣大鴻原著、【清】姚銘三再註、【清】章仲山直解	失傳姚銘三玄空經典重現人間！名家：沈竹礽、王元極推薦！
203	章仲山注《玄機賦》《元空秘旨》附《口訣中秘訣》《因象求義》等九種合刊	【清】章仲山	近三百年來首次公開！　章仲山無常派玄空秘密，和盤托出！ 章仲山注《玄機賦》及章仲山原傳之口訣及筆記
204	章仲山門內真傳《三元九運挨星篇》《運用篇》《挨星定局篇》《口訣篇》等合刊	【清】章仲山、柯遠峰等	
205	章仲山門內真傳《大玄空秘圖訣》《天驚訣》《飛星要訣》《九星斷略》《得益錄》等合刊	【清】章仲山、冬園子等	
206	撼龍經真義	吳師青註	近代香港名家吳師青必讀經典
207	章仲山嫡傳《翻卦挨星圖》《秘鈔元空秘旨》　附《秘鈔天元五歌闡義》	【清】章仲山傳、【清】王介如輯撰	透露章仲山家傳玄空嫡傳學習次弟及關鍵不傳之秘
208	章仲山嫡傳秘鈔《秘圖》《節錄心眼指要》合刊		
209	《談氏三元地理大玄空實驗》附《談養吾秘稿奇門占驗》	【民國】談養吾撰	史上首次公開「無常派」下卦起星等挨星秘密之書
210	《談氏三元地理濟世淺言》附《打開一條生路》		了解談氏入世的易學卦德爻象思想
211-215	《地理辨正集註》附　《六法金鎖秘》《巒頭指迷真詮》《作法雜綴》等(1-5)	【清】尋緣居士	集《地理辨正》一百零八家註解大成精華 匯巒頭及蔣氏、六法、無常、湘楚等秘本 史上最大篇幅的《地理辨正》註解
216	三元大玄空地理二宅實驗(足本修正版)	【民國】尤惜陰(演本法師)、榮柏雲撰	三元玄空無常派必讀經典足本修正版

心一堂術數古籍珍本叢刊　第二輯書目

217	蔣徒呂相烈傳《幕講度針》附《元空秘斷》《陰陽法竅》《挨星作用》	【清】呂相烈	蔣大鴻門人呂相烈三元秘本三百年來首次破禁公開！
218	挨星撮要（蔣徒呂相烈傳）		
219-221	《沈氏玄空挨星圖》《沈註章仲山宅斷未定稿》《沈氏玄空學（四卷原本）》合刊（上中下）	【清】沈竹礽 等	揭開沈氏玄空挨星五行吉凶斷的變化及不同用法 章仲山宅斷未刪本、沈氏玄空學原本佚文、玄空挨星圖稿鈔本 大公開！
222	地理穿透真傳（虛白廬藏清初刻原本）	【清】張九儀	三合天星家宗師張九儀畢生地學精華結集
223-224	地理元合會通二種（上）（下）	【清】姚炳奎	分發兩家（三元、三合）之秘，會通其用 詳解注羅盤（蔣盤、賴盤）；義理、斷驗俱精
其他類			
225	天運占星學 附 商業周期、股市粹言	吳師青	天星預測股市，神準經典
226	易元會運	馬翰如	《皇極經世》配卦以推演世運與國運
三式類			
227	大六壬指南（清初木刻五卷足本）		六壬學占驗課案必讀經典海內善本
228-229	甲遁真授秘集（批注本）（上）（下）	【清】薛鳳祚	明清皇家欽天監秘傳奇門遁甲 奇門、易經、皇極經世結合經典
230	奇門詮正	【民國】曹仁麟	簡易、明白、實用，無師自通！
231	大六壬探源	【民國】袁樹珊	民初三大命理家袁樹珊研究六壬四十餘年代表作
232	遁甲釋要	【民國】徐昂	推衍遁甲、易學、洛書九宮大義！
233	《六壬卦課》《河洛數釋》《演玄》合刊		疏理六壬、河洛數、太玄隱義！
234	六壬指南（【民國】黃企喬）	【民國】黃企喬	失傳經典 大量實例
選擇類			
235	王元極校補天元選擇辨正	原【清】謝少暉輯、【民國】王元極校補	三元地理天星選日必讀
236	王元極選擇辨真全書 附 秘鈔風水選擇訣	【民國】王元極	王元極天昌館選擇之要旨
237	蔣大鴻嫡傳天星選擇秘書注解三種	【清】蔣大鴻編訂、【清】楊臥雲、汪云吾、劉樂山註	蔣大鴻陰陽二宅天星擇日日課案例！
238	增補選吉探源	【民國】袁樹珊	按表檢查，按圖索驥：簡易、實用！
239	《八風考略》《九宮撰略》《九宮考辨》合刊	沈瓞民	會通沈氏玄空飛星立極、配卦深義
其他類			
240	《中國原子哲學》附《易世》《易命》	馬翰如	國運、世運的推演及預言

心一堂術數古籍整理叢刊

全本校註增刪卜易	【清】野鶴老人	李凡丁（鼎升）校註
紫微斗數捷覽（明刊孤本）附點校本	傳【宋】陳希夷	馮一、心一堂術數古籍整理小組點校
紫微斗數全書古訣辨正	傳【宋】陳希夷	潘國森辨正
應天歌（修訂版）附格物至言	【宋】郭程撰 傳	莊圓整理
壬竅	【清】無無野人小蘇郎逸	劉浩君校訂
奇門祕覈（臺藏本）	【元】佚名	李鏘濤、鄭同校訂
臨穴指南選註	【清】章仲山 原著	梁國誠選註
皇極經世真詮—國運與世運	【宋】邵雍 原著	李光浦

心一堂當代術數文庫

增刪卜易之六爻古今分析	愚人
命理學教材（第一級）	段子昱
命理學教材 之 五行論命口訣	段子昱
斗數詳批蔣介石	潘國森
潘國森斗數教程（一）：入門篇	潘國森
紫微斗數登堂心得：三星秘訣篇——潘國森斗數教程（二）	潘國森
紫微斗數不再玄	犂民
玄空風水心得（增訂版）（附流年催旺化煞秘訣）	李泗達
玄空風水心得（二）——沈氏玄空學研究心得（修訂版）附流年飛星佈局	李泗達
廖氏家傳玄命風水學（一）——基礎篇及玄關地命篇	廖民生
廖氏家傳玄命風水學（二）——玄空斗秘篇	廖民生
廖氏家傳玄命風水學（三）——楊公鎮山訣篇 附 斷驗及調風水	廖民生
廖氏家傳玄命風水學（四）——秘訣篇：些子訣、兩元挨星、擇吉等	廖民生
《象數易——六爻透視：入門及推斷》修訂版	愚人
《象數易——六爻透視 財股兩望》	愚人
《象數易——六爻透視：病在何方》	愚人
《象數易——六爻透視：自身揭秘》	愚人
命卜隨筆	林子傑
香港特首命格臆解——斗數子平合參再探	潘國森
玄空風水心得（三）——玄空基礎探微	李泗達

心一堂易學經典文庫　已出版及即將出版書目

宋本焦氏易林（上）（下）	【漢】焦贛
周易易解（原版）（上）（下）	【清】沈竹礽
《周易示兒錄》附《周易說餘》	【清】沈竹礽
三易新論（上）（中）（下）	沈瓞民
《周易孟氏學》《周易孟氏學遺補》《孟氏易傳授考》	沈瓞民
京氏易八卷（清《木犀軒叢書》刊本）	【漢】京房
京氏易傳古本五種	【漢】京房
京氏易傳箋註	【民國】徐昂
推易始末	【清】毛奇齡
刪訂來氏象數圖說	【清】張恩霨
周易卦變解八宮說	【清】吳灌先
易觸	【清】賀子翼
易義淺述	何遯翁